Manoel Benedito Rodrigues
Álvaro Zimmermann Aranha

Trigonometria
Caderno de Atividades
Volume 2

Editora
Policarpo

51 $S = \left\{ x \in \mathbf{R} \mid \dfrac{\pi}{4} < x < \dfrac{5\pi}{4} \right\}$ **52** $S = \left\{ x \in \mathbf{R} \mid 2k\pi \le x \le \pi + 2k\pi, k \in Z \right\}$

53 a) $h \cong 14,553\,m$ b) $h \cong 33,560\,m$ **54** $10\sqrt{3}\,m$ **55** $60°$ **56** $50\sqrt{3}\,m$

57 $tg(\alpha + \beta) = \sqrt{3}$ **58** $S = r^2 \operatorname{sen} 2\beta$ A área é máxima para $\beta = \dfrac{\pi}{4}$ **59** $A = \dfrac{32\sqrt{3}}{3}$

60 $\alpha = \operatorname{arc\,tg} 150$ **61** $R = r\left(\dfrac{2\sqrt{3} + 3}{3} \right)$ **62** $\dfrac{200}{3}(3\sqrt{3} - \pi)\,m^2$ **63** $2,40\,m$ (dianteira), $1,20\sqrt{3}\,m$ (traseira)

64 $\ell = 145.\,\operatorname{arcsen}\dfrac{20}{29}\,cm$ **65** $AF = \dfrac{15}{2}(\sqrt{2} + \sqrt{6})\,km$ e $BF = 15\sqrt{2}\,km$ **66** $x = \dfrac{d}{\cos\dfrac{\alpha}{2}}$

67 Supondo que as margens do rio sejam retilíneas e paralelas, no trecho onde estão sendo feitas as medições, e que **B** esteja,

tal qual **A**, na margem, para podermos afirmar que $B\hat{A}C$ é reto, obtemos que $AC = 120\,m$ **68** $\ell = \dfrac{\sqrt{5} - 1}{2}$

69 $\dfrac{32\sqrt{3}}{3}\,cm^2$ **70** $2\operatorname{sen}x\,(2 - \cos x)$ **71** b) $\operatorname{sen}x = \dfrac{\sqrt{5} - 1}{2}$ c) $\alpha \cong 38°10'22''$

72 O raio da circunferência menor é 3   **73** $96\,cm^2$ **74** $S = \dfrac{\pi^2}{2}(2\alpha + \operatorname{sen} 2\alpha)$

76 $70\,m$ **77** $\dfrac{\ell^2.\operatorname{sen}\alpha.\operatorname{sen}\beta}{2\operatorname{sen}(\alpha + \beta)}$ **78** a) $S = 2\cos 18° \cos 36°$ b) $S = 2m\,(2m^2 - 1)$

79 $600(3 - \sqrt{3})\,m$

TESTES DE VESTIBULARES

01 C	**02** C	**03** A	**04** C	**05** B	**06** D	**07** C	**08** C	**09** D
10 C	**11** B	**12** B	**13** D	**14** B	**15** B	**16** A	**17** E	**18** E
19 A	**20** A	**21** E	**22** B	**23** B	**24** E	**25** D	**26** A	**27** D
28 B	**29** A	**30** B	**31** D	**32** A	**33** D	**34** C	**35** B	**36** E
37 B	**38** A	**39** B	**40** D	**41** C	**42** E	**43** E	**44** B	**45** C
46 D	**47** D	**48** C	**49** A	**50** C	**51** B	**52** B	**53** D	**54** A
55 C	**56** C	**57** B	**58** E	**59** D	**60** D	**61** C	**62** E	**63** C
64 C	**65** E	**66** E	**67** A	**68** A	**69** A	**70** A	**71** B	**72** A
73 D	**74** E	**75** D	**76** B	**77** B	**78** D	**79** D	**80** A	**81** E
82 E	**83** C	**84** C	**85** E	**86** A	**87** B	**88** B	**89** D	**90** E
91 D	**92** D	**93** E	**94** E	**95** D	**96** E	**97** E	**98** D	**99** A
100 C	**101** E	**102** C	**103** B	**104** B	**105** D	**106** C	**107** D	**108** B
109 A	**110** B	**111** D	**112** E	**113** D	**114** B	**115** E	**116** E	**117** C
118 A	**119** C	**120** B	**121** B	**122** B	**123** A	**124** C	**125** C	**126** D
127 C	**128** B	**129** B	**130** B	**131** B	**132** C	**133** A	**134** C	**135** B
136 E	**137** A	**138** D	**139** B	**140** A	**141** E	**142** A	**143** C	

Coleção Vestibulares

Matemática nos Vestibulares – vol. 4 e 5
História nos Vestibulares – vol. 3 e 4
Geografia nos Vestibulares – vol. 1

Coleção Exercícios de Matemática

Volume 1: Revisão de 1º Grau
Volume 2: Funções e Logaritmos
Volume 3: Progressões Aritméticas e Geométricas
Volume 4: Análise Combinatória e Probabilidades
Volume 5: Matrizes, Determinantes e Sistemas Lineares
Volume 6: Geometria Plana

Caderno de Atividades

Números Complexos
Polinômios e Equações Algébricas
Trigonometria – vol. 1 e 2
Geometria Espacial – vol. 1, 2 e 3
Geometria Analítica – vol. 1 e 2
Matemática – 6º ano – vol. 1 e 2
Matemática – 7º ano – vol. 1 e 2
Álgebra – 8º ano – vol. 1 e 2
Álgebra – 9º ano – vol. 1 e 2
Geometria Plana – 8º ano
Geometria Plana – 9º ano
Desenho Geométrico – 8º ano
Desenho Geométrico – 9º ano

Digitação, Diagramação e Desenhos: *Sueli Cardoso dos Santos* (suly.santos@gmail.com)
site: www.editorapolicarpo.com.br - contato@editorapolicarpo.com.br

Capa: **PREPRESS** - Fone: (13) 3251 – 3289 - *e-mail*: prepress@bignet.com.br

Dados Internacionais de Catalogação, na Publicação (CIP)
(Câmara Brasileira do Livro, SP, Brasil)

Rodrigues, Manoel Benedito ,
Aranha, Álvaro Zimmermann.
Trigonometria: caderno de atividades: volume 2
São Paulo: Editora Policarpo, 5. ed. - 2016
ISBN: 978-85-87592-24-8

1. Matemática - Estudo e ensino 2. Trigonometria -

Problemas, exercícios etc.

I. Aranha, Álvaro Zimmermann. II. Rodrigues, Manoel Benedito.

III. Título.

11-12218   CDD -510-7

Índices para catálogo sistemático:
1. Desenho Geométrico: Matemática: Ensino fundamental 510.7

Todos os direitos reservados à:
EDITORA POLICARPO LTDA
Rua Dr. Rafael de Barros, 175 - Conj. 01 - São Paulo - SP - CEP: 04003-041
Tel./Fax: (11) 3288-0895
Tel.: (11) 3284-8916

RESPOSTAS
QUESTÕES DE VESTIBULARES

01 13 horas e 24 minutos **02** 6 horas **03** a) 0,955 b) demonstração

04 a) sen 830° b) cos 190° **05** 1 para b ≠ 0 **06**

07 $m = \pm \dfrac{\sqrt{3}}{3}$ **08** $tgx = \dfrac{\sqrt{3}}{3}$

10 $-\sec^2 x$ para $x \neq \dfrac{\pi}{2} + k\pi, k \in Z$ **11** $\cos^2 x$

14 $\hat{A} = 120°$ **15** $\dfrac{-\sqrt{3}}{3}$ **16** $\dfrac{-36}{325}$

18 $\dfrac{\sqrt{3}}{2}$ **19** $\dfrac{\sqrt{2}}{2}$ **21** $\dfrac{\cos 6x}{2} + \dfrac{\cos 2x}{2}$

22 $y = 0$ **23** a) demonstração b) $-2 \leq m \leq 2$ **24** a) $S = \left\{ x \in \mathbf{R} \mid x = \dfrac{\pi}{4} + k\pi, k \in Z \right\}$

b) $-\sqrt{2} \leq m \leq \sqrt{2}$ **25** a) $S = \left\{ \dfrac{\pi}{2}, \dfrac{\pi}{6} \right\}$ b) $S = \left] \dfrac{\pi}{6}, \dfrac{\pi}{2} \right[$

26 $V = \left\{ x \in \mathbf{R} \mid x = k\pi \vee x = \dfrac{\pi}{2} + 2k\pi, k \in Z \right\}$ **27** $V = \left\{ \dfrac{3}{4}, \dfrac{7}{4} \right\}$ **28** $V = \left\{ \dfrac{\pi}{4}, \dfrac{\pi}{12}, \dfrac{5\pi}{12} \right\}$

29 $S = \left\{ \dfrac{\pi}{4}, \dfrac{5\pi}{4} \right\}$ **30** $S = \left\{ x \in \mathbf{R} \mid x = \dfrac{\pi}{6} + 2k\pi \text{ ou } x = \dfrac{5\pi}{6} + 2k\pi, k \in Z \right\}$

31 $S = \left\{ x \in \mathbf{R} \mid x = \dfrac{\pi}{2} + k\pi \text{ ou } x = \dfrac{\pi}{4} + \dfrac{k\pi}{2}, k \in Z \right\}$ **32** $x = \dfrac{\pi}{2} + \dfrac{k\pi}{2}, k \in Z \quad y = \dfrac{\pi}{2} + \dfrac{k\pi}{2}, k \in Z$

33 $x = k\pi$ ou $x = \pm \dfrac{\pi}{3} + 2k\pi \quad (k \in Z)$ **34** a) $p = \pi$ b) $S = \left\{ \dfrac{\pi}{6}, \dfrac{2\pi}{3}, \dfrac{7\pi}{6}, \dfrac{5\pi}{3} \right\}$

35 $V = \left\{ x \in \mathbf{R} \mid x = \dfrac{5\pi}{12} + 2k\pi \text{ ou } x = \dfrac{13\pi}{12} + 2k\pi, k \in Z \right\}$ **36** $0, \dfrac{\pi}{4}, \dfrac{3\pi}{4}, \pi, \dfrac{5\pi}{4}, \dfrac{7\pi}{4}, 2\pi$

37 a) $x = \dfrac{\pi}{4} + k\pi, k \in Z$ b) $S = \left\{ \dfrac{\pi}{4}, \dfrac{5\pi}{4} \right\}$ **38** a) $(k = 2, m = 3$ e $n = \pm 2$ ou $(k = -2, m = -3$ e $n = \pm 2)$

b) $\left\{ 0, \dfrac{\pi}{3}, \dfrac{2\pi}{3}, \pi, \dfrac{\pi}{4}, \dfrac{3\pi}{4} \right\}$ **39** $S = \left\{ (0,0), (0,\pi), (\pi,0), (\pi,\pi), \left(\dfrac{\pi}{2}, \dfrac{\pi}{2} \right) \right\}$ **40** $V = \left\{ 0, \dfrac{\pi}{2}, \pi, \dfrac{3\pi}{2}, 2\pi \right\}$

41 $V = \left\{ \dfrac{\pi}{3}, \dfrac{2\pi}{3} \right\}$ **42** $V = \{ \pi, 3\pi \}$ **43** a) $S = \left\{ 0, \dfrac{\pi}{2}, \pi, \dfrac{\pi}{9}, \dfrac{5\pi}{9}, \dfrac{7\pi}{9} \right\}$ b) Não

44 $S = \left\{ \dfrac{\pi}{6}, \dfrac{\pi}{3} \right\}$ **45** $V = \left\{ \dfrac{\pi}{3}, \dfrac{4\pi}{3} \right\}$ **46** $S = \left\{ \theta \in \mathbf{R} \mid \dfrac{\pi}{12} \leq \theta \leq \dfrac{5\pi}{12} \right\}$

47 a) $S = \left\{ \dfrac{\pi}{2}, \dfrac{\pi}{6} \right\}$ b) $S = \left] \dfrac{\pi}{6}, \dfrac{\pi}{2} \right[$ **48** $30° \leq x \leq 150°$

49 a) $V = \left\{ x \in \mathbf{R} \mid 0 < x < \dfrac{\pi}{6} \vee \dfrac{5\pi}{6} < x < \pi \vee \dfrac{7\pi}{6} < x < \dfrac{11\pi}{6} \right\}$ b) $V = \left\{ 0, \pi, \dfrac{\pi}{6}, \dfrac{5\pi}{6}, \dfrac{7\pi}{6}, \dfrac{11\pi}{6} \right\}$

50 a) $\left\{ x \in \mathbf{R} \mid \dfrac{\pi}{6} + 2k\pi < x < \dfrac{5\pi}{6} + 2k\pi, k \in Z \right\}$ b) $V = \left\{ x \in IR \mid x = \dfrac{\pi}{2} + 2k\pi, k \in Z \right\}$

Índice

I	Adição de Arcos	1
1)	Introdução	1
2)	Corda de um ciclo trigonométrico	5
3)	Cosseno da diferença	6
	Exercícios	16

II	Transformação em produto	41
1)	Introdução	41
2)	Soma e diferença de dois números	41
3)	Transformação em soma	42
4)	Transformação em produto	43
	Exercícios	48

III	Funções trigonométricas	70
1)	Introdução	70
2)	Função seno	70
3)	Função cosseno	72
4)	Função tangente	73
5)	Função cotangente	74
6)	Função secante	75
7)	Função cossecante	76
8)	Período da função $y = a \operatorname{sen}(bx + c)$	77
9)	Gráficos de $y = f(x)$ e $y = f(x + c)$	77
	Exercícios	80

IV	Funções trigonométricas inversas	96
1)	Introdução	96
2)	Função arco-seno ($y = \operatorname{arc\,sen} x$)	96
3)	Função arco-cosseno ($y = \operatorname{arc\,cos} x$)	96
4)	Função arco-tangente ($y = \operatorname{arc\,tg} x$)	97
5)	Função arco-cotangente ($y = \operatorname{arc\,cotg} x$)	98
6)	Função arco-secante ($y = \operatorname{arc\,sec} x$)	99
7)	Função arco-cossecante ($y = \operatorname{arc\,cossec} x$)	99
	Exercícios	102

VII	Equações trigonométricas	114
1)	Introdução	114
2)	Equação $\operatorname{sen} x = \operatorname{sen} \alpha$	114
3)	Equação $\cos x = \cos \alpha$	114
4)	Equação $\operatorname{tg} x = \operatorname{tg} \alpha$	115
5)	Equações $\operatorname{cotg} x = \operatorname{cotg} \alpha$, $\sec x = \sec \alpha$ e $\operatorname{cossec} x = \operatorname{cossec} \alpha$	115
	Exercícios	121

VI	Inequações trigonométricas	132
1)	Introdução	132
2)	Inequação $\operatorname{sen} x > \operatorname{sen} \alpha$, com $0 < \alpha < \dfrac{\pi}{2}$	132
3)	Inequação $\operatorname{sen} x < \operatorname{sen} \alpha$, com $0 < \alpha < \dfrac{\pi}{2}$	132
4)	Inequação $\cos x < \cos \alpha$, com $0 < \alpha < \pi$	133
5)	Inequação $\cos x > \cos \alpha$, com $0 < \alpha < \pi$	134
6)	Inequação $\operatorname{tg} x > \operatorname{tg} \alpha$, com $0 < \alpha < \dfrac{\pi}{2}$	135
	Exercícios	138

141 (MACK/95 - Exatas) Na figura B é o centro da circunferência maior. Se $\overline{MN} = 3$ e $\overline{NP} = 5$, então o raio da circunferência menor mede:

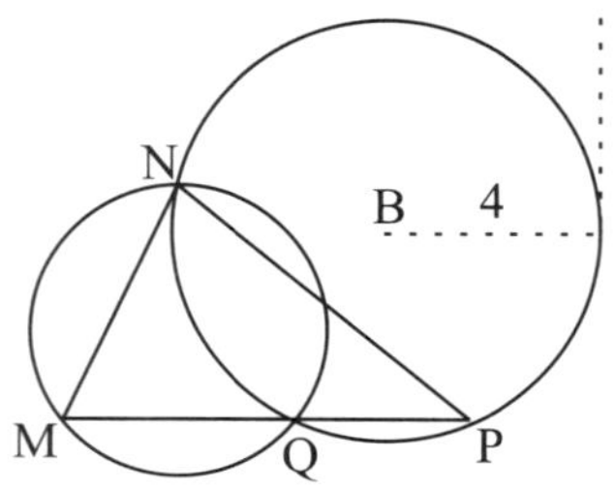

a) 2,2

b) 2,0

c) 2,5

d) 1,8

e) 2,4

142 (MACK/96 - Hum) Na figura a seguir, $\overline{AC}$ e $\overline{BD}$ medem, respectivamente, $8\sqrt{3}$ e 5. Então a área do quadrilátero ABCD é:

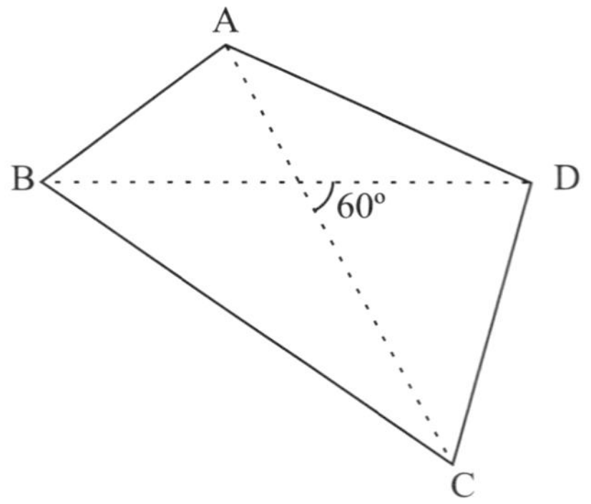

a) 30

b) 35

c) 40

d) 60

e) 80

143 (ITA/82) Num triângulo de lados $a = 3m$ e $b = 4m$, diminuindo-se de 60° o ângulo que esses lados formam, obtém-se uma diminuição de $3m^2$ em sua área. Portanto a área do triângulo inicial é:

a) $4m2$

b) $5m^2$

c) $6m^2$

d) $9m^2$

e) $12m^2$

I. ADIÇÃO DE ARCOS

1) Introdução

Neste capítulo vamos deduzir as fórmulas para os cálculos de senos, cossenos e tangentes de arcos compostos $\alpha + \beta$, $\alpha - \beta$, 2α e $\dfrac{\alpha}{2}$ em função dos senos, cossenos e tangentes dos arcos simples α e β.

Em primeiro lugar vamos considerar que α e β sejam ângulos agudos de um triângulo retângulo.

(1º) sen ($\alpha + \beta$) = sen α . cos β + sen β . cos α

Vamos considerar um triângulo onde um ângulo mede $\alpha + \beta$ e a altura relativa ao vértice deste ângulo o divida em ângulos de medidas α e β.

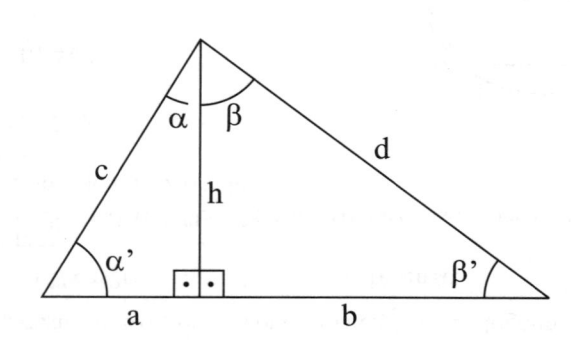

1º Modo: (Por áreas)

Levando em conta as medidas indicadas na figura, como a área de um triângulo é a metade do produto de dois lados multiplicado pelo seno do ângulo formado por eles, temos:

$$\frac{1}{2}c.d\,\text{sen}(\alpha+\beta) = \frac{1}{2}ch\,\text{sen}\,\alpha + \frac{1}{2}dh\,\text{sen}\,\beta$$

$$\text{sen}(\alpha+\beta) = \frac{h}{d}\text{sen}\,\alpha + \frac{h}{c}\text{sen}\,\beta$$

E como $\dfrac{h}{d} = \cos\beta$ e $\dfrac{h}{c} = \cos\alpha$, obtermos:

$$\boxed{\text{sen}(\alpha+\beta) = \text{sen}\,\alpha\,.\,\cos\beta + \text{sen}\,\beta\,.\,\cos\alpha}$$

2º Modo: (Por lei dos senos)

$$\frac{a+b}{\text{sen}(\alpha+\beta)} = \frac{d}{\text{sen}\,\alpha'} = \frac{c}{\text{sen}\,\beta'} \Rightarrow \frac{a+b}{\text{sen}(\alpha+\beta)} = \frac{d}{\cos\alpha} = \frac{c}{\cos\beta} = k \Rightarrow$$

$a + b = k\,\text{sen}(\alpha + \beta)$, $c = k\cos\beta$ e $d = k\cos\alpha$.

Por outro lado:

$$\begin{cases} \text{sen}\,\alpha = \dfrac{a}{c} \Rightarrow a = c.\text{sen}\,\alpha \Rightarrow a = k\cos\beta.\text{sen}\,\alpha \\ \text{sen}\,\beta = \dfrac{b}{d} \Rightarrow b = d.\text{sen}\,\beta \Rightarrow b = k\cos\alpha.\text{sen}\,\beta \end{cases}$$

E como $a + b = k\,\text{sen}(\alpha+\beta)$, temos:
$k\cos\beta\,.\,\text{sen}\,\alpha + k\cos\alpha\,.\,\text{sen}\,\beta = k\,\text{sen}(\alpha+\beta) \Rightarrow$

$$\boxed{\text{sen}(\alpha+\beta) = \text{sen}\,\alpha\,.\,\cos\beta + \text{sen}\,\beta\,.\,\cos\alpha}$$

134 (MACK/96 - Exatas) Sejam r e R , respectivamente, os raios das circunferências inscrita e circunscrita a um polígono regular de n lados. Então, qualquer que seja n, $\dfrac{r}{R}$ vale:

a) $\operatorname{sen} \dfrac{2\pi}{n}$
b) $\operatorname{tg} \dfrac{\pi}{n}$
c) $\cos \dfrac{\pi}{n}$
d) $\operatorname{sen} \dfrac{\pi}{n}$
e) $\cos \dfrac{2\pi}{n}$

135 (MACK/74) A base de um retângulo $\overline{AD}$ que é três vezes maior que sua altura $\overline{AB}$, é subdividida pelos pontos M e N em três partes de igual medida. Nessas condições $A\hat{M}B + A\hat{N}B + A\hat{D}B$ é igual a :

a) 120°
b) 90°
c) 85°
d) 135°
e) 75°

136 (FUVEST/90 - 1ª Fase) Um triângulo T tem iguais a 4, 5 e 6. O co-seno do maior ângulo de T é:

a) $\dfrac{5}{6}$
b) $\dfrac{4}{5}$
c) $\dfrac{3}{4}$
d) $\dfrac{2}{3}$
e) $\dfrac{1}{8}$

137 (FUVEST/77 - 1ª Fase) ABC é eqüilátero de lado 4; AM = MC = 2 , AP = 3 e PB = 1. O perímetro do triângulo APM é:

a) $5+\sqrt{7}$

b) $5+\sqrt{10}$

c) $5+\sqrt{19}$

d) $5+\sqrt{13-6\sqrt{3}}$

e) $5+\sqrt{13+6\sqrt{3}}$

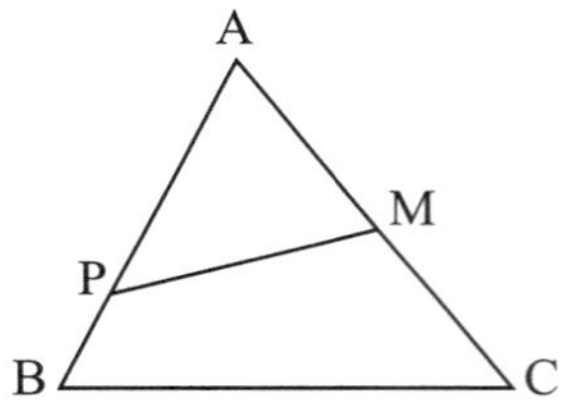

138 (ITA/93) A diagonal menor de um paralelogramo divide um dos ângulos internos em dois outros, um α e o outro 2α. A razão entre o lado menor e o maior do paralelogramo é:

a) $1/\cos 2\alpha$
b) $1/\operatorname{sen} 2\alpha$
c) $1/(2\operatorname{sen}\alpha)$
d) $1/(2\cos\alpha)$
e) $\operatorname{tg}\alpha$

139 (MACK/93 - Exatas) O trapézio isósceles ABCD da figura, inscrito na circunferência de centro 0 , tem altura 2. Se $\alpha = 60°$, a área do trapézio vale:

a) $2\sqrt{3}$

b) $4\sqrt{3}$

c) $6\sqrt{3}$

d) $8\sqrt{3}$

e) $10\sqrt{3}$

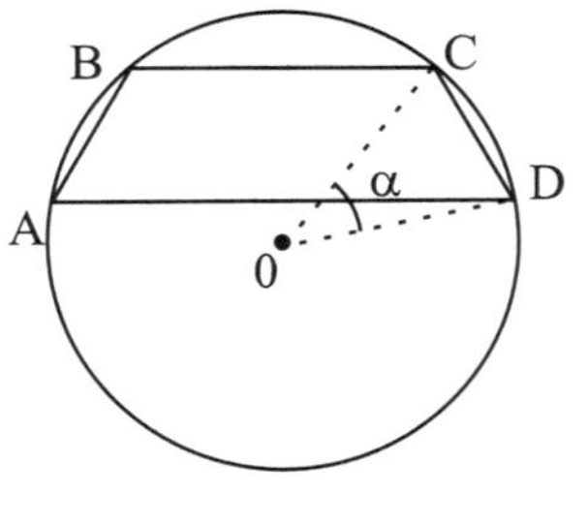

140 (MACK/95 - Exatas) Na figura, a medida do lado $\overline{AB}$ do triângulo é:

a) 6,0

b) 5,0

c) 4,5

d) 6,5

e) 5,5

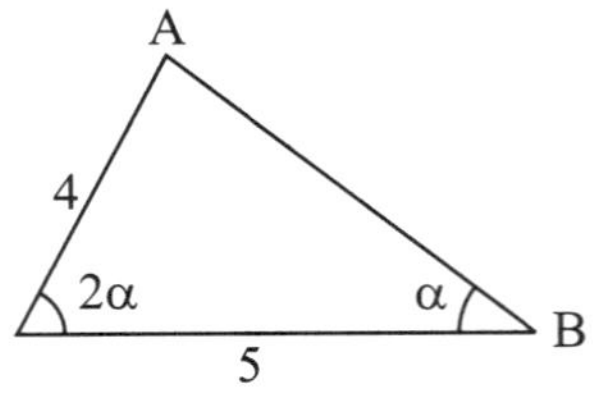

(2°) sen (α − β) = sen α . cos β − sen β . cos α

Sendo α maior que β, vamos considerar dois triângulos retângulos, um contido no outro, com um cateto comum e ângulos adjacentes a ele iguais a α e β.

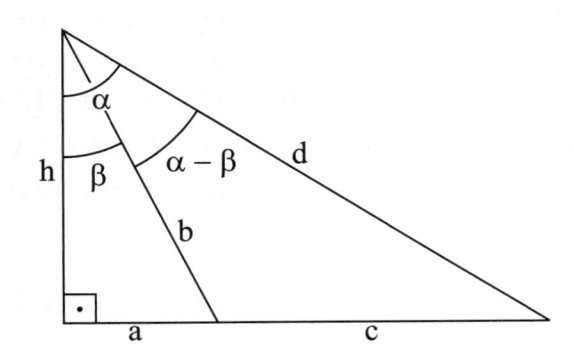

Levando em conta as medidas indicadas na figura, como a área do triângulo não retângulo é igual à diferença entre as áreas dos triângulos retângulos, temos:

$$\frac{1}{2} bd \, sen(\alpha - \beta) = \frac{1}{2} hd \, sen\, \alpha - \frac{1}{2} hb \, sen\, \beta$$

$$sen(\alpha - \beta) = \frac{h}{d} sen\, \alpha - \frac{h}{d} sen\, \beta$$

E como $\frac{h}{d} = \cos\alpha$ e $\frac{h}{b} = \cos\beta$, obtemos:

$$\boxed{sen(\alpha - \beta) = sen\, \alpha \cdot \cos\beta - sen\, \beta \cdot \cos\alpha}$$

(3°) **cos (α + β) = cos α . cos β − sen α . sen β**

Vamos considerar um triângulo onde um ângulo mede α + β e a altura relativa ao vértice deste ângulo o divida em ângulos de medidas α e β.

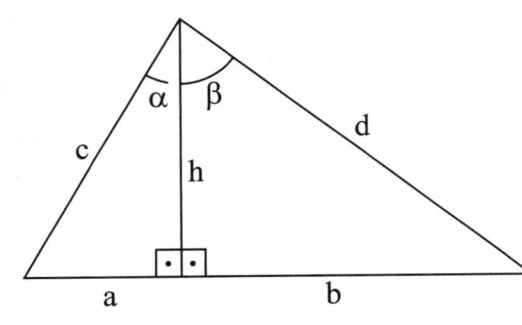

Levando em conta as medidas indicadas na figura e aplicando a lei dos cossenos, temos:

$$(a + b)^2 = c^2 + d^2 - 2\, cd \cdot \cos(\alpha + \beta)$$

$$a^2 + 2ab + b^2 = c^2 + d^2 - 2\, cd \cos(\alpha + \beta)$$

$$2\, cd \cos(\alpha + \beta) = (c^2 - a^2) + (d^2 - b^2) - 2ab$$

Como $c^2 - a^2 = h^2$ e $d^2 - b^2 = h^2$, obtemos:

$2\, cd \cos(\alpha + \beta) = 2h^2 - 2ab \Rightarrow$

$\cos(\alpha + \beta) = \frac{h}{c} \cdot \frac{h}{d} - \frac{a}{c} \cdot \frac{b}{d} \Rightarrow$

$$\boxed{\cos(\alpha + \beta) = \cos\alpha \cdot \cos\beta - sen\, \alpha \cdot sen\, \beta}$$

Então, os lados AD e AB medem, respectivamente, em dm;

a) $\sqrt{6}$ e $\sqrt{3}$ b) $\sqrt{5}$ e $\sqrt{3}$ c) $\sqrt{6}$ e $\sqrt{2}$ d) $\sqrt{6}$ e $\sqrt{5}$ e) $\sqrt{3}$ e $\sqrt{5}$

128 (ITA/94) Um ângulo ABC, retângulo em A, possui área S. Se $x = A\hat{B}C$ e r é raio da circunferência circunscrita a este triângulo, então:

a) $S = r^2 \cos(2x)$ b) $S = r^2 \operatorname{sen}(2x)$ c) $S = \dfrac{1}{2} r^2 (\operatorname{sen}2x)$ d) $S = \dfrac{1}{2} r^2 \cos^2 x$ e) $S = \dfrac{1}{2} r^2 \operatorname{sen}^2 x$

129 (ITA/93) Num triângulo ABC retângulo em A, seja D a projeção de A sobre BC. Sabendo-se que o segmento BD mede l cm e que o ângulo DÂC mede θ graus, então a área do triângulo ABC vale:

a) $\dfrac{\ell^2}{2} \sec\theta\, \operatorname{tg}\theta$ b) $\dfrac{\ell^2}{2} \sec^2\theta\, \operatorname{tg}\theta$ c) $\dfrac{\ell^2}{2} \sec\theta\, \operatorname{tg}^2\theta$ d) $\dfrac{\ell^2}{2} \operatorname{cossec}\theta\, \operatorname{cotg}\theta$ e) $\dfrac{\ell^2}{2} \operatorname{cossec}^2\theta\, \operatorname{cotg}\theta$

130 (METODISTA/93) Na figura ao lado, o valor de x é:

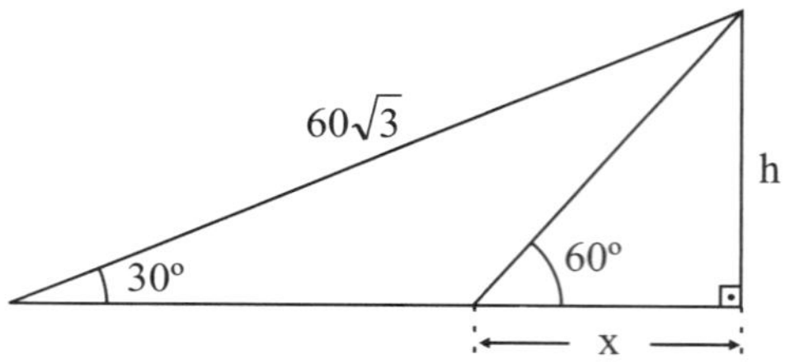

a) 20

b) 30

c) 40

d) 50

e) 60

131 (MACK/93 - Hum) Na figura, o círculo maior de centro 0 é tangente externamente aos 6 círculo menores, que são todos iguais. Supondo sen 22,5° = 0,4 e 7 o raio do círculo maior, a soma das áreas dos círculos menores é:

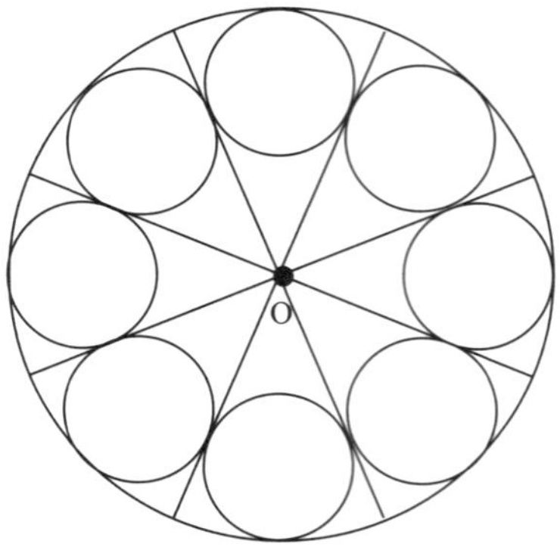

a) 28π

b) 32π

c) 36π

d) 40π

e) 48π

132 (ITA/95) Considere C uma circunferência centrada em O e raio 2r , e t a reta tangente a C num ponto T. Considere também A um ponto de C tal que $A\hat{O}T = \theta$ é um ângulo agudo. Sendo B o ponto de t tal que o segmento $\overline{AB}$ é paralelo ao segmento $\overline{OT}$, então a área do trapézio é igual a:

a) $r^2 (2\cos\theta - \cos 2\theta)$ b) $2r^2 (4\cos\theta - \operatorname{sen} 2\theta)$ c) $r^2 (4\operatorname{sen}\theta - \operatorname{sen}2\theta)$

d) $r^2 (2\operatorname{sen}\theta + \cos\theta)$ e) $2r^2 (2\operatorname{sen}2\theta - \cos 2\theta)$

133 (ITA/95) Um dispositivo colocado no solo a uma distância d de uma torre dispara dois projéteis em trajetórias retilíneas. O primeiro, lançado sob um ângulo $\theta \in (0, \pi/4)$, atinge a torre a uma altura h. Se o segundo, disparado sob um ângulo 2θ, atinge-a a uma altura H, a relação entre as duas alturas será

a) $H = 2hd^2 / (d^2 - h^2)$ b) $H = 2hd^2 / (d^2 + h)$ c) $H = 2hd^2 / (d^2 - h)$

d) $H = 2hd^2 / (d^2 + h^2)$ e) $H = hd^2 / (d^2 + h)$

169

(4º) **cos (α − β) = cos α . cos β + sen α . sen β**

Sendo α maior que β, vamos considerar dois triângulos retângulos, um contido no outro, com um cateto comum e ângulos adjacentes a ele iguais a α e β.

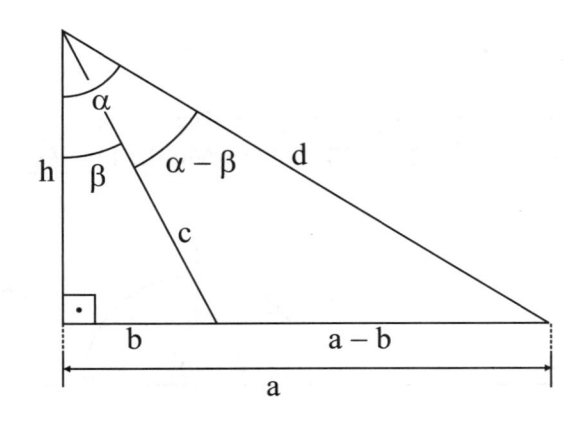

Levando em conta as medidas indicadas na figura e aplicando a lei dos cossenos no triângulo não retângulo da figura, obtemos:

$$(a - b)^2 = c^2 + d^2 - 2cd \cos(\alpha - \beta)$$

$$2cd \cos(\alpha - \beta) = c^2 + d^2 - a^2 + 2ab - b^2$$

Como $d^2 = a^2 + h^2$, obtemos:

$$2cd \cos(\alpha - \beta) = c^2 + a^2 + h^2 - a^2 + 2ab - b^2 \Rightarrow$$

$2cd \cos(\alpha - \beta) = h^2 + (c^2 - b^2) + 2ab$
$c^2 - b^2 = h^2 \Rightarrow 2cd \cos(\alpha - \beta) = 2h^2 + 2ab \Rightarrow$

$$\Rightarrow \cos(\alpha - \beta) = \frac{h}{d} \cdot \frac{h}{c} + \frac{a}{d} \cdot \frac{b}{c} \Rightarrow$$

$$\boxed{\cos(\alpha - \beta) = \cos\alpha \cdot \cos\beta + \sen\alpha \cdot \sen\beta}$$

(5º) **sen 2α = 2 sen α . cos α**

Basta fazermos β = α na fórmula de sen (α + β). Vejamos:

sen (α + β) = sen α . cos β + sen β . cos α
sen (α + α) = sen α . cos α + sen α . cos α

$$\boxed{\sen 2\alpha = 2 \sen\alpha \cdot \cos\alpha}$$

(6º) **cos 2α = cos² α − sen² α**

Basta fazermos β = α na fórmula de cos (α + β). Vejamos:

cos (α + β) = cos α . cos β − sen α . sen β
cos (α + α) = cosα . cosα − sen α . sen α

$$\boxed{\cos 2\alpha = \cos^2\alpha - \sen^2\alpha}$$

3

123 (FUVEST/86 - 1ª Fase) O quadrado ABCD é face de um cubo e I é o centro da face oposta. Sendo α o ângulo entre os planos ABI e CDI, calcule tg $\dfrac{\alpha}{2}$.

a) 1/2

b) 2

c) 1/3

d) 4

e) 1/4

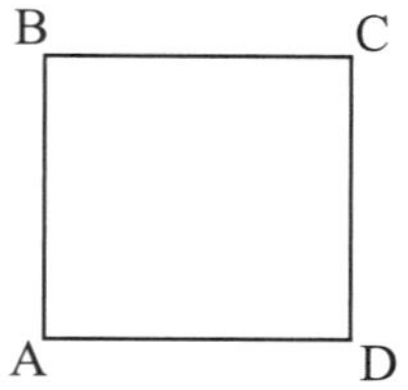

124 (FUVEST/83 - 1ª Fase) O triângulo ABC é retângulo em A. Se o seno do ângulo $\hat{B}$ é 0,8, qual o valor da tangente do ângulo $\hat{C}$?

a) 0,25   b) 0,50   c) 0,75   d) 1,00   e) 1,25

125 (FUVEST/92 - 1ª Fase) No quadrilátero ABCD onde os ângulos $\hat{B}$ e $\hat{D}$ são retos e os lados têm as medidas indicadas, o valor de sen $\hat{A}$ é:

a) $\dfrac{\sqrt{5}}{5}$

b) $\dfrac{2\sqrt{5}}{5}$

c) $\dfrac{4}{5}$

d) $\dfrac{2}{5}$

e) $\dfrac{1}{2}$

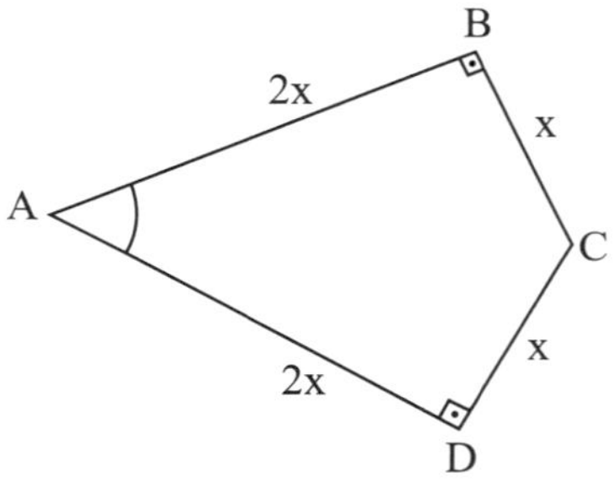

126 (FUVEST/93 - 1ª Fase) Na figura, a reta r passa pelo ponto $T = (0, 1)$ e é paralela ao eixo Ox. A semi-reta Ot forma um ângulo α com o semi-eixo Ox $(0° < \alpha < 90°)$ e intercepta a circunferência trigonométrica e a reta r nos pontos A e B, respectivamente.
A área de ΔTAB, como função de α, é dada por:

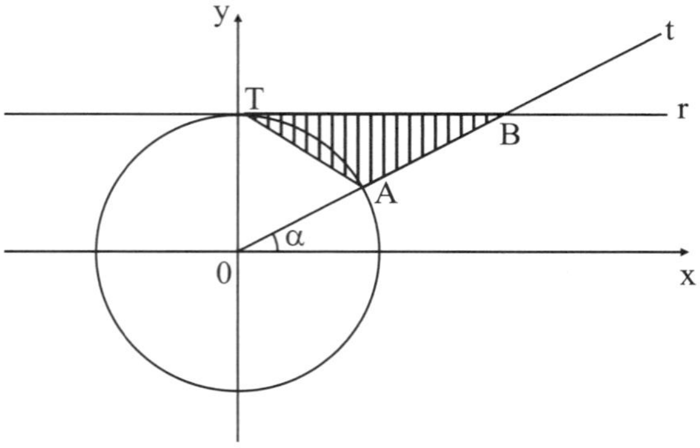

a) $\dfrac{1-\text{sen }\alpha}{2}.\cos\alpha$ b) $\dfrac{1-\cos\alpha}{2}.\text{sen }\alpha$ c) $\dfrac{1-\text{sen }\alpha}{2}.\text{tg }\alpha$

d) $\dfrac{1-\text{sen }\alpha}{2}.\text{cotg }\alpha$ e) $\dfrac{1-\text{sen }\alpha}{2}.\text{sen }\alpha$

127 (VUNESP/94 - Conh. Gerais) Do quadrilátero ABCD da figura, sabe-se que: os ângulos internos de vértices A e C são retos; os ângulos CDB e ADB medem respectivamente, 45° e 30° ; o lado CD mede 2 dm.

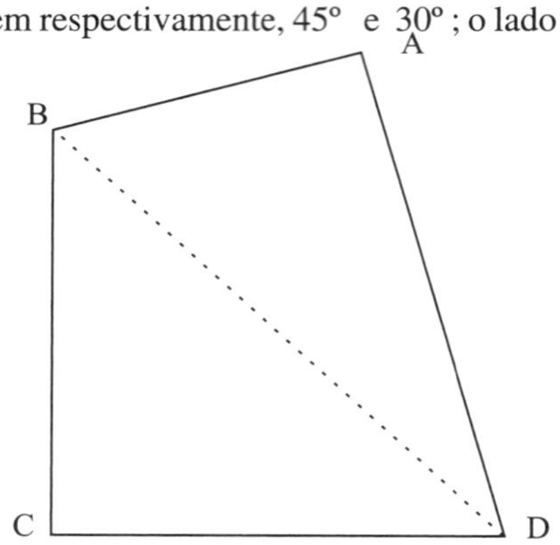

168

(7º) $tg\,(\alpha + \beta) = \dfrac{tg\alpha + tg\beta}{1 - tg\alpha.tg\beta}$

$tg\,(\alpha + \beta) = \dfrac{sen\,(\alpha + \beta)}{cos\,(\alpha + \beta)} = \dfrac{sen\,\alpha.cos\,\beta + sen\,\beta\,cos\,\alpha}{cos\,\alpha.cos\,\beta - sen\,\alpha.sen\,\beta}$

Dividindo o numerador e o denominador por $cos\,\alpha \cdot cos\,\beta$, obtemos:

$tg\,(\alpha + \beta) = \dfrac{\dfrac{sen\alpha.cos\beta}{cos\alpha.cos\beta} + \dfrac{sen\beta.cos\alpha}{cos\alpha.cos\beta}}{\dfrac{cos\alpha.cos\beta}{cos\alpha.cos\beta} - \dfrac{sen\alpha.sen\beta}{cos\alpha.cos\beta}} = \dfrac{tg\alpha + tg\beta}{1 - tg\alpha.tg\beta}$

$$\boxed{tg\,(\alpha + \beta) = \dfrac{tg\alpha + tg\beta}{1 - tg\alpha\,tg\beta}}$$

(8º) $tg\,(\alpha - \beta) = \dfrac{tg\alpha + tg\beta}{1 - tg\alpha.tg\beta}$

$tg\,(\alpha - \beta) = \dfrac{sen(\alpha - \beta)}{cos(\alpha - \beta)} = \dfrac{sen\alpha.cos\,\beta - sen\,\beta\,cos\,\alpha}{cos\,\alpha.cos\,\beta + sen\,\alpha.sen\,\beta}$

Dividindo o numerador e o denominador por $cos\,\alpha \cdot cos\,\beta$, obtemos:

$$\boxed{tg\,(\alpha - \beta) = \dfrac{tg\alpha - tg\beta}{1 + tg\alpha\,tg\beta}}$$

(9º) $tg\,2\alpha = \dfrac{2\,tg\alpha}{1 - tg^2\alpha}$

Basta fazermos $\beta = \alpha$ na fórmula de $tg\,(\alpha + \beta)$. Vejamos:

$tg\,(\alpha + \beta) = \dfrac{tg\alpha + tg\beta}{1 - tg\alpha\,tg\beta} \Rightarrow tg\,(\alpha + \alpha) = \dfrac{tg\alpha + tg\alpha}{1 - tg\alpha\,tg\alpha}$. Então:

$$\boxed{tg\,2\alpha = \dfrac{2\,tg\alpha}{1 - tg^2\alpha}}$$

115 MACK/95 - Hum) Se $A = \left\{ \dfrac{\pi}{6}, \dfrac{\pi}{3}, \dfrac{2\pi}{3}, \dfrac{5\pi}{6}, \dfrac{7\pi}{6}, \dfrac{4\pi}{3}, \dfrac{11\pi}{6}, \right\}$ e $B = \left\{ x \in \mathbf{R} \mid \sqrt{-1 + \operatorname{cossec}^2 x} > 1 \right\}$,então o número de elementos de $A - (A \cap B)$ é:

a) 5   b) 4   c) 1   d) 2   e) 3

116 (MACK/96 - Exatas) Supondo x real, a desigualdade $\cos(\cos x) > 0$ é verdadeira:

a) somente se $-\dfrac{\pi}{2} < x < \dfrac{\pi}{4}$ b) somente se $-\dfrac{\pi}{4} < x < 0$ c) somente se $0 < x < \dfrac{\pi}{4}$

d) somente se $\dfrac{\pi}{4} < x < \dfrac{\pi}{2}$ e) sempre

117 (ITA/76) A inequação $4 \operatorname{sen}^2 x - 2(1 + \sqrt{2}) \operatorname{sen} x + \sqrt{2} < 0$ tem uma solução x , tal que:

a) $45° < x < 60°$ b) $0° < x < 30°$ c) $30° < x < 45°$ d) $60° < x < 75°$ e) n.d.a.

118 (STA CASA/82) A equação $x^2 + \sqrt{2x} + \cos\theta = 0$, com $0 \le \theta \le \pi$, não admite raízes reais se, e somente se ,

a) $0 \le \theta < \dfrac{\pi}{3}$ b) $\dfrac{\pi}{3} < \theta \le \dfrac{\pi}{2}$ c) $\dfrac{\pi}{2} \le \theta \le \pi$ d) $\dfrac{\pi}{6} < \theta < \dfrac{2\pi}{3}$ e) $\dfrac{\pi}{6} \le \theta \le \dfrac{\pi}{4}$

119 (ITA/83) Dado o polinômio P definido por $P(x) = \operatorname{sen}\theta - (\operatorname{tg}\theta) x + (\sec^2\theta) x^2$, os valores de θ no intervalo $[0, 2\pi]$ tais que P admite somente raízes reais são:

a) $0 \le \theta \le \dfrac{\pi}{2}$ b) $\dfrac{\pi}{2} < \theta < \pi$ ou $\pi < \theta < \dfrac{3\pi}{2}$ c) $\pi \le \theta < \dfrac{3\pi}{2}$ ou $\dfrac{3\pi}{2} < \theta \le 2\pi$

d) $0 \le \theta \le \dfrac{\pi}{3}$ e) $\dfrac{\pi}{2} \le \theta < \dfrac{3\pi}{2}$

120 (STA CASA/84) O conjunto solução da inequação $|\cos 2x| < \dfrac{1}{2}$ no intervalo $\left[0, \dfrac{\pi}{2} \right]$, é:

a) $\left[0; \dfrac{\pi}{3} \right[$ b) $\left] \dfrac{\pi}{6}; \dfrac{\pi}{3} \right[$ c) $\left[0; \dfrac{\pi}{6} \right[$ d) $\left] \dfrac{\pi}{3}; \dfrac{\pi}{2} \right]$ e) $\left] \dfrac{\pi}{6}; \dfrac{\pi}{2} \right]$

121 (FUVEST/88 - 1ª Fase) Dois pontos A e B estão situados na margem de um rio e distantes 40m um do outro. Um ponto C , na outra margem do rio, está situado de tal modo que o ângulo $C\hat{A}B$ mede 75° e o ângulo $A\hat{C}B$ mede 75°. Determine a largura do rio.

a) 40m   b) 20m   c) $20\sqrt{3}$m   d) 30m   e) 25m

122 (FUVEST/87 - 1ª Fase) Em um plano tem-se um quadrado de lado a, uma reta r paralela a um lado do quadrado e uma reta t que forma com r um ângulo agudo θ. Projeta-se o quadrado sobre r paralelamente a t e obtém-se um segmento de comprimento 3a. Determine $\operatorname{tg}\theta$.

a) 1   b) $\dfrac{1}{2}$ c) $\dfrac{1}{3}$ d) $\dfrac{2}{3}$ e) $\dfrac{1}{6}$

(10º) $\operatorname{sen}\dfrac{\alpha}{2}=\sqrt{\dfrac{1-\cos\alpha}{2}}$, $\cos\dfrac{\alpha}{2}=\sqrt{\dfrac{1+\cos\alpha}{2}}$ e $\operatorname{tg}\dfrac{\alpha}{2}=\sqrt{\dfrac{1-\cos\alpha}{1+\cos\alpha}}$

De $\cos 2x = \cos^2 x - \operatorname{sen}^2 x$ e $\operatorname{sen}^2 x + \cos^2 x = 1$ obtemos:
que $\cos 2x = 1 - 2\operatorname{sen}^2 x$ e $\cos 2x = 2\cos^2 x - 1$.

Para acharmos $\operatorname{sen}\dfrac{\alpha}{2}$, $\cos\dfrac{\alpha}{2}$ e $\operatorname{tg}\dfrac{\alpha}{2}$, quando $\dfrac{\alpha}{2}$ for agudo basta fazermos $2x = \alpha$ e $x = \dfrac{\alpha}{2}$ em

$\cos 2x = 1 - \operatorname{sen}^2 x$, $\cos 2x = 2\cos^2 x - 1$ e $\operatorname{tg} x = \dfrac{\operatorname{sen} x}{\cos x}$, para obtermos:

$$\operatorname{sen}\dfrac{\alpha}{2}=\sqrt{\dfrac{1-\cos\alpha}{2}} \quad , \quad \cos\dfrac{\alpha}{2}=\sqrt{\dfrac{1+\cos\alpha}{2}} \quad \text{e} \quad \operatorname{tg}\dfrac{\alpha}{2}=\sqrt{\dfrac{1-\cos\alpha}{1+\cos\alpha}}$$

Obs: Não colocamos $\pm$ antes dos radicais porque $\dfrac{\alpha}{2}$ é agudo.

2) Corda de um ciclo trigonométrico

Para determinarmos o comprimento de uma corda de um ciclo trigonométrico, em função do seno e cosseno dos arcos cujas extremidades são as extremidades da corda, observe as figuras, onde α e β são os arcos com extremidades, respectivamente, em A e B.

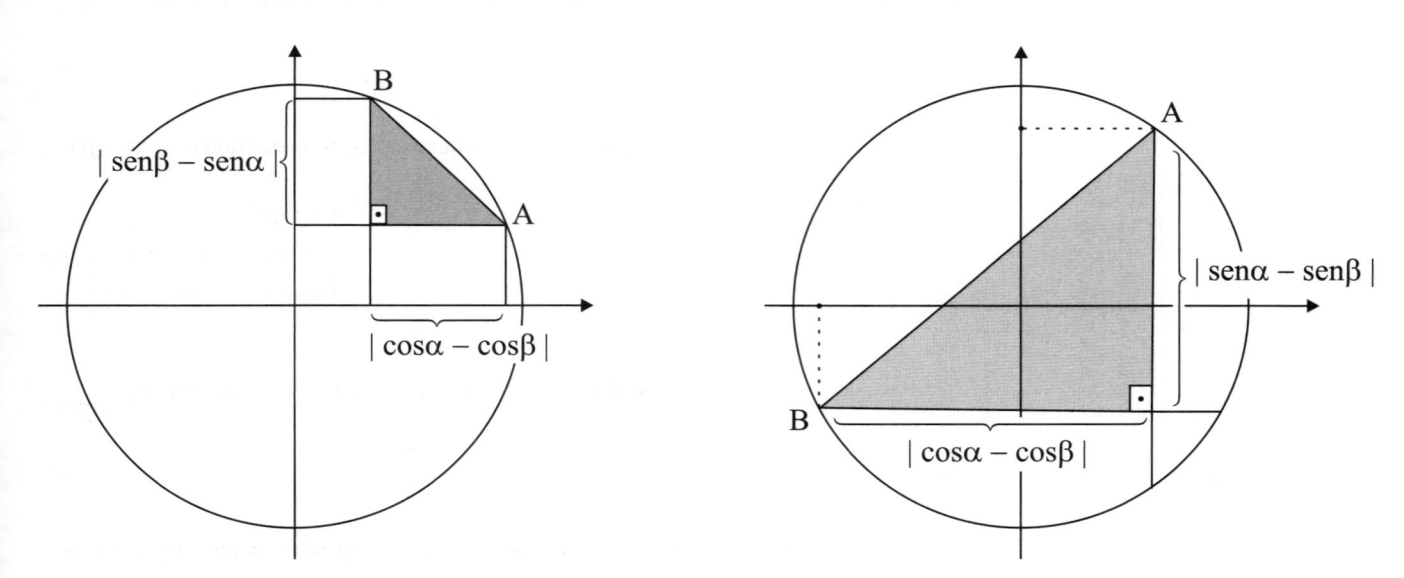

Note que $\overline{AB}$ é a hipotenusa de um triângulo retângulo cujos catetos são os módulos de $\operatorname{sen}\alpha - \operatorname{sen}\beta$ e $\cos\alpha - \cos\beta$. Então AB será dada por

$AB^2 = |\operatorname{sen}\alpha - \operatorname{sen}\beta|^2 + |\cos\alpha - \cos\beta|^2$
$\Rightarrow AB^2 = (\operatorname{sen}\alpha - \operatorname{sen}\beta)^2 + (\cos\alpha - \cos\beta)^2$

$$AB = \sqrt{(\operatorname{sen}\alpha - \operatorname{sen}\beta)^2 + (\cos\alpha - \cos\beta)^2}$$

$\boxed{107}$ (GV/80) Resolver:

$$\frac{1}{\text{sen}^2 x} - \frac{1}{\cos^2 x} - \frac{1}{\text{tg}^2 x} - \frac{1}{\text{cotg}^2 x} - \frac{1}{\sec^2 x} - \frac{1}{\text{cossec}^2 x} = -3$$

a) $x = \dfrac{\pi}{4} + k\pi$
b) $x = \dfrac{\pi}{2} + 2k\pi$
c) $x = -\dfrac{\pi}{4} + k\pi$
d) $x = \dfrac{\pi}{4} + \dfrac{k\pi}{2}$
e) n.d.a.

$\boxed{108}$ (MACK/96 - Hum) Na matriz $A = \begin{bmatrix} \text{sen}\, x + \cos x & -2\,\text{sen}\, x \\ \cos x & \text{sen}\, x + \cos x \end{bmatrix}$

$0 \le 2x \le 2\pi$, sabe-se que det $(2A) = 8$. Então a soma dos possíveis valores de x é :

a) 0
b) $\dfrac{\pi}{2}$
c) π
d) $\dfrac{3\pi}{2}$
e) 2π

$\boxed{109}$ (MACK/96 - Exatas) Seja a função real definida por

$$f(x) \begin{vmatrix} \cos x & \text{sen}\, x & \text{sen}\, 4x \\ \text{sen}\, x & \cos x & \text{sen}\, 3x \\ 0 & 0 & \text{sen}\, 2x \end{vmatrix}$$

Em $[0 , 2\pi]$, o número de soluções reais de $f(x) = \text{sen}\, 2x$ é:

a) 4
b) 3
c) 2
d) 1
e) 0

$\boxed{110}$ (MACK/93 - Hum) Se $2x \in [0 , 2\pi]$, então os pontos x do ciclo trigonométrico correspondentes às soluções do sistema

$\begin{cases} \cos 2x > 0 \\ \text{tg}\, x \quad < 0 \end{cases}$ pertencem ao:

a) 1º quadrante somente
b) 2º quadrante somente
c) 3º quadrante somente
d) 4º quadrante somente
e) 1º ou 4º quadrante

$\boxed{111}$ (ITA/92) Seja $\alpha = \dfrac{1}{2} \cdot \dfrac{\log 2}{\log 2 - \log 3}$. O conjunto solução da desigualdade $2^{\text{sen}\, x} \le \left(\dfrac{2}{3}\right)^{\alpha}$ no intervalo $[0 , 2\pi)$ é:

a) $\left[0 , \dfrac{\pi}{3}\right] \cup \left[\dfrac{2\pi}{3} , 2\pi\right)$
b) $\left[0 , \dfrac{7\pi}{6}\right] \cup \left[\dfrac{11\pi}{6} , 2\pi\right)$
c) $\left[0 , \dfrac{4\pi}{3}\right] \cup \left[\dfrac{5\pi}{3} , 2\pi\right)$

d) $\left[0 , \dfrac{\pi}{6}\right] \cup \left[\dfrac{5\pi}{6} , 2\pi\right)$
e) n.d.a.

$\boxed{112}$ (MACK/92) Se $x \in [0 , 2\pi]$, então o conjunto solução de $|\cos x| < 1$ é:

a) $]0 , \pi [- \left\{\dfrac{\pi}{2}\right\}$
b) $]\pi , 2\pi]$
c) $\text{IR} - \{0 , 2\pi\}$
d) $[0 , 2\pi] - \{\pi\}$
e) $]0 , 2\pi[- \{\pi\}$

$\boxed{113}$ (MACK/93 - Junho) No universo $[0, 360°]$, assinale o único valor de **x** não pertencente ao domínio da função definida por

$y = \sqrt{\text{tg}\, 2x - 1}$.

a) 35º
b) 119º
c) 205º
d) 230º
e) 310º

$\boxed{114}$ (MACK/95 - Exatas) Se $\alpha \in [0 , \pi] - \left\{\dfrac{\pi}{2}\right\}$ e $x^2 + x + \text{tg}\, \alpha > \dfrac{3}{4}$, $\forall x \in \mathbf{R}$, então:

a) $0 < \alpha < \dfrac{\pi}{4}$
b) $\dfrac{\pi}{4} < \alpha < \dfrac{\pi}{2}$
c) $\dfrac{\pi}{2} < \alpha < \dfrac{3\pi}{4}$
d) $\dfrac{3\pi}{4} < \alpha < \dfrac{5\pi}{6}$
e) $\dfrac{5\pi}{6} < \alpha < \pi$

Então:
O quadrado da medida de uma corda do ciclo trigonométrico é igual à soma dos quadrados das diferenças dos senos e dos cossenos dos arcos cujas extremidades são as extremidades da corda.

3) Cosseno da diferença

Seja **A** a origem dos arcos de um ciclo trigonométrico, **B** a extremidade de um arco de medida β, **D** a extremidade de um arco de medida α e **C** a extremidade de um arco de medida α – β, todos com origem **A**. Note que as cordas **AC** e **BD** têm medidas iguais, quaisquer que sejam os arcos α e β pois os arcos AC e BD medem |α – β|.

Como $\stackrel{\frown}{AB} = \beta$,

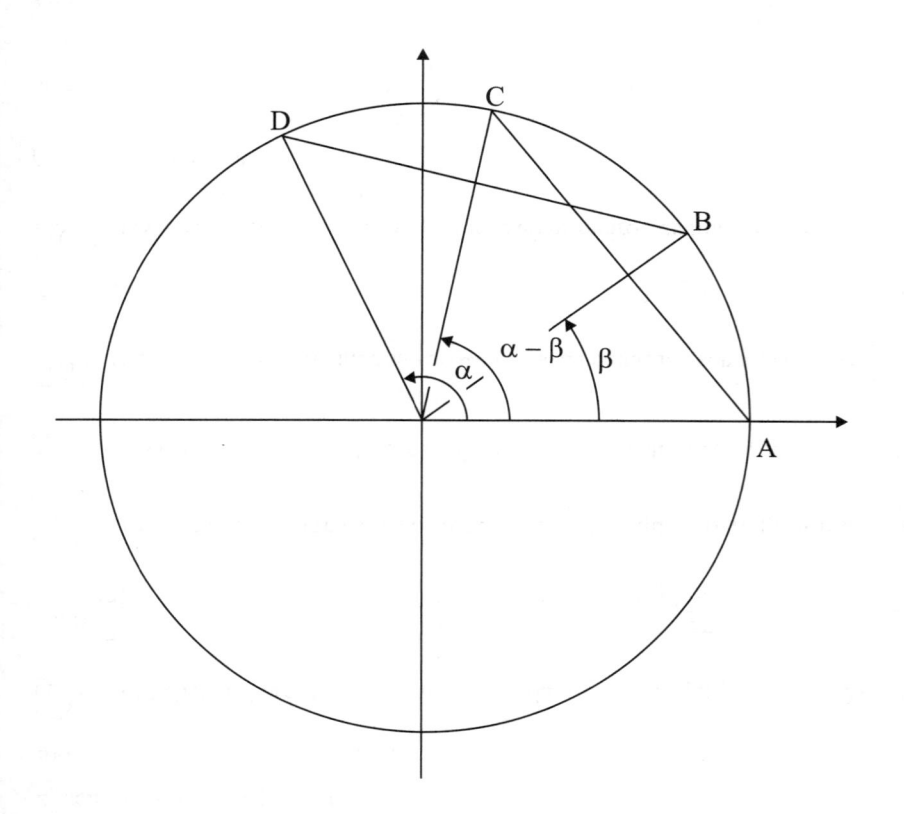

$\stackrel{\frown}{AD} = \alpha$,

$\stackrel{\frown}{AC} = \alpha - \beta$,

A é origem e o quadrado da medida de uma corda é igual à soma dos quadrados das diferenças dos senos e dos cossenos dos arcos cujas extremidades são as extremidades das cordas, temos:

$$\begin{cases} AC^2 = [\text{sen}(\alpha-\beta) - \text{sen}\,0]^2 + [\cos(\alpha-\beta) - \cos 0]^2 \\ BD^2 = [\text{sen}\,\alpha - \text{sen}\,\beta]^2 + [\cos\alpha - \cos\beta]^2 \end{cases}$$

$$\begin{cases} AC^2 = \text{sen}^2(\alpha-\beta) + \cos^2(\alpha-\beta) - 2\cos(\alpha-\beta) + 1 = 2 - 2\cos(\alpha-\beta) \\ BD^2 = \text{sen}^2\alpha - 2\,\text{sen}\,\alpha\,\text{sen}\,\beta + \text{sen}^2\beta + \cos^2\alpha - 2\cos\alpha\cos\beta + \cos^2\beta = 2 - 2\,\text{sen}\,\alpha\,\text{sen}\,\beta - 2\cos\alpha\cos\beta \end{cases}$$

Então, com AC = BD, temos:

$2 - 2\cos(\alpha - \beta) = 2 - 2\,\text{sen}\alpha\,\text{sen}\beta - 2\cos\alpha\cos\beta \Rightarrow$

$$\boxed{\cos(\alpha - \beta) = \cos\alpha \cdot \cos\beta + \text{sen}\,\alpha \cdot \text{sen}\,\beta}$$

97 (FEI/92) Sendo A um ângulo tal que $0 < A < \dfrac{\pi}{4}$ e sen A, sen 2A e cos A (nessa ordem) constituem uma progressão geométrica, então A vale:

a) $\dfrac{\pi}{5}$
b) $\dfrac{\pi}{6}$
c) $\dfrac{\pi}{8}$
d) $\dfrac{\pi}{10}$
e) $\dfrac{\pi}{12}$

98 (MACK/95 - Junho) A equação $\text{sen}^3 x \cdot \cos x - \text{sen} x \cdot \cos^3 x = \dfrac{1}{4}$, no intervalo $[0 , 2\pi]$, tem p soluções. Então p vale:

a) 1
b) 2
c) 3
d) 4
e) 5

99 (FATEC/95 - Junho) O conjunto solução da equação $2\cos^2 x + \cos x - 1 = 0$, no universo $U = [0, 2\pi]$, é:

a) $\left\{\dfrac{\pi}{3}, \pi, \dfrac{5\pi}{3}\right\}$
b) $\left\{\dfrac{\pi}{6}, \pi, \dfrac{5\pi}{6}\right\}$
c) $\left\{\dfrac{\pi}{3}, \dfrac{\pi}{6}, \pi\right\}$

d) $\left\{\dfrac{\pi}{6}, \dfrac{\pi}{3}, \pi, \dfrac{2\pi}{3}, \dfrac{5\pi}{3}\right\}$
e) $\left\{\dfrac{\pi}{3}, \dfrac{2\pi}{3}, \pi, \dfrac{4\pi}{3}, \dfrac{5\pi}{3}, 2\pi\right\}$

100 (MACK/80) Para $0 \leq x \leq 2\pi$, o número de soluções reais distintas da equação $2|\text{sen} x|^2 - 5|\text{sen} x| + 2 = 0$ é:

a) 1
b) 2
c) 4
d) 6
e) 8

101 (MACK/84) Para $0 \leq x \leq \pi$, a soma das raízes da equação $\log_2 \cos 2x - \log_2 \text{sen} x = 0$ pertence ao intervalo:

a) $\left[0, \dfrac{\pi}{6}\right[$
b) $\left[\dfrac{\pi}{6}, \dfrac{\pi}{3}\right[$
c) $\left[\dfrac{\pi}{2}, \dfrac{5\pi}{6}\right[$
d) $\left[\dfrac{\pi}{6}, \dfrac{\pi}{2}\right[$
e) $\left[\dfrac{5\pi}{6}, \pi\right]$

102 (FEI/85) O número de soluções reais da equação trigonométrica sen x + cos x = 0 , com a restrição $0 \leq x \leq 2\pi$, é:

a) nenhuma solução
b) uma solução
c) duas soluções
d) três soluções
e) quatro soluções

103 (STA CASA/87) Quantas são as soluções da equação $\text{sen} x \cdot \cos x = \dfrac{1}{4}$, no intervalo $[0 , 2\pi]$?

a) 5
b) 4
c) 3
d) 2
e) 1

104 (GV/87) Sabendo-se que x pertence ao primeiro quadrante e que
$$1 + \text{sen} x + \text{sen}^2 x + \text{sen}^3 x + \ldots = 2$$
podemos concluir que:

a) $x = 0$
b) $x = \dfrac{\pi}{6}$
c) $x =$
d) $x =$
e) $x =$

105 (GV/80) Se $\text{sen} x = \dfrac{1}{2}$ ($x \in$ 1º quadrante) , então sen 4x vale:

a) $-\dfrac{\sqrt{3}}{2}$
b) $-\dfrac{1}{2}$
c) $\dfrac{1}{2}$
d) $\dfrac{\sqrt{3}}{2}$
e) $\dfrac{\sqrt{3}}{3}$

106 (MACK/87) Os valores de x que satisfazem a equação:
$$\dfrac{1}{2}\begin{vmatrix} \text{sen} x & -\cos x \\ \text{sen} x & \cos x \end{vmatrix} = (1 - \text{tg}^2 x)^{-1} \cdot \text{tg} x$$
para $k \in N$ são:

a) $x = \dfrac{\pi}{4} + k\pi$
b) $x = \dfrac{k\pi}{2}$
c) $x = k\pi$
d) $x = \dfrac{\pi}{2} + k\pi$
e) $x = 2k\pi$

4) $\cos\left(\dfrac{\pi}{2}-\alpha\right) = \sen\alpha$ e $\quad\sen\left(\dfrac{\pi}{2}-\alpha\right) = \cos\alpha$

1º) Fazendo $x = \dfrac{\pi}{2}$ e $y = \alpha$ em $\cos(x-y) = \cos x \cdot \cos y + \sen x \cdot \sen y$ obtemos:

$\cos\left(\dfrac{\pi}{2}-\alpha\right) = \cos\dfrac{\pi}{2}\cdot\cos\alpha + \sen\dfrac{\pi}{2}\cdot\sen\alpha = 0\cdot\cos\alpha + 1\cdot\sen\alpha = \sen\alpha$

Então: $\quad\boxed{\cos\left(\dfrac{\pi}{2}-\alpha\right) = \sen\alpha}$

2º) Podemos escrever então que: $\cos\left(\dfrac{\pi}{2}-x\right) = \sen x\quad$ subtituindo x por $\left(\dfrac{\pi}{2}-\alpha\right)$ nesta relação, obtemos:

$\cos\left[\dfrac{\pi}{2}-\left(\dfrac{\pi}{2}-\alpha\right)\right] = \sen\left(\dfrac{\pi}{2}-\alpha\right) \Rightarrow \cos\left[\dfrac{\pi}{2}-\dfrac{\pi}{2}+\alpha\right] = \sen\left(\dfrac{\pi}{2}-\alpha\right)$

Então: $\quad\boxed{\sen\left(\dfrac{\pi}{2}-\alpha\right) = \cos\alpha}$

Veja uma ilustração de $\cos\left(\dfrac{\pi}{2}-\alpha\right) = \sen\alpha$ para α em cada quadrante.

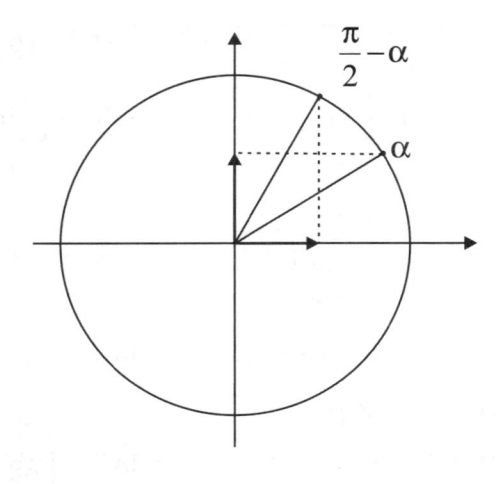

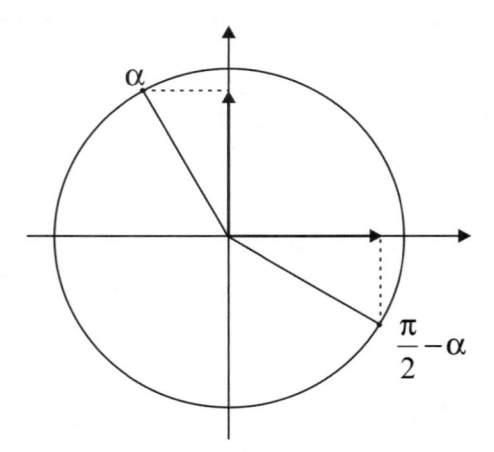

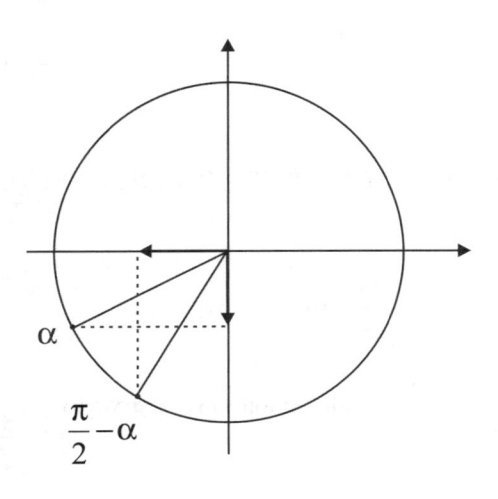

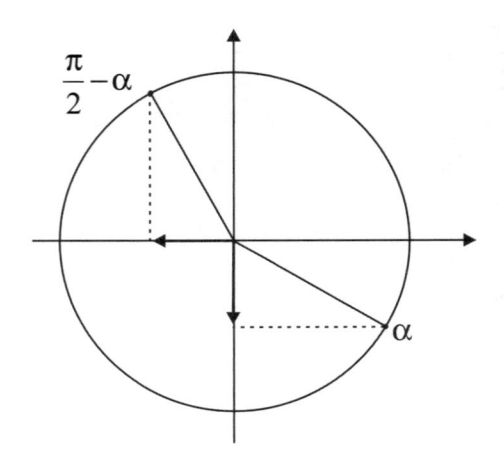

87 (MACK/77) O valor de $\text{arc sen} \left(\cos \dfrac{33\pi}{5} \right)$ é:

a) $\dfrac{3\pi}{5}$ b) $-\dfrac{\pi}{10}$ c) $\dfrac{\pi}{10}$ d) $-\dfrac{3\pi}{5}$ e) não sei

88 (MACK/74) O valor de $\text{tg } 2 \left(\text{arc sen} \dfrac{\sqrt{3}}{2} \right)$ é:

a) $\sqrt{2}$ b) $-\sqrt{3}$ c) $-\sqrt{2}$ d) $\dfrac{\sqrt{3}}{3}$ e) $\dfrac{\sqrt{3}}{2}$

89 (FUVEST / 91 - 1ª Fase) A equação $f(x) = -10$ tem solução real se $f(x)$ é:

a) 2^x b) $\log_{10}(|x|+1)$ c) $\text{sen } x$ d) $\text{tg } x$ e) $x^3 + 2x - 4$

90 (FUVEST/87 - 1ª Fase) O conjunto solução da equação

$$\begin{vmatrix} \text{sen } 2x & 0 & 0 \\ \cos 3x & \cos x & \text{sen } x \\ \text{sen } 4x & \text{sen } x & \cos x \end{vmatrix} = 0 \quad \text{é:}$$

a) $\left\{ \dfrac{\pi}{2} + k\pi, k \in z \right\}$ b) $\left\{ \dfrac{\pi}{4} + k\pi, k \in z \right\}$ c) $\left\{ k\pi, k \in z \right\}$ d) $\left\{ k\dfrac{\pi}{2}, k \in z \right\}$ e) $\left\{ k\dfrac{\pi}{4}, k \in z \right\}$

91 (FUVEST/81 - 1ª Fase) O número de soluções da equação $\text{sen}^4 x + \cos^4 x = 1$ satisfazendo a condição $0 \le x < 2\pi$ é:

a) 0 b) 1 c) 2 d) 4 e) infinito

92 (FAAP/94 - Exatas) Sendo x um arco do primeiro quadrante, a solução da equação

$4^{\text{sen}^2 x} = 2^{(-2\cos^2 x + 4\,\text{sen}\,x)}$, é:

a) $\dfrac{\pi}{8}$ rd b) $\dfrac{\pi}{4}$ rd c) $\dfrac{\pi}{2}$ rd d) $\dfrac{\pi}{6}$ rd e) $\dfrac{\pi}{3}$ rd

93 (ITA/93) O conjunto das soluções da equação $\text{sen } 5x = \cos 3x$ contém o seguinte conjunto:

a) $\left\{ \dfrac{\pi}{16} + \dfrac{k\pi}{5}, k \in Z \right\}$ b) $\left\{ \dfrac{\pi}{16} + \dfrac{k\pi}{3}, k \in Z \right\}$ c) $\left\{ \dfrac{\pi}{4} + \dfrac{k\pi}{3}, k \in Z \right\}$ d) $\left\{ \dfrac{\pi}{4} + \dfrac{k\pi}{2}, k \in Z \right\}$ e) $\left\{ \dfrac{\pi}{4} + 2k\pi, k \in Z \right\}$

94 (MACK/93 - Humanas) O número de raízes da equação $\text{sen}^2 x - 9.\text{senx} . \cos x + 14.\cos^2 x = 0$ no intervalo $[0, 2\pi]$ é:

a) 0 b) 1 c) 2 d) 3 e) 4

95 (MACK/93 - Exatas) Considere as afirmações abaixo

(I) $\text{sen}(2 \text{ arc cos } x) = 2x\sqrt{1-x^2}$

(II) Em $[0, 2\pi]$, a equação $x^2 - (4\,\text{sen}\,\theta)x + 4 = 0$ admite raízes reais para um único θ.

(III) O maior valor que $\text{sen } x + \cos x$ pode assumir é $\sqrt{2}$.

Então:

a) todas são verdadeiras

b) todas são falsas

c) somente a (I) é verdadeira

d) somente a (I) e a (III) são verdadeiras

e) somente a (I) e a (II) são verdadeiras

96 (FEI/93 - Junho) O número de soluções da equação $\text{senx} + \cos 2x = 1$ no intervalo fechado $[0, 2\pi]$, é:

a) 1 b) 2 c) 3 d) 4 e) 5

5) $\cos(-x) = \cos x$ e $\text{sen}(-x) = -\text{sen } x$

1º) $\cos(-x) = \cos(0-x) =$
$$= \cos 0 \cdot \cos x + \text{sen } 0 \cdot \text{sen } x = 1 \cdot \cos x + 0 \cdot \text{sen } x = \cos x$$

Então: $\boxed{\cos(-x) = \cos x}$

2º) $\text{sen}(-x) = \cos\left[\dfrac{\pi}{2} - (-x)\right] = \cos\left[x + \dfrac{\pi}{2}\right] = \cos\left[x - \left(-\dfrac{\pi}{2}\right)\right]$

$$= \cos x \cdot \cos\left(-\dfrac{\pi}{2}\right) + \text{sen } x \cdot \text{sen}\left(-\dfrac{\pi}{2}\right) = \cos x \cdot 0 + \text{sen } x \cdot (-1) = -\text{sen } x$$

Então: $\boxed{\text{sen}(-x) = -\text{sen } x}$

De $\text{sen}(-x) = -\text{sen } x$ e $\cos(-x) = \cos x$ obtemos:

- $\text{tg}(-x) = \dfrac{\text{sen}(-x)}{\cos(-x)} = \dfrac{-\text{sen } x}{\cos x} = -\text{tg } x \Rightarrow \text{tg}(-x) = -\text{tg } x$

- $\text{cotg}(-x) = \dfrac{\cos(-x)}{\text{sen}(-x)} = \dfrac{\cos x}{-\text{sen } x} = -\dfrac{\cos x}{\text{sen } x} = -\text{cotg } x \Rightarrow \text{cotg}(-x) = -\text{cotg } x$

- $\sec(-x) = \dfrac{1}{\cos(-x)} = \dfrac{1}{\cos x} = \sec x \Rightarrow \sec(-x) = \sec x$

- $\text{cossec}(-x) = \dfrac{1}{\text{sen}(-x)} = \dfrac{1}{-\text{sen } x} = -\dfrac{1}{\text{sen } x} = -\text{cossec } x \Rightarrow \text{cossec}(-x) = -\text{cossec } x$

Da mesma forma, de $\cos\left(\dfrac{\pi}{2} - x\right) = \text{sen } x$ e $\text{sen}\left(\dfrac{\pi}{2} - x\right) = \cos x$ obtemos:

- $\text{tg}\left(\dfrac{\pi}{2} - x\right) = \text{cotg } x$ e $\text{cotg}\left(\dfrac{\pi}{2} - x\right) = \text{tg } x$

- $\sec\left(\dfrac{\pi}{2} - x\right) = \text{cossec } x$ e $\text{cossec}\left(\dfrac{\pi}{2} - x\right) = \sec x$

6) Cosseno da soma

Da mesma forma que fizemos para deduzir a fórmula para o cálculo de cosseno da diferença, usando cordas de comprimentos iguais, podemos fazer para deduzir o cosseno da soma. Mas há um modo mais simples:

Como $\alpha + \beta = \alpha - (-\beta)$, temos:

78 (ITA/95) A expressão $\dfrac{\text{sen}\theta}{1+\cos\theta}$, $0 < \theta < \pi$, é idêntica a:

a) $\sec\dfrac{\theta}{2}$

b) $\text{cossec}\dfrac{\theta}{2}$

c) $\text{cotg}\dfrac{\theta}{2}$

d) $\text{tg}\dfrac{\theta}{2}$

e) $\cos\dfrac{\theta}{2}$

79 (FUVEST/96 - 1ª Fase) Os números reais $\text{sen}\dfrac{\pi}{12}$, sen a e $\text{sen}\dfrac{5\pi}{12}$ formam., nesta ordem, uma progressão aritmética. Então o valor de sen a é:

a) $\dfrac{1}{4}$

b) $\dfrac{\sqrt{3}}{6}$

c) $\dfrac{\sqrt{2}}{4}$

d) $\dfrac{\sqrt{6}}{4}$

e) $\dfrac{\sqrt{3}}{2}$

80 (MACK/96 - Hum) Se $N = \cos 20º \cdot \cos 40º \cdot \cos 80º$, então $\log_2 N$ vale:

a) -3

b) -2

c) -1

d) 2

e) 3

81 (STA CASA/85) Se $\alpha = 2 \text{ arc sen}\left(-\dfrac{1}{4}\right)$, então $\cos\alpha$ é igual a:

a) $-\dfrac{1}{2}$

b) $-\dfrac{1}{8}$

c) $\dfrac{1}{8}$

d) $\dfrac{1}{2}$

e) $\dfrac{7}{8}$

82 (STA CASA/81) Se $\alpha = 3 \text{ arc sen}\left(-\dfrac{\sqrt{3}}{2}\right)$, então $\cos 2\alpha$ é igual a:

a) -1

b) $-\dfrac{1}{2}$

c) 0

d) $\dfrac{1}{2}$

e) 1

83 (MACK/80) O valor de $\text{tg}\left(5 \text{ arc tg}\dfrac{\sqrt{3}}{3} - \dfrac{1}{4}\text{ arc sen}\dfrac{\sqrt{3}}{2}\right)$ pode ser dado por:

a) 0

b) 1

c) -1

d) $-\dfrac{1}{2}$

e) $\dfrac{1}{2}$

84 (ITA/91) Se $a \in \mathbf{R}$ com $a > 0$ e $\text{arc sen}\dfrac{a-1}{a+1}$ está no primeiro quadrante, então o valor de $\text{tg}\left[\text{arc sen}\dfrac{a-1}{a+1} + \text{arc tg}\dfrac{1}{2\sqrt{a}}\right]$ é:

a) $\dfrac{a+1}{2\sqrt{a}}$

b) $\dfrac{a\sqrt{a}}{3a+1}$

c) $\dfrac{2a\sqrt{a}}{3a+1}$

d) $\dfrac{2a}{3a+1}$

e) n.d.a.

85 (MACK/91) O domínio da função real $f(x) = \sqrt{2^{\text{arc sen}y} - 2}$ é dado pelo intervalo:

a) $\left[-\dfrac{\pi}{2}, \dfrac{\pi}{2}\right]$

b) $[-1, 1]$

c) $[0, 1]$

d) $[-1, 0]$

e) $[\text{sen1}, 1]$

86 (MACK/89) Se $y = \text{arc sen}\left[\log_{\frac{1}{2}}(x-1)\right]$ então:

a) $\dfrac{3}{2} \leq x \leq 3$

b) $1 < x \leq 3$

c) $x \leq 3$

d) $x \geq 1$

e) $1 < x < 3$

$$\cos(\alpha + \beta) = \cos[\alpha - (-\beta)]$$
$$= \cos\alpha \cdot \cos(-\beta) + \operatorname{sen}\alpha \cdot \operatorname{sen}(-\beta)$$

E como $\cos(-\beta) = \cos\beta$ e $\operatorname{sen}(-\beta) = -\operatorname{sen}\beta$, obtemos:

$$\boxed{\cos(\alpha + \beta) = \cos\alpha \cdot \cos\beta - \operatorname{sen}\alpha \cdot \operatorname{sen}\beta}$$

7) Seno da soma e seno da diferença

1º) Como $\operatorname{sen} x = \cos\left(\dfrac{\pi}{2} - x\right)$, fazendo $x = \alpha + \beta$, obtemos:

$$\operatorname{sen}(\alpha + \beta) = \cos\left[\dfrac{\pi}{2} - (\alpha + \beta)\right] = \cos\left[\left(\dfrac{\pi}{2} - \alpha\right) - \beta\right]$$

$$\operatorname{sen}(\alpha + \beta) = \cos\left(\dfrac{\pi}{2} - \alpha\right) \cdot \cos\beta + \operatorname{sen}\left(\dfrac{\pi}{2} - \alpha\right) \cdot \operatorname{sen}\beta$$

E como $\cos\left(\dfrac{\pi}{2} - \alpha\right) = \operatorname{sen}\alpha$ e $\operatorname{sen}\left(\dfrac{\pi}{2} - \alpha\right) = \cos\alpha$, temos:

$$\boxed{\operatorname{sen}(\alpha + \beta) = \operatorname{sen}\alpha \cdot \cos\beta + \operatorname{sen}\beta \cdot \cos\alpha}$$

2º) Como $\alpha - \beta = \alpha + (-\beta)$, temos:

$$\operatorname{sen}(\alpha - \beta) = \operatorname{sen}[\alpha + (-\beta)] = \operatorname{sen}\alpha \cdot \cos(-\beta) + \operatorname{sen}(-\beta) \cdot \cos\alpha$$

E como $\cos(-\beta) = \cos\beta$ e $\operatorname{sen}(-\beta) = -\operatorname{sen}\beta$, obtemos:

$$\boxed{\operatorname{sen}(\alpha - \beta) = \operatorname{sen}\alpha \cdot \cos\beta - \operatorname{sen}\beta \cdot \cos\alpha}$$

8) Tangente da soma e tangente da diferença

1º) $\operatorname{tg}(\alpha + \beta) = \dfrac{\operatorname{sen}(\alpha + \beta)}{\cos(\alpha + \beta)} = \dfrac{\operatorname{sen}\alpha \cdot \cos\beta + \operatorname{sen}\beta \cdot \cos\alpha}{\cos\alpha \cdot \cos\beta - \operatorname{sen}\alpha \cdot \operatorname{sen}\beta}$

Dividindo o numerador e o denominador por $\cos\alpha \cdot \cos\beta$, obtemos:

$$\operatorname{tg}(\alpha + \beta) = \dfrac{\dfrac{\operatorname{sen}\alpha \cdot \cos\beta}{\cos\alpha \cdot \cos\beta} + \dfrac{\operatorname{sen}\beta \cdot \cos\alpha}{\cos\alpha \cdot \cos\beta}}{\dfrac{\cos\alpha \cdot \cos\beta}{\cos\alpha \cdot \cos\beta} - \dfrac{\operatorname{sen}\alpha \cdot \operatorname{sen}\beta}{\cos\alpha \cdot \cos\beta}} \; = \; \dfrac{\dfrac{\operatorname{sen}\alpha}{\cos\alpha} + \dfrac{\operatorname{sen}\beta}{\cos\beta}}{1 - \dfrac{\operatorname{sen}\alpha}{\cos\alpha} \cdot \dfrac{\operatorname{sen}\beta}{\cos\beta}} \; = \; \dfrac{\operatorname{tg}\alpha + \operatorname{tg}\beta}{1 - \operatorname{tg}\alpha \cdot \operatorname{tg}\beta}$$

Então: $\boxed{\operatorname{tg}(\alpha + \beta) = \dfrac{\operatorname{tg}\alpha + \operatorname{tg}\beta}{1 - \operatorname{tg}\alpha \, \operatorname{tg}\beta}}$

70 (GV/73) A expressão $\text{sen}x - \cos x$ é idêntica a:

a) $\sqrt{2}\,\text{sen}\left(x - \dfrac{\pi}{4}\right)$

b) $\dfrac{1}{\sqrt{2}}.\text{sen}\left(x - \dfrac{\pi}{2}\right)$

c) $2.\text{sen}\left(x + \dfrac{\pi}{4}\right)$

d) $\sqrt{2}.\text{sen}\left(x + \dfrac{\pi}{2}\right)$

e) $\sqrt{3}.\text{sen}\left(x - \dfrac{\pi}{3}\right)$

71 (PUC/75) $\text{sen}\alpha + 2\,\text{sen}2\alpha + \text{sen}\,3\alpha$ é igual a:

a) $2 . \cos 2\alpha . \text{sen}^2\dfrac{\alpha}{2}$

b) $4 . \text{sen}\, 2\alpha . \cos^2\dfrac{\alpha}{2}$

c) $\text{sen}\, 2\alpha . \cos 2\alpha$

d) $3. \text{sen}2\alpha . \cos 2\alpha$

e) $3\,\text{sen}\alpha . \cos2\alpha$

72 (PUC/75) $\cos\dfrac{\pi}{12}.\cos\dfrac{8\pi}{12}$ vale:

a) $-\dfrac{\sqrt{2}}{8}(\sqrt{3}+1)$

b) $-\dfrac{\sqrt{2}}{8}(\sqrt{3}-1)$

c) $-\dfrac{\sqrt{2}}{8}(1-\sqrt{3})$

d) $-\dfrac{\sqrt{2}}{8}(2\sqrt{3}-1)$

e) $-\dfrac{\sqrt{2}}{8}(1-2\sqrt{3})$

73 (MACK/76) A expressão $\text{sen}(135° + x) + \text{sen}(135° - x)$ é igual a:

a) $\sqrt{2}\,\text{sen}x$

b) $\sqrt{3}\cos x$

c) -1

d) $\sqrt{2}\cos x$

e) $-\sqrt{2}\,\text{sen}x$

74 (GV/77) Se $\text{tg}x = t$, então, $\cos 2x + \text{sen}\, 2x$ é equivalente a:

a) $\dfrac{(1-t)^2}{1+t^2}$

b) $\dfrac{1-2t-t^2}{1+2t^2}$

c) $1 + t^2$

d) $1 + 2t - t^2$

e) $\dfrac{1+2t-t^2}{1+t^2}$

75 (MACK/77) O menor valor que y pode assumir na igualdade $y = \cos x + \cos 2x$ é:

a) $-\dfrac{3}{4}$

b) $-\dfrac{7}{8}$

c) -1

d) $-\dfrac{9}{8}$

e) não sei

76 (STA CASA/80) Calculando o valor da expressão: $y = \dfrac{1}{2\,\text{sen}10°} - 2\,\text{sen}70°$, sem emprego de tábuas, obtém-se:

a) $y = \dfrac{1}{2}$

b) $y = 1$

c) $y = \dfrac{5}{2}$

d) $y = -\dfrac{4}{5}$

e) n.d.a.

77 (MACK/95 - Exatas) Considere as afirmações:

(I) $\cos 20° + \cos 100° + \cos 140° = 0$

(II) Não existe k real tal que $\text{sen}x = k + k^{-1}$, $x \in \mathbb{R}$

(III) $\log_3(\text{sen}x + \cos x) < 0$, se $0 < x < \dfrac{\pi}{2}$

Então:

a) somente a (I) é verdadeira
b) somente (I) e (II) são verdadeiras
c) somente a (III) é verdadeira
d) todas são verdadeiras
e) somente a (II) é verdadeira

2º) Como $\alpha - \beta = \alpha + (-\beta)$ e $tg(-\beta) = -tg\beta$, obtemos:

$$tg(\alpha - \beta) = tg[\alpha + (-\beta)] = \frac{tg\alpha + tg(-\beta)}{1 - tg\alpha \cdot tg(-\beta)} = \frac{tg\alpha - tg\beta}{1 + tg\alpha \cdot tg\beta}$$

Então: $\boxed{tg(\alpha - \beta) = \frac{tg\alpha - tg\beta}{1 + tg\alpha \cdot tg\beta}}$

9) Cotangente da soma cotangente da diferença

1º) $cotg(\alpha + \beta) = \dfrac{\cos(\alpha + \beta)}{sen(\alpha + \beta)} = \dfrac{\cos\alpha \cdot \cos\beta - sen\alpha \cdot sen\beta}{sen\alpha \cdot \cos\beta + sen\beta \cdot \cos\alpha}$

Dividindo o numerador e o denominador por $sen\alpha \cdot sen\beta$, obtemos:

$$cotg(\alpha + \beta) = \frac{\dfrac{\cos\alpha \cdot \cos\beta}{sen\alpha \cdot sen\beta} - \dfrac{sen\alpha \cdot sen\beta}{sen\alpha \cdot sen\beta}}{\dfrac{sen\alpha \cdot \cos\beta}{sen\alpha \cdot sen\beta} + \dfrac{sen\beta \cdot \cos\alpha}{sen\alpha \cdot sen\beta}} = \frac{\dfrac{\cos\alpha}{sen\alpha} \cdot \dfrac{\cos\beta}{sen\beta} - 1}{\dfrac{\cos\beta}{sen\beta} + \dfrac{\cos\alpha}{sen\alpha}} = \frac{cotg\alpha \cdot cotg\beta - 1}{cotg\alpha + cotg\beta}$$

Então: $\boxed{cotg(\alpha + \beta) = \frac{cotg\alpha \cdot cotg\beta - 1}{cotg\alpha + cotg\beta}}$

2º) Como $\alpha - \beta = \alpha + (-\beta)$ e $cotg(-\beta) = -cotg\beta$, obtemos:

$$cotg(\alpha - \beta) = cotg[\alpha + (-\beta)] = \frac{cotg\alpha \cdot cotg(-\beta) - 1}{cotg\alpha + cotg(-\beta)} = \frac{-cotg\alpha \cdot cotg\beta - 1}{cotg\alpha - cotg\beta} = \frac{cotg\alpha \cdot cotg\beta + 1}{cotg\beta - cotg\alpha}$$

Então: $\boxed{cotg(\alpha - \beta) = \frac{cotg\alpha \cdot cotg\beta + 1}{cotg\beta - cotg\alpha}}$

10) Seno e cosseno do arco duplo

1º) Como $sen\,2\alpha = sen(\alpha + \alpha)$, aplicando a fórmula do seno da soma, temos:
$sen(2\alpha) = sen(\alpha + \alpha) = sen\alpha \cdot \cos\alpha + sen\alpha \cdot \cos\alpha \Rightarrow$ **$sen\,2\alpha = 2\,sen\alpha \cdot \cos\alpha$**

2º) Como $\cos 2\alpha = \cos(\alpha + \alpha)$, aplicando a fórmula do cosseno da soma, temos:
$\cos 2\alpha = \cos(\alpha + \alpha) = \cos\alpha \cdot \cos\alpha - sen\alpha \cdot sen\alpha \Rightarrow$ **$\cos 2\alpha = \cos^2\alpha - sen^2\alpha$**

De $sen^2\alpha + \cos^2\alpha = 1$, obtemos: $sen^2\alpha = 1 - \cos^2\alpha$ e $\cos^2\alpha = 1 - sen^2\alpha$

Então:
- $\cos 2\alpha = \cos^2\alpha - sen^2\alpha = \cos^2\alpha - (1 - \cos^2\alpha) \Rightarrow$ **$\cos 2\alpha = 2\cos^2\alpha - 1$**
- $\cos 2\alpha = \cos^2\alpha - sen^2\alpha = (1 - sen^2\alpha) - sen^2\alpha \Rightarrow$ **$\cos 2\alpha = 1 - 2\,sen^2\alpha$**

64 (MACK/96 - Hum) I) Não existe k real tal que sen $x = k + k^{-1}$

II) Não existe x real tal que se tenha sen $2x > 0$ e cotg $x < 0$

III) Qualquer que seja x real, $0 < x < \dfrac{\pi}{2}$, então $3^{\cos 2x} > 3^{\cos x}$

Relativamente às informações acima, assinale:
 a) se todas forem verdadeiras
 b) se todas forem falsas
 c) se somente I e II forem verdadeiras
 d) se somente I e III forem verdadeiras
 e) se somente II e III forem verdadeiras

As questões 65 e 66 referem-se à função real definida por

$$f(x) = \begin{vmatrix} \cos x & \text{sen}x & \text{sen}4x \\ \text{sen}x & \cos x & \text{sen}3x \\ 0 & 0 & \text{sen}2x \end{vmatrix}$$

65 (MACK/96 - Exatas) O período de $f(x)$ é:

a) $\dfrac{2\pi}{3}$　　　　b) 2π　　　　c) $\dfrac{3\pi}{4}$　　　　d) π　　　　e) $\dfrac{\pi}{2}$

66 (MACK/96 - Exatas) A soma dos valores máximo e mínimo que $g(x) = 2 - f(x)$ pode assumir é:

a) 1　　　　b) $\dfrac{3}{2}$　　　　c) $\dfrac{5}{2}$　　　　d) 3　　　　e) 4

67 (MACK/96 - Hum) Na circunferência trigonométrica da figura I, sejam α e β os ângulos centrais associados, respectivamente, aos arcos AM e AP, onde $\alpha - \beta = 60°$. A partir da figura I, a medida de x na figura II é:

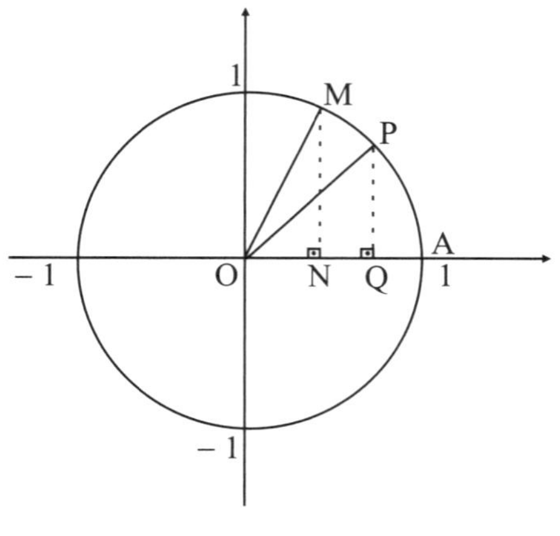

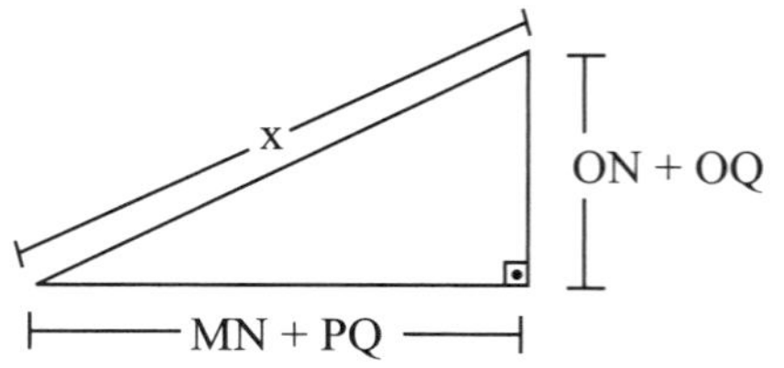

a) $\sqrt{3}$　　　　b) $\sqrt{2}$　　　　c) 2　　　　d) 3　　　　e) $2\sqrt{3}$

68 (MACK/96 - Julho/ Hum) Se sen $x = \dfrac{4}{5}$ e tg $x < 0$, então tg $2x$ vale:

a) $\dfrac{24}{7}$　　　　b) $-\dfrac{24}{7}$　　　　c) $-\dfrac{8}{3}$　　　　d) $\dfrac{8}{3}$　　　　e) $-\dfrac{4}{3}$

69 (FEI/89) Simplificando $\dfrac{2\,\text{sen}\left(x + \dfrac{\pi}{4}\right)\cos\left(x - \dfrac{\pi}{4}\right)}{1 + \text{sen}\,2x}$, com sen $2x \neq -1$, obtemos:

a) 1　　　　b) 0　　　　c) 2　　　　d) $\cos 2x$　　　　e) $1 - 2\,\text{sen}x$

161

Então:

$$\text{sen } 2\alpha = 2 \text{ sen } \alpha \cdot \cos \alpha \quad \text{e} \quad \cos 2\alpha = \begin{cases} \cos^2 \alpha - \text{sen}^2 \alpha \\ 2\cos^2 \alpha - 1 \\ 1 - 2\text{sen}^2 \alpha \end{cases}$$

11) Seno e cosseno do arco triplo

1º) Como $\text{sen } 3\alpha = \text{sen}(2\alpha + \alpha)$, aplicando a fórmula da soma e do arco duplo, temos:

$\text{sen } 3\alpha = \text{sen}(2\alpha + \alpha) = \text{sen } 2\alpha \cdot \cos \alpha + \text{sen } \alpha \cdot \cos 2\alpha = (2 \text{ sen } \alpha \cdot \cos \alpha) \cdot \cos \alpha + \text{sen } \alpha (1 - 2 \text{ sen}^2 \alpha)$

$\text{sen } 3\alpha = 2 \text{ sen } \alpha \cdot \cos^2 \alpha + \text{sen}\alpha - 2 \text{ sen}^3 \alpha = 2 \text{ sen } \alpha (1 - \text{sen}^2 \alpha) + \text{sen } \alpha - 2 \text{ sen}^3 \alpha = 3 \text{ sen } \alpha - 4 \text{ sen}^3 \alpha$

$\text{sen } 3\alpha = 3 \text{ sen } \alpha - 4 \text{ sen}^3 \alpha$

2º) Como $\cos 3\alpha = \cos(2\alpha + \alpha)$, aplicando a fórmula da soma e do arco duplo, temos:

$\cos 3\alpha = \cos(2\alpha + \alpha) = \cos 2\alpha \cdot \cos \alpha - \text{sen } 2\alpha \cdot \text{sen } \alpha = (2 \cos^2 \alpha - 1) \cdot \cos \alpha - (2 \text{ sen } \alpha \cdot \cos \alpha) \cdot \text{sen } \alpha$

$\cos 3\alpha = 2 \cos^3 \alpha - \cos \alpha - 2 \text{ sen}^2 \alpha \cdot \cos\alpha = 2 \cos^3 \alpha - \cos\alpha - 2(1 - \cos^2 \alpha) \cdot \cos\alpha = 4 \cos^3 \alpha - 3 \cos \alpha$

$\cos 3\alpha = 4 \cos^3 \alpha - 3 \cos \alpha$

Então: $\quad \text{sen } 3\alpha = 3 \text{ sen } \alpha - 4 \text{ sen}^3 \alpha \quad$ e $\quad \cos 3\alpha = 4 \cos^3 \alpha - 3 \cos \alpha$

12) Tangente e cotangente do arco duplo

1º) $\text{tg } 2\alpha = \text{tg}(\alpha + \alpha) = \dfrac{\text{tg}\alpha + \text{tg}\alpha}{1 - \text{tg}\alpha \cdot \text{tg}\alpha} \Rightarrow \mathbf{\text{tg}2\alpha = \dfrac{2\text{tg}\alpha}{1 - \text{tg}^2\alpha}}$

2º) $\text{cotg } 2\alpha = \text{cotg}(\alpha + \alpha) = \dfrac{\text{cotg}\alpha \cdot \text{cotg}\alpha - 1}{\text{cotg}\alpha + \text{cotg}\alpha} \Rightarrow \mathbf{\text{cotg}2\alpha = \dfrac{\text{cotg}^2\alpha - 1}{2\text{cotg}\alpha}}$

Então: $\quad \text{tg } 2\alpha = \dfrac{2\text{tg}\alpha}{1 - \text{tg}^2\alpha} \quad$ e $\quad \text{cotg}2\alpha = \dfrac{\text{cotg}^2\alpha - 1}{2\text{cotg}\alpha}$

54 (GV/95 - Julho) O menor valor que Y pode assumir é:

a) $\dfrac{1}{4}$ b) $\dfrac{1}{2}$ c) $\dfrac{3}{4}$ d) 0 e) 1

55 (GV/95 - Julho) O período da função dada é:

a) $\dfrac{\pi}{4}$ b) π c) $\dfrac{\pi}{2}$ d) $\dfrac{\pi}{3}$ e) $\dfrac{\pi}{3}$

56 (MACK/83) Se $f(x) = 2\cos^2 x - 2\,\text{sen}^2 x$, então o maior valor de $\left(\dfrac{1}{3}\right)^{f(x)}$ é:

a) 1 b) 3 c) 9 d) 27 e) 81

57 (PUC/83) Se $\cos 2x = 0,2$, então $\text{tg}^2 x$ é igual a:

a) $\dfrac{1}{2}$ b) $\dfrac{2}{3}$ c) $\dfrac{3}{4}$ d) $\dfrac{4}{3}$ e) 2

58 (U.F. UBERLÂNDIA) $\text{sen}17° \cos13° + \cos17°\text{sen}13° + \cos73°\cos17° - \text{sen}73°\text{sen}17° + \dfrac{\text{tg}31°+\text{tg}14°}{1-\text{tg}31°.\text{tg}14°} =$

a) $\dfrac{5}{2}$ b) $\dfrac{1}{2}$ c) 0 d) $\dfrac{1}{2}$ e) $\dfrac{3}{2}$

59 (STA CASA/84) Se $\;y = \cos x \cdot \text{sen}\left(\dfrac{\pi}{2}-x\right) + \text{sen}.\cos\left(\dfrac{\pi}{2}-x\right) - 2.\cos\left(\dfrac{\pi}{2}-x\right)\text{sen}\left(\dfrac{\pi}{2}-x\right)$, então y é igual a:

a) sen 2x – 1 b) sen 2x – cos 2x c) cos 2x – sen 2x d) 1 – sen 2x e) 0

60 (ITA/96) Seja α um número real tal que $\alpha > 2(1+\sqrt{2})$ e considere a equação $x^2 - \alpha x + \alpha + 1 = 0$. Sabendo que as raízes reais dessa equação são as cotangentes de dois ângulos internos de um triângulo, então o terceiro ângulo interno desse triângulo vale:

a) 30° b) 45° c) 60° d) 135° e) 120°

61 (ITA/96) Se $\alpha \in \left[0, \dfrac{\pi}{2}\right]$, tal que $\text{sen}\,\alpha + \cos\alpha = m$. Então, o valor de $y = \dfrac{\text{sen}\,2\alpha}{\text{sen}^3\alpha + \cos^3\alpha}$ será:

a) $\dfrac{2(m^2-1)}{m(4-m^2)}$ b) $\dfrac{2(m^2+1)}{m(4+m^2)}$ c) $\dfrac{2(m^2-1)}{m(3-m^2)}$ d) $\dfrac{2(m^2-1)}{m(3+m^2)}$ e) $\dfrac{2(m^2+1)}{m(3-m^2)}$

62 (VUNESP/96 Conh. Gerais) Sabe-se que um dos ângulos internos de um triângulo mede 120°. Se os outros dois ângulos, x e y , são tais que $\dfrac{\cos x}{\cos y} = \dfrac{1+\sqrt{3}}{2}$, a diferença entre as medidas de x e y é:

a) 5° b) 15° c) 20° d) 25° e) 30°

63 (FATEC/96) Se $\text{sen}\,2x = \dfrac{1}{2}$, então $\text{tg}x + \text{cotg}x$ é igual a:

a) 8 b) 6 c) 4 d) 2 e) 1

13) Seno, cosseno e tangente do arco metade

1º) $\cos 2x = 1 - 2\,\text{sen}^2 x \Rightarrow 2\,\text{sen}^2 x = 1 - \cos 2x \Rightarrow \text{sen}^2 x = \dfrac{1-\cos 2x}{2}$

2º) $\cos 2x = 2\cos^2 x - 1 \Rightarrow 2\cos^2 x = 1 + \cos 2x \Rightarrow \cos^2 x = \dfrac{1+\cos 2x}{2}$

Fazendo $2x = \alpha$ e $x = \dfrac{\alpha}{2}$, obtemos:

$\text{sen}^2 \dfrac{\alpha}{2} = \dfrac{1-\cos\alpha}{2}$ e $\cos^2 \dfrac{\alpha}{2} = \dfrac{1+\cos\alpha}{2}$

Como $\text{sen}\dfrac{\alpha}{2}$ ou $\cos\dfrac{\alpha}{2}$ podem ser negativos ou positivos (ou nulos), obtemos:

$\mathbf{\text{sen}\dfrac{\alpha}{2} = \pm\sqrt{\dfrac{1-\cos\alpha}{2}}}$ e $\mathbf{\cos\dfrac{\alpha}{2} = \pm\sqrt{\dfrac{1+\cos\alpha}{2}}}$

onde o sinal + ou – deve ser escolhido conforme o quadrante de $\dfrac{\alpha}{2}$

3º) Como $\text{tg}\, x = \dfrac{\text{sen}\, x}{\cos x}$, obtemos: $\text{tg}\dfrac{\alpha}{2} = \dfrac{\text{sen}\dfrac{\alpha}{2}}{\cos\dfrac{\alpha}{2}} = \dfrac{\pm\sqrt{\dfrac{1-\cos\alpha}{2}}}{\pm\sqrt{\dfrac{1+\cos\alpha}{2}}} \Rightarrow \mathbf{\text{tg}\dfrac{\alpha}{2} = \pm\sqrt{\dfrac{1-\cos\alpha}{1+\cos\alpha}}}$

Então: $\quad \text{sen}\dfrac{\alpha}{2} = \pm\sqrt{\dfrac{1-\cos\alpha}{2}} \;,\; \cos\dfrac{\alpha}{2} = \pm\sqrt{\dfrac{1+\cos\alpha}{2}} \;\text{ e }\; \text{tg}\dfrac{\alpha}{2} = \pm\sqrt{\dfrac{1-\cos\alpha}{1+\cos\alpha}}$

14) Co-função na identidade

Dada uma identidade trigonométrica em $\text{sen}\,\alpha$, $\cos\alpha$, etc, como $\text{sen}\,\alpha = \cos\left(\dfrac{\pi}{2}-\alpha\right)$, $\cos\alpha = \text{sen}\left(\dfrac{\pi}{2}-\alpha\right)$, $\text{tg}\,\alpha = \text{cotg}\left(\dfrac{\pi}{2}-\alpha\right)$, $\text{cotg}\,\alpha = \text{tg}\left(\dfrac{\pi}{2}-\alpha\right)$, $\sec\alpha = \text{cossec}\left(\dfrac{\pi}{2}-\alpha\right)$ e $\text{cossec}\,\alpha = \sec\left(\dfrac{\pi}{2}-\alpha\right)$, podemos obter uma nova identidade substituindo cada função pela correspondente co-função. Veja um exemplo:

$\dfrac{\text{tg}\,\alpha}{1+\cos\alpha} + \dfrac{\text{sen}\,\alpha}{1-\cos\alpha} = \text{cotg}\,\alpha + \sec\alpha \cdot \text{cossec}\,\alpha \Rightarrow$

$\dfrac{\text{cotg}\left(\dfrac{\pi}{2}-\alpha\right)}{1+\text{sen}\left(\dfrac{\pi}{2}-\alpha\right)} + \dfrac{\cos\left(\dfrac{\pi}{2}-\alpha\right)}{1-\text{sen}\left(\dfrac{\pi}{2}-\alpha\right)} = \text{tg}\left(\dfrac{\pi}{2}-\alpha\right) + \text{cossec}\left(\dfrac{\pi}{2}-\alpha\right)\sec\left(\dfrac{\pi}{2}-\alpha\right)$

substituindo $\dfrac{\pi}{2}-\alpha$ por x obtemos:

44 (ITA/90) Sabendo-se que θ é um ângulo tal que $2\operatorname{sen}(\theta - 60°) = \cos(\theta + 60°)$ então $\operatorname{tg}\theta$ é um número da forma $a + b\sqrt{3}$ onde:

a) a e b são reais negativos   b) a e b são inteiros   c) $a + b = 1$

d) a e b são pares   e) $a^2 + b^2 = 1$

45 (FUVEST/94 - 1ª Fase) O valor de $(\operatorname{tg} 10° + \operatorname{cotg} 10°) \operatorname{sen} 20°$ é

a) $\dfrac{1}{2}$ b) 1   c) 2   d) $\dfrac{5}{2}$ e) 4

46 (FUVEST/93 - 1ª Fase) O valor máximo da função $f(x) = 3\cos x + 2\operatorname{sen} x$ para x real é

a) $\dfrac{\sqrt{2}}{2}$ b) 3   c) $\dfrac{5\sqrt{2}}{2}$ d) $\sqrt{13}$ e) 5

47 (FEI/94) Se $\operatorname{cotg}(x) + \operatorname{tg}(x) = 3$, então $\operatorname{sen}(2x)$ é igual a:

a) $\dfrac{1}{3}$ b) $\dfrac{3}{2}$ c) 3   d) $\dfrac{2}{3}$ e) n.d.a.

48 (ITA/94) A expressão trigonométrica $\dfrac{1}{(\cos^2 x - \operatorname{sen}^2 x)^2} - \dfrac{4\operatorname{tg}^2 x}{(1 - \operatorname{tg}^2 x)^2}$ para $x \in \left]0, \dfrac{\pi}{2}\right[, x \neq \dfrac{\pi}{4}$, é igual a:

a) $\operatorname{sen}(2x)$ b) $\cos(2x)$ c) 1   d) 0   e) $\sec(x)$

49 (FEI/92) Se A e B são ângulos agudos tais que: $\begin{cases} 3\operatorname{sen}^2 A + 2\operatorname{sen}^2 B = 1 \\ 3\operatorname{sen} 2A - 2\operatorname{sen} 2B = 0 \end{cases}$ então $A + 2B$ é igual a:

a) $\dfrac{\pi}{2}$ b) $\dfrac{\pi}{4}$ c) $\dfrac{2\pi}{3}$ d) $\dfrac{7\pi}{12}$ e) $\dfrac{5\pi}{12}$

50 (MACK/92 - Exatas) O número real $y = \operatorname{cotg}\dfrac{3\pi}{8} + \operatorname{tg}\dfrac{3\pi}{8}$ está no intervalo:

a) $[0, 1]$ b) $[1, 2]$ c) $[2, 3]$ d) $[3, 4]$ e) $[4, 5]$

51 (MACK/95 - Exatas) O número real $y = k^{\log_k(4.\operatorname{sen} x.\cos x)}$, $0 < k \neq 1$, pode assumir p valores inteiros. Então p vale:

a) 1   b) 2   c) 3   d) 4   e) 5

52 (MACK/95 - Hum) No triângulo retângulo da figura, sabe-se que $\operatorname{sen}\alpha = \dfrac{1}{3}$. Então $\operatorname{sen}(\alpha + 2\beta)$ vale:

a) $\dfrac{1}{2}$ b) $\dfrac{1}{3}$ c) $\dfrac{2}{3}$

d) $\dfrac{2\sqrt{2}}{3}$ e) $\dfrac{\sqrt{3}}{2}$

As questões de 53 a 55 referem-se à função $Y = \operatorname{sen}^6 x + \cos^6 x$

53 (GV/95 - Julho) Qualquer que seja o número real **x**, **Y** é sempre igual a:

a) $\dfrac{3 - \cos^2 2x}{4}$ b) $\dfrac{1 + 3\cos^2 2x}{2}$ c) $\dfrac{1 - 3\cos^2 2x}{4}$ d) $\dfrac{1 + 3\cos^2 2x}{4}$ e) $\dfrac{3\cos^2 2x}{4}$

$$\frac{\cot g\, x}{1+\sen x} + \frac{\cos x}{1-\sen x} = \tg x + \cossec x \cdot \sec x,$$

que é também uma identidade

Exemplo 1: Determine cos 15°

1º Modo: Fazendo $15° = 45° - 30°$ e usando $\cos(\alpha - \beta) = \cos\alpha \cdot \cos\beta + \sen\alpha \cdot \sen\beta$
$\cos 15° = \cos(45° - 30°) = \cos 45° \cdot \cos 30° + \sen 45° \cdot \sen 30° =$

$$= \frac{\sqrt{2}}{2} \cdot \frac{\sqrt{3}}{2} + \frac{\sqrt{2}}{2} \cdot \frac{1}{2} \Rightarrow \boxed{\cos 15° = \frac{\sqrt{6}+\sqrt{2}}{4}}$$

2º Modo: Fazendo $15° = 60° + 45°$ e usando $\cos(\alpha - \beta) = \cos\alpha \cdot \cos\beta + \sen\alpha \cdot \sen\beta$
$\cos 15° = \cos(60° - 45°) = \cos 60° \cdot \cos 45° + \sen 60° \cdot \sen 45° =$

$$= \frac{1}{2} \cdot \frac{\sqrt{2}}{2} + \frac{\sqrt{3}}{2} \cdot \frac{\sqrt{2}}{2} \Rightarrow \boxed{\cos 15° = \frac{\sqrt{6}+\sqrt{2}}{4}}$$

3º Modo: Fazendo $15° = \frac{30°}{2}$ e usando $\cos\frac{\alpha}{2} = \pm\sqrt{\frac{1+\cos\alpha}{2}}$

Como cos 15° é positivo, temos:

$$\cos 15° = \sqrt{\frac{1+\cos 30°}{2}} \Rightarrow \cos 15° = \sqrt{\frac{1+\frac{\sqrt{3}}{2}}{2}} = \sqrt{\frac{2+\sqrt{3}}{4}} = \sqrt{\frac{8+4\sqrt{3}}{16}} = \sqrt{\frac{8+2\cdot 2\sqrt{3}}{16}}$$

$$\cos 15° = \sqrt{\frac{8+2\sqrt{12}}{16}} = \sqrt{\frac{6+2\sqrt{6\cdot 2}+2}{16}} = \sqrt{\frac{(\sqrt{6}+\sqrt{2})^2}{16}} \Rightarrow \boxed{\cos 15° = \frac{\sqrt{6}+\sqrt{2}}{4}}$$

Exemplo 2: Determine tg 75°

1º Modo: Fazendo $75° = 45° + 30°$ e usando $\tg(\alpha + \beta) = \frac{\tg\alpha + \tg\beta}{1 - \tg\alpha \cdot \tg\beta}$

$$\tg 75° = \tg(45° + 30°) = \frac{\tg 45° + \tg 30°}{1 - \tg 45° \cdot \tg 30°} = \frac{1+\frac{\sqrt{3}}{3}}{1-1\cdot\frac{\sqrt{3}}{3}} = \frac{3+\sqrt{3}}{3-\sqrt{3}} = \frac{(3+\sqrt{3})(3+\sqrt{3})}{(3-\sqrt{3})(3+\sqrt{3})} \Rightarrow$$

$$\tg 75° = \frac{9+6\sqrt{3}+3}{9-3} = \frac{12+6\sqrt{3}}{6} \Rightarrow \boxed{\tg 75° = \sqrt{3}+2}$$

2º Modo: Fazendo $75° = 120° - 45°$ e usando $\tg(\alpha - \beta) = \frac{\tg\alpha - \tg\beta}{1 + \tg\alpha \cdot \tg\beta}$

$$\tg 75° \tg(120° - 45°) = \frac{\tg 120° - \tg 45°}{1 + \tg 120° \cdot \tg 45°} = \frac{-\sqrt{3}-1}{1+(-\sqrt{3})\cdot 1} = \frac{\sqrt{3}+1}{\sqrt{3}-1} = \frac{(\sqrt{3}+1)(\sqrt{3}+1)}{(\sqrt{3}-1)(\sqrt{3}+1)} \Rightarrow$$

$$\tg 75° = \frac{3+2\sqrt{3}+1}{3-1} = \frac{2\sqrt{3}+4}{2} \Rightarrow \boxed{\tg 75° = \sqrt{3}+2}$$

(III) tg (cos A) > sen $\dfrac{\pi}{4}$

Então:
a) somente (I) e (II) são verdadeiras
b) somente (I) e (III) são verdadeiras
c) somente (II) e (III) são verdadeiras
d) todas são verdadeiras
e) todas são falsas

38 (MACK/96 - Hum) Se α e β são os ângulos agudos de um triângulo retângulo, então $\log_2 (\text{tg}\alpha) + \log_2 (\text{tg}\beta)$ vale:

a) 0   b) 1   c) tgα d) senα e) cosα

39 (FUVEST/89 - 1ª Fase) A tangente do ângulo $2x$ é dada em função de tangente de x pela seguinte fórmula:

$$\text{tg}2x = \frac{2\,\text{tg}x}{1 - \text{tg}^2 x}$$

Calcule um valor aproximado da tangente do ângulo 22°30'

a) 0,22   b) 0,41   c) 0,50   d) 0,72   e) 1,00

40 (FUVEST/84 - 1º Fase) Se $\cos \dfrac{x}{2} = \dfrac{3}{4}$, então $\cos x$ vale:

a) $-\dfrac{3}{8}$ b) $\dfrac{3}{8}$ c) $\dfrac{\sqrt{14}}{4}$ d) $\dfrac{1}{8}$ e) $\dfrac{\sqrt{34}}{4}$

41 (FUVEST/80 - 1ª Fase) O valor de $(\text{sen}22°30' + \cos22°30')^2$ é:

a) $\dfrac{3}{2}$ b) $\dfrac{2+\sqrt{3}}{2}$ c) $\dfrac{2+\sqrt{2}}{2}$ d) 1   e) 2

42 (MACK/93 - Exatas) Considere as afirmações abaixo:

(I) Se $\alpha+\beta = \dfrac{\pi}{4}$ então $(1 + \text{tg}\alpha) \cdot (1 + \text{tg}\beta) = 2$

(II) $\text{cotg}1° \cdot \text{cotg}2° \cdot \text{cotg}3° \ldots\ldots \text{cotg}89° = \sqrt{3}$

(III) $\text{sen}x \cdot \cos x \cdot \text{tg}x > 0$, $\forall\, x \neq \dfrac{k\pi}{2}$ com $k \in Z$

Então:
a) somente a (I) é verdadeira
b) somente a (II) é verdadeira
c) somente a (III) é verdadeira
d) somente (I) e a (II) são verdadeiras
e) somente a (I) e a (III) são verdadeiras

43 (ITA/92) Sabendo-se que x e y são ângulos do primeiro quadrante tais que $\cos x = \dfrac{5}{6}$ e $\cos y = \dfrac{4}{5}$, então se

$\alpha = x - y$ e $T = \sqrt{\dfrac{1 - \text{tg}^2\alpha}{1 + \text{tg}^2\alpha} + \text{sen}^2\alpha}$, temos:

a) α está no 4° quadrante e $T = \dfrac{2}{3}$ b) α está no 1° quadrante e $T = \dfrac{2}{3}$

c) α está no 1° quadrante e $T = \dfrac{2}{3} + \dfrac{\sqrt{11}}{10}$ d) α está no 4° quadrante e $T = \dfrac{2}{3} - \dfrac{\sqrt{11}}{10}$ e) n.d.a.

158

3º Modo: Fazendo $75° = \dfrac{150°}{2}$ e usando $\operatorname{tg}\dfrac{\alpha}{2}=\pm\sqrt{\dfrac{1-\cos\alpha}{1+\cos\alpha}}$

como tg 75° é positivo temos:

$$\operatorname{tg} 75° = \sqrt{\dfrac{1-\cos 150°}{1+\cos 150°}} = \sqrt{\dfrac{1-\left(-\dfrac{\sqrt{3}}{2}\right)}{1+\left(-\dfrac{\sqrt{3}}{2}\right)}} = \sqrt{\dfrac{2+\sqrt{3}}{2-\sqrt{3}}} = \sqrt{\dfrac{(2+\sqrt{3})(2+\sqrt{3})}{(2-\sqrt{3})(2+\sqrt{3})}} \Rightarrow$$

$$\operatorname{tg} 75° = \sqrt{\dfrac{(2+\sqrt{3})^2}{4-3}} \Rightarrow \boxed{\operatorname{tg} 75° = \sqrt{3}+2}$$

Exemplo 3: Determine $\operatorname{sen}\dfrac{\pi}{12}$

1º Modo: Fazendo $\dfrac{\pi}{12}=\dfrac{\pi}{3}-\dfrac{\pi}{4}$ e usando $\operatorname{sen}(\alpha-\beta) = \operatorname{sen}\alpha \cdot \cos\beta - \operatorname{sen}\beta \cdot \cos\alpha$

$$\operatorname{sen}\dfrac{\pi}{12}=\operatorname{sen}\left(\dfrac{\pi}{3}-\dfrac{\pi}{4}\right)=\operatorname{sen}\dfrac{\pi}{3}\cdot\cos\dfrac{\pi}{4}-\operatorname{sen}\dfrac{\pi}{4}\cdot\cos\dfrac{\pi}{3}=\dfrac{\sqrt{3}}{2}\cdot\dfrac{\sqrt{2}}{2}-\dfrac{\sqrt{2}}{2}\cdot\dfrac{1}{2} \Rightarrow \boxed{\operatorname{sen}\dfrac{\pi}{12}=\dfrac{\sqrt{6}-\sqrt{2}}{4}}$$

2º Modo: Fazendo $\dfrac{\pi}{12}=\dfrac{\dfrac{\pi}{6}}{2}$ e usando $\operatorname{sen}\dfrac{\alpha}{2}=\pm\sqrt{\dfrac{1-\cos\alpha}{2}}$

Como $\operatorname{sen}\dfrac{\pi}{12}$ é positivo temos:

$$\operatorname{sen}\dfrac{\pi}{12}=\sqrt{\dfrac{1-\cos\dfrac{\pi}{6}}{2}}=\sqrt{\dfrac{1-\dfrac{\sqrt{3}}{2}}{2}}=\sqrt{\dfrac{2-\sqrt{3}}{4}}=\sqrt{\dfrac{4-2\sqrt{3}}{8}}=\sqrt{\dfrac{3-2\sqrt{3}+1}{8}}\Rightarrow$$

$$\operatorname{sen}\dfrac{\pi}{12}=\sqrt{\dfrac{(\sqrt{3}-1)^2}{4\cdot 2}}=\dfrac{\sqrt{3}-1}{2\sqrt{2}}=\dfrac{\sqrt{6}-\sqrt{2}}{4} \Rightarrow \boxed{\operatorname{sen}\dfrac{\pi}{12}=\dfrac{\sqrt{6}-\sqrt{2}}{4}}$$

Exemplo 4: Se $\pi < \alpha < \dfrac{3\pi}{2}$, $\dfrac{\pi}{2}<\beta<\pi$, $\operatorname{sen}\alpha = -\dfrac{1}{3}$ e $\cos\beta=-\dfrac{2}{3}$, determine $\operatorname{sen}(\alpha+\beta)$ e $\cos(\beta-\alpha)$

1º) $\operatorname{sen}^2\alpha + \cos^2\alpha = 1 \Rightarrow \dfrac{1}{9}+\cos^2\alpha=1 \Rightarrow \cos^2\alpha=\dfrac{8}{9} \Rightarrow \cos\alpha=-\dfrac{2\sqrt{2}}{3}$ ($\alpha \in$ 3º.Q)

2º) $\operatorname{sen}^2\beta + \cos^2\beta = 1 \Rightarrow \operatorname{sen}^2\beta+\dfrac{4}{9}=1 \Rightarrow \operatorname{sen}^2\beta=\dfrac{5}{9} \Rightarrow \operatorname{sen}\beta=\dfrac{\sqrt{5}}{3}$ ($\beta \in$ 2º.Q)

3º) $\operatorname{sen}(\alpha+\beta) = \operatorname{sen}\alpha\cdot\cos\beta + \operatorname{sen}\beta\cdot\cos\alpha = \left(-\dfrac{1}{3}\right)\left(-\dfrac{2}{3}\right)+\left(\dfrac{\sqrt{5}}{3}\right)\left(\dfrac{-2\sqrt{2}}{3}\right) \Rightarrow \operatorname{sen}(\alpha+\beta)=\dfrac{2-2\sqrt{10}}{9}$

4º) $\cos(\beta-\alpha) = \cos\beta\cdot\cos\alpha + \operatorname{sen}\beta\cdot\operatorname{sen}\alpha = \left(-\dfrac{2}{3}\right)\left(-\dfrac{2\sqrt{2}}{3}\right)+\left(-\dfrac{1}{3}\right)\left(\dfrac{\sqrt{5}}{3}\right) \Rightarrow \cos(\beta-\alpha)=\dfrac{4\sqrt{2}-\sqrt{5}}{9}$

igual a:

a) $-\dfrac{3}{2}$
b) $\dfrac{3}{2}$
c) $\dfrac{2}{3}$
d) $\dfrac{4}{3}$
e) 0

29 (FAAP/95) A função real $f(x)$ é periódica se existe $T > 0$ tal que $f(x) = f(x + T)$ para todo x pertencente ao seu domínio; o menor valor de T é o período. Então, a sentença falsa é:

a) $f(x) = |\operatorname{sen} x|$ tem período 2π
b) $f(x) = \operatorname{tg}(x - \pi/4)$ tem período π
c) $f(x) = 2\operatorname{sen}3x - \cos 3x$ tem período $(2\pi/3)$
d) $f(x) = 2\operatorname{sen}^2 x$ tem período π
e) $f(x) = \pi + \cos(x/2)$ tem período 4π

30 (MACK/96 - Julho Exatas) Se y é um número real tal que $y = \sqrt{-2 + \operatorname{cossec} x}$, $0 < x < 2\pi$, então pode-se ter:

a) $\operatorname{sen} x = 0,939$
b) $\operatorname{tg} x = 0,247$
c) $\cos x = 0,374$
d) $\cos x = -0,2$
e) $\operatorname{tg} x = -1$

31 (MACK/92 - Exatas) Se $A = \dfrac{\cos 285° + \operatorname{sen}165° - \operatorname{sen}195°}{\cos 75°}$, então $\log_A \sqrt{3}$ vale:

a) $\dfrac{1}{3}$
b) $\dfrac{1}{9}$
c) $\dfrac{\sqrt{3}}{A}$
d) $\dfrac{1}{2}$
e) $2A$

32 (MACK/79) O valor de $\log \operatorname{tg}1° + \log \operatorname{tg}2° + \log \operatorname{tg}3° + \ldots + \log \operatorname{tg}89°$ é:

a) 0
b) 1
c) $\dfrac{\pi}{2}$
d) 89
e) 90

33 (GV/79) $\operatorname{sen}(\pi + x) + \cos\left(\dfrac{\pi}{2} - x\right)$ é, para todo $x \in \mathbb{R}$, equivalente a:

a) $\operatorname{sen} x + \cos x$
b) $\operatorname{sen} x - \cos x$
c) $2\operatorname{sen} x$
d) 0
e) $-2\operatorname{sen} x$

34 (STACASA/80) Consideremos a expressão:
$A = \cos 12° + \cos 25° + \ldots + \cos 142° + \cos 155° + \cos 168°$. Calculando o valor numérico de A, podemos afirmar que $f(A) = 1 + 2^A$ vale:

a) $2^{3,2} + 1$
b) 3
c) 2
d) -1
e) n.d.a

35 (PUC/84) O valor de $(\cos^2 1° + \cos^2 2° + \ldots + \cos^2 89°) - (\operatorname{sen}^2 1° + \operatorname{sen}^2 2° + \ldots + \operatorname{sen}^2 89°)$ é:

a) -1
b) 0
c) 1
d) 89

e) impossível de calcular sem uma tabela trigonométrica

36 (FATEC/94) Seja $y = \cos\dfrac{13\pi}{5}$. Então:

a) $y < -1$
b) $y < -\dfrac{1}{2}$
c) $y > 0$
d) $y > \dfrac{1}{2}$
e) $y < 0$

37 (MACK/93 - Julho) Seja o número real
$A = \operatorname{tg}0° + \operatorname{tg}20° + \operatorname{tg}40° + \ldots + \operatorname{tg}180°$ e as afirmações:

(I) $\operatorname{sen}(\cos A) > \operatorname{sen}\dfrac{\pi}{4}$

(II) $\cos(\cos A) > \operatorname{sen}\dfrac{\pi}{4}$

Exemplo 5: Se $\dfrac{3\pi}{2} < \alpha < 2\pi$ e $\operatorname{sen}\alpha = \dfrac{-3}{4}$, determine $\cos\dfrac{\alpha}{2}$

1º) $\operatorname{sen}^2\alpha + \cos^2\alpha = 1 \Rightarrow \dfrac{9}{16} + \cos^2\alpha = 1 \Rightarrow \cos^2\alpha = \dfrac{7}{16} \Rightarrow \cos\alpha = \dfrac{\sqrt{7}}{4}$ ($\alpha \in$ 4º.Q)

2º) $\dfrac{3\pi}{2} < \alpha < 2\pi \Rightarrow \dfrac{3\pi}{4} < \dfrac{\alpha}{2} < \pi \Rightarrow \cos\dfrac{\alpha}{2} < 0 \quad \left(\dfrac{\alpha}{2} \in 2º.Q\right)$

3º) $\cos\dfrac{\alpha}{2} = \pm\sqrt{\dfrac{1+\cos\alpha}{2}} \Rightarrow \cos\dfrac{\alpha}{2} = -\sqrt{\dfrac{1+\dfrac{\sqrt{7}}{4}}{2}} = -\sqrt{\dfrac{4+\sqrt{7}}{8}} \Rightarrow$

$\cos\dfrac{\alpha}{2} = -\sqrt{\dfrac{8+2\sqrt{7}}{16}} = -\sqrt{\dfrac{7+2\sqrt{7}+1}{16}} = -\sqrt{\dfrac{(\sqrt{7}+1)^2}{16}} \Rightarrow \boxed{\cos\dfrac{\alpha}{2} = -\dfrac{(\sqrt{7}+1)}{4}}$

Exemplo 6: Demonstre a identidade $\dfrac{\operatorname{tg}^2 2\alpha - \operatorname{tg}^2\alpha}{1 - \operatorname{tg}^2 2\alpha \cdot \operatorname{tg}^2\alpha} = \operatorname{tg} 3\alpha \cdot \operatorname{tg}\alpha$

1º Membro $= \dfrac{(\operatorname{tg} 2\alpha + \operatorname{tg}\alpha)\cdot(\operatorname{tg} 2\alpha - \operatorname{tg}\alpha)}{(1 - \operatorname{tg} 2\alpha \cdot \operatorname{tg}\alpha)\cdot(1 + \operatorname{tg} 2\alpha \cdot \operatorname{tg}\alpha)} = \dfrac{\operatorname{tg} 2\alpha + \operatorname{tg}\alpha}{1 - \operatorname{tg} 2\alpha \cdot \operatorname{tg}\alpha} \cdot \dfrac{\operatorname{tg} 2\alpha - \operatorname{tg}\alpha}{1 + \operatorname{tg} 2\alpha \cdot \operatorname{tg}\alpha} =$
$\Rightarrow$
$= \operatorname{tg}(2\alpha + \alpha) \cdot \operatorname{tg}(2\alpha - \alpha) = \operatorname{tg} 3\alpha \cdot \operatorname{tg}\alpha = $ **2º Membro**

Exemplo 7: Mostre que se $\alpha > 0$, $\beta > 0$, $\gamma > 0$ e $\alpha + \beta + \gamma = \dfrac{\pi}{2}$, então

$\operatorname{tg}\alpha + \operatorname{tg}\beta + \operatorname{tg}\alpha \cdot \operatorname{tg}\gamma + \operatorname{tg}\beta \cdot \operatorname{tg}\gamma = 1$

Resolução: Como $\alpha + \beta + \gamma = \dfrac{\pi}{2}$, temos: $\gamma = \dfrac{\pi}{2} - (\alpha + \beta)$

1º Membro $= \operatorname{tg}\alpha \cdot \operatorname{tg}\beta + \operatorname{tg}\gamma(\operatorname{tg}\alpha + \operatorname{tg}\beta) = \operatorname{tg}\alpha \cdot \operatorname{tg}\beta + \operatorname{tg}\left[\dfrac{\pi}{2} - (\alpha+\beta)\right](\operatorname{tg}\alpha + \operatorname{tg}\beta) =$

$= \operatorname{tg}\alpha \cdot \operatorname{tg}\beta + \operatorname{cotg}(\alpha+\beta)(\operatorname{tg}\alpha + \operatorname{tg}\beta) = \operatorname{tg}\alpha \cdot \operatorname{tg}\beta + \dfrac{1}{\operatorname{tg}(\alpha+\beta)}(\operatorname{tg}\alpha + \operatorname{tg}\beta) =$

$= \operatorname{tg}\alpha \cdot \operatorname{tg}\beta + \dfrac{1}{\dfrac{\operatorname{tg}\alpha + \operatorname{tg}\beta}{1 - \operatorname{tg}\alpha \cdot \operatorname{tg}\beta}}(\operatorname{tg}\alpha + \operatorname{tg}\beta) =$

$= \operatorname{tg}\alpha \cdot \operatorname{tg}\beta + 1 - \operatorname{tg}\alpha \cdot \operatorname{tg}\beta = 1 = $ **2º Membro**

19 (MACK/96 - Julho Hum) I) sen 2 > sen 3

II) sen 1 > sen 30°

III) cos 2 > cos 3

Relativamente às desigualdades acima, é correto afirmar que:

a) todas são verdadeiras   b) todas são falsas   c) somente I e II são verdadeiras

d) somente II e III são verdadeiras   e) somente I e III são verdadeiras

20 (FUVEST/85 - 1ª Fase) Sendo α uma solução da equação $tg^2\alpha = \cos^2\alpha - sen^2\alpha$ o valor de $tg^2\alpha$ é:

a) $\sqrt{2}-1$ b) $\sqrt{2}+1$ c) $\sqrt{3}-1$ d) $\sqrt{3}+1$ e) $\sqrt{2}+3$

21 (FUVEST/79 - 1ª Fase) Se $tgx = \dfrac{3}{4}$ e $\pi < x < \dfrac{3\pi}{2}$, o valor de $\cos x - sen x$ é:

a) $\dfrac{7}{5}$ b) $-\dfrac{7}{5}$ c) $-\dfrac{2}{5}$ d) $\dfrac{1}{5}$ e) $-\dfrac{1}{5}$

22 (FUVEST/78 - 1ª Fase) Quais são as raízes da equação do 2° grau $x^2 sen\alpha - 2x\cos\alpha - sen\alpha = 0$, onde $0 < x < \dfrac{\pi}{2}$?

a) $2\dfrac{\cos\alpha+1}{sen\alpha}$ e $2\dfrac{\cos\alpha-1}{sen\alpha}$ b) $\dfrac{\cos\alpha+1}{sen\alpha}$ e $\dfrac{\cos\alpha-1}{sen\alpha}$ c) $\cos\alpha+1$ e $\cos\alpha-1$

d) $\dfrac{sen\alpha+1}{\cos\alpha}$ e $\dfrac{sen\alpha-1}{\cos\alpha}$ e) $\dfrac{sen\alpha+1}{2}$ e $\dfrac{sen\alpha-1}{2}$

23 (FATEC/92) Simplificando $y = \dfrac{\cos^2 x - cotgx}{sen^2x - tgx}$, obtemos:

a) $y = \cos^2x$ b) $y = cotg^2x$ c) $y = sen^2x$ d) $y = tg^2x$ e) $y = sec^2x$

24 (MACK/91) Se $S = \log(1 - senx) + \log(1 + senx) + \log(sec^2x)$ e $x \left]0 , \dfrac{\pi}{2}\right[$ então S é igual a:

a) $\dfrac{1}{2}$ b) 2   c) 3   d) 1   e) 0

25 (MACK/90) Para qualquer valor de x , $(senx + \cos x)^2 + (senx - \cos x)^2$ é igual a:

a) – 1   b) 0   c) 1   d) 2   e) 2 sen2x

26 (MACK/90) Sendo $4 senx = 3\cos x$, $\forall x \in IR$, então tgx vale

a) $\dfrac{3}{4}$ b) $\dfrac{4}{3}$ c) 1   d) $-\dfrac{3}{4}$ e) $-\dfrac{4}{3}$

27 (ITA/90) Sejam a e b constantes reais positivas. Considere $x = a^2 tgt + 1$ e $y^2 = b^2 sec^2t - b^2$ onde $0 \le t < \dfrac{\pi}{2}$. Então uma relação entre x e y é dada por:

a) $y = \dfrac{b}{a}(x-1)^2, x \ge a$ b) $y = \dfrac{b^2}{a^4}(x-1)^2, x \ge 1$ c) $y = \dfrac{b}{a^2}(x-1) , \forall x \in IR$

d) $y = -\dfrac{b}{a^2}(x-1) , x \ge 1$ e) $y = \dfrac{a^2}{b^4}(x-1) , x \le 1$

28 (FATEC/95) Se x é um número real tal que $\dfrac{\pi}{2} \le x \le \pi$ e $sen x = \dfrac{1}{3}$, então o valor da expressão $\dfrac{\sec x^3 + tgx}{\cos x}$ é

156

EXERCÍCIOS

01 Escreva as expressões das seguintes fórmulas:

a) cos (a + b) =

b) cos (a − b) =

c) sen (a + b) =

d) sen (a − b) =

e) tg (a + b) =

f) tg (a − b) =

02 Se $\operatorname{sen} x = \dfrac{2}{5}$, $\cos x = \dfrac{\sqrt{21}}{5}$, $\operatorname{sen} y = \dfrac{1}{5}$ e $\cos y = \dfrac{2\sqrt{6}}{5}$, determine:

a) sen (x + y) =

b) cos (x + y) =

c) sen (x − y) =

d) cos (x − y) =

03 Se $\operatorname{tg} a = \dfrac{3}{4}$ e $\operatorname{tg} b = \dfrac{5}{6}$ determine:

a) tg (a + b)   b) tg (a − b)

16

11 (FUVEST/82 - 1ª Fase) Foram feitos os gráficos das funções $f(x) = \text{sen } 4x$ e $g(x) = \dfrac{x}{100}$, para x no intervalo $[0, 2\pi]$. O número de pontos comuns aos dois gráficos é:

a) 16   b) 8   c) 4   d) 2   e) 1

12 (MACK/92 - Exatas) A medida de um ângulo α é 1 rad. Então:

a) $\cos \alpha = \cos \dfrac{\pi}{3}$ b) $\cos \alpha > \cos \dfrac{\pi}{3}$ c) $\text{sen} 2\alpha < \cos 2\alpha$ d) $\cos \alpha > \text{tg}\alpha$ e) $\text{sen}\alpha > \text{tg}\alpha$

13 (FUVEST/95 - 1ª Fase) Dentre os números abaixo, o mais próximo de sen 50° é

a) 0,2   b) 0,4   c) 0,6   d) 0,8   e) 1,0

14 (FUVEST/95 - 1ª Fase) O menor valor de $\dfrac{1}{3 \cos x}$, com x real, é

a) $\dfrac{1}{6}$ b) $\dfrac{1}{4}$ c) $\dfrac{1}{2}$ d) 1   e) 3

15 (FUVEST/96 - 1ª Fase) A figura abaixo mostra parte do gráfico da função:

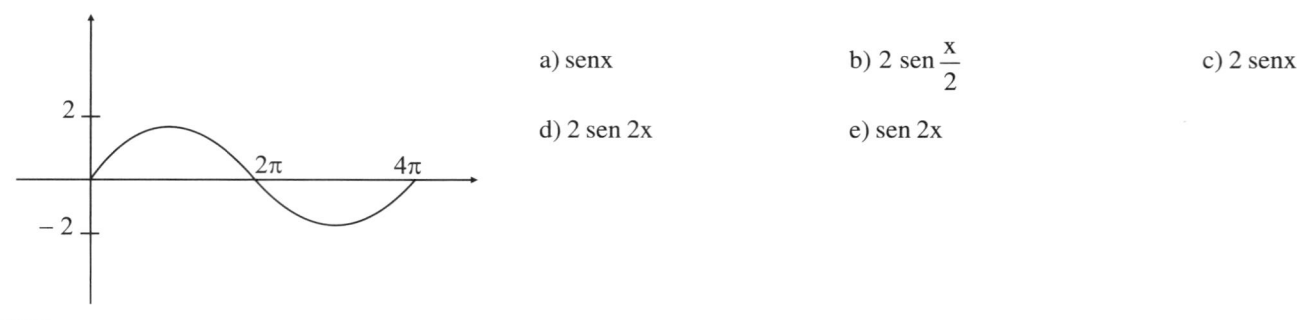

a) senx   b) $2 \text{ sen } \dfrac{x}{2}$ c) 2 senx

d) 2 sen 2x   e) sen 2x

16 (PUC/96) O gráfico seguinte corresponde a uma das funções de IR em IR abaixo definidas. A qual delas?

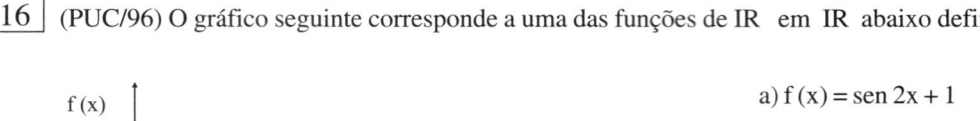

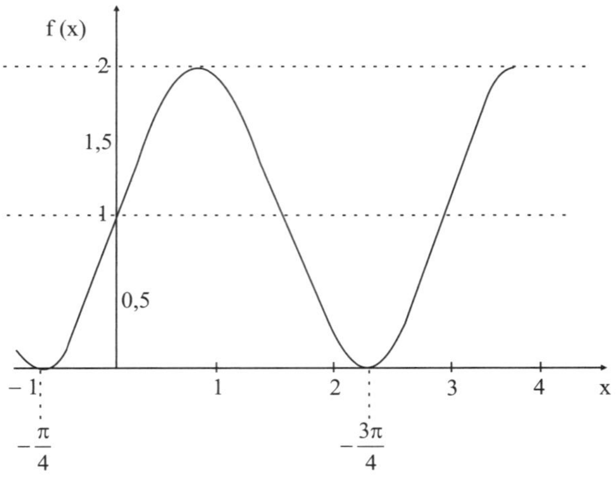

a) $f(x) = \text{sen } 2x + 1$

b) $f(x) = 2 \text{ senx}$

c) $f(x) = \cos x + 1$

d) $f(x) = 2 \text{ sen } 2x$

e) $f(x) = 2 \cos x + 1$

17 (FEI/96) Se s = sen (x), $5s^2 + s - 4 = 0$ e $0 \leq x \leq \pi/2$ então:

a) x = 0   b) $0 < x < \pi/4$ c) $0 < x < \pi/6$ d) $x = \pi/2$ e) $\pi/4 < x < \pi/2$

18 (MACK/96 - Julho Exatas) Os números reais y e k são tais que $y = \sec 2x = k^2 - 3k + 1$. Deste modo, k pode assumir todos os valores do:

a) [0, 1]   b) $\left[\dfrac{1}{2}, \dfrac{3}{2}\right]$ c) [2, 3]   d) [1, 3]   e) $\left[\dfrac{7}{2}, 4\right]$

04 Se sen a = $-\dfrac{1}{4}$, cos a = $\dfrac{\sqrt{15}}{4}$, sen b = $\dfrac{1}{3}$ e cos b = $\dfrac{-2\sqrt{2}}{3}$, determine:

a) sen (a + b)

b) cos (a − b)

05 Dados $\pi < a < \dfrac{3\pi}{2}$, sen a = $-\dfrac{5}{6}$, $\dfrac{3\pi}{2} < b < 2\pi$ e cos b = $\dfrac{2}{3}$, determine:

a) sen (a − b)

b) cos (a + b)

06 Dados sen x = $-\dfrac{3}{5}$, cos x = $\dfrac{4}{5}$, sen y = $\dfrac{3}{4}$ e cos y = $\dfrac{\sqrt{7}}{4}$, determine tg (x + y).

07 Dados $\dfrac{3\pi}{2} < x < 2\pi$, sen x = $-\dfrac{3}{5}$, $\pi < y < \dfrac{3\pi}{2}$ e cos y = $-\dfrac{2}{5}$, determine tg (x − y).

Resp: **01** a)   b) cos (a ± b) = cos a . cos b ∓ sen a . sen b   c)   d) sen (a ± b) = sen a . cos b ± sen b . cos a

e)   f) tg (a ± b) = $\dfrac{tg a \pm tg b}{1 \mp tg a . tg b}$ **02** a) $\dfrac{4\sqrt{6} + \sqrt{21}}{25}$ b) $\dfrac{6\sqrt{14} - 2}{25}$ c) $\dfrac{4\sqrt{6} - \sqrt{21}}{25}$

d) $\dfrac{6\sqrt{14} + 2}{25}$ **03** a) $\dfrac{38}{9}$ b) $-\dfrac{2}{39}$

17

TESTES DE VESTIBULARES

01 (FUVEST/84 - 1ª Fase) Um arco de circunferência mede 300° , e seu comprimento é 2 km. Qual o número inteiro mais próximo da medida do raio, em metros?

a) 157   b) 284   c) 382   d) 628   e) 764

02 (FUVEST/77 - 1ª Fase) O ângulo agudo formado pelos ponteiros de um relógio à 1 hora e 12 minutos é:

a) 27°   b) 30°   c) 36°   d) 42°   e) 72°

03 (ITA - 67) Transformando 12° em radianos:

a) $12° = \dfrac{\pi}{15}$ rad   b) $12° = \dfrac{15}{\pi}$ rad   c) $12° = \dfrac{\pi}{30}$ rad   d) $12° = \dfrac{2\pi}{15}$ rad   e) $12° = 12$ rad

04 (POLI - 65) As 2 horas e 15 minutos, os ponteiros de um relógio formam um ângulo de :

a) 15°   b) 17°30'   c) 22°30'   d) 30°   e) nenhuma das respostas anteriores

05 (ITA/73) Entre 4 e 5 horas o ponteiro das horas de um relógio fica duas vezes em ângulo reto com o ponteiro dos minutos. Os momentos destas ocorrências serão:

a) $4\,h\,5\dfrac{2}{11}$ min   e $4\,h\,38\dfrac{5}{11}$ min   b) $4\,h\,5\dfrac{5}{11}$ min   e $4\,h\,38\dfrac{2}{11}$ min   c) $4\,h\,5\dfrac{5}{11}$ min   e $4\,h\,38\dfrac{5}{12}$ min

d) $4\,h\,5\dfrac{3}{11}$ min   e $4\,h\,38\dfrac{7}{11}$ min   e) nenhuma das respostas anteriores

06 (PUC/80) Dois relógios foram acertados simultâneamente. O relógio A adianta 40 segundos por dia e o relógio B atrasa 80 segundos por dia. Qual a hora certa quando A marca 9h15 min e B marca 9h09 min?

a) 9h10 min   b) 9h11 min   c) 9h12 min   d) 9h13 min   e) 9h14 min

07 (GV/81) É uma hora da tarde; o ponteiro dos minutos coincidirá com o ponteiro das horas, pela primeira vez, aproximadamente, às:

a) 13h5'23"   b) 13h5'25"   c) 13h5'27"   d) 13h5'29"   e) 13h5'31"

08 (FUVEST/95 - 1ª Fase) Considere um arco $\overset{\frown}{AB}$ de 110° numa circunferência de raio 10 cm. Considere, a seguir, um arco $\overset{\frown}{A'B'}$ de 60° numa circunferência de raio 5 cm. Dividindo-se o comprimento do arco $\overset{\frown}{AB}$ pelo arco $\overset{\frown}{A'B'}$ (ambos medidos em cm), obtém-se:

a) $\dfrac{11}{6}$ b) 2   c) $\dfrac{11}{3}$ d) $\dfrac{22}{3}$ e) 11

09 (FATEC/96 - Junho) No ciclo trigonométrico, um arco de medida $\dfrac{1275}{4}\pi$ radianos tem sua extremidade final no:

a) eixo horizontal do ciclo   b) quarto quadrante   c) terceiro quadrante

d) segundo quadrante   e) primeiro quadrante

10 (FUVEST/86 - 1ª Fase) Os valores máximo e mínimo da função $f(x) = 1 - \dfrac{1}{2}\,\text{sen}^2 x$ são respectivamente:

a) 2 e 1   b) 1 e 0   c) 1 e 1/2   d) 2 e 0   e) 2 e 1/2

08 Se $\operatorname{sen} x = \dfrac{2}{3}$, $\dfrac{\pi}{2} < x < \pi$, $\cos y = \dfrac{3}{5}$, determine $\operatorname{sen}(x - y)$.

09 Dados $\operatorname{sen} a = \dfrac{1}{4}$ e $\operatorname{sen} b = \dfrac{3}{4}$, determine $\cos(a - b)$ e $\operatorname{sen}(a + b)$.

10 Escreva as expressões das seguintes fórmulas
a) $\operatorname{cotg}(x + y)$
b) $\cot(x - y)$

11 Para determinarmos a $\operatorname{cotg}(a + b)$ podemos determinar $\operatorname{tg}(a + b)$ e depois calcular o inverso deste valor. Neste exercício, entretanto, use a fórmula de $\operatorname{cotg}(a + b)$. Dados $\operatorname{cotg} a = -\dfrac{1}{3}$ e $\operatorname{cotg} b = \dfrac{1}{2}$, determine $\operatorname{cotg}(a + b)$.

12 Dados $\operatorname{sen} a = \dfrac{2\sqrt{6}}{5}$, $\operatorname{sen} b = \dfrac{\sqrt{21}}{5}$, $\cos a = \dfrac{1}{5}$ e $\cos b = \dfrac{2}{5}$, determine $\operatorname{cotg}(a - b)$.

Resp: **04** a) $\dfrac{2\sqrt{2} + \sqrt{15}}{12}$ b) $\dfrac{-2\sqrt{30} - 1}{12}$ **05** a) $\dfrac{-10 - \sqrt{55}}{18}$ b) $\dfrac{-2\sqrt{11} - 5\sqrt{5}}{18}$

06 $\dfrac{12\sqrt{7} - 21}{9\sqrt{7} + 28}$ **07** $\dfrac{4\sqrt{21} + 6}{3\sqrt{21} - 8} = \dfrac{2\sqrt{21} + 12}{5}$

73 (PUC/93) Sabe-se que θ é a medida em graus de um dos ângulos internos de um triângulo retângulo. Se sen $\theta = \dfrac{k+1}{2}$, cos $\theta = k$ e a hipotenusa do triângulo mede 20 cm, determine a sua área.

74 (FUVEST/84 - 2ª Fase) A, B e P são pontos de uma circunferência de centro O e raio r (ver figura). Ache a área da região hachurada, em função de r e da medida α, em radianos, do ângulo PÂB.

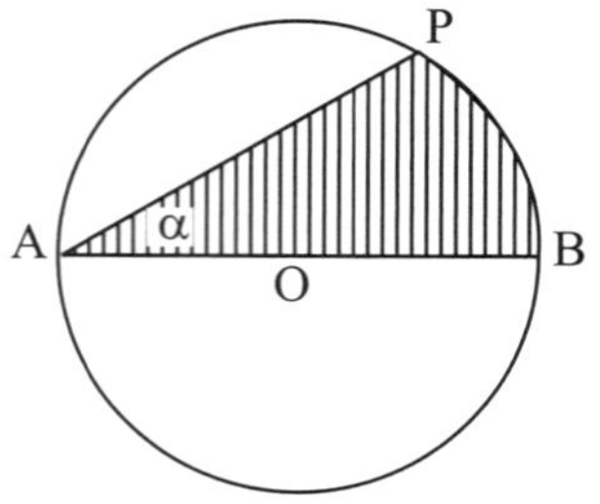

75 (FUVEST/83 - 2ª Fase) Os lados de uma paralelogramo medem a e b e suas diagonais d_1 e d_2. Prove que:
$$d_1^2 + d_2^2 = 2a^2 + 2b^2$$

76 (UNICAMP/90 - 2ª Fase) A água utilizada na casa de um sítio é captada e bombeada do rio para uma caixa d'água a 50m de distância. A casa está a 80m de distância da caida d'água e o ângulo formado pelas direções caixa d'água-bomba e caixa d'água-casa é de 60°. Se se pretende bombear água do mesmo ponto de captação até a casa, quantos metros de encanamento serão necessários?

77 (UNICAMP/92 - 2ª Fase) Calcule a área de um triângulo em função de um lado ℓ e dos dois ângulos α e β a ele adjacentes.

78 (FUVEST/93 - 2ª Fase) a) Calcule a área do quadrilátero inscrito numa circunferência de raio unitário, como indicado na figura.
b) Expresse essa área em função de m = cos 18°

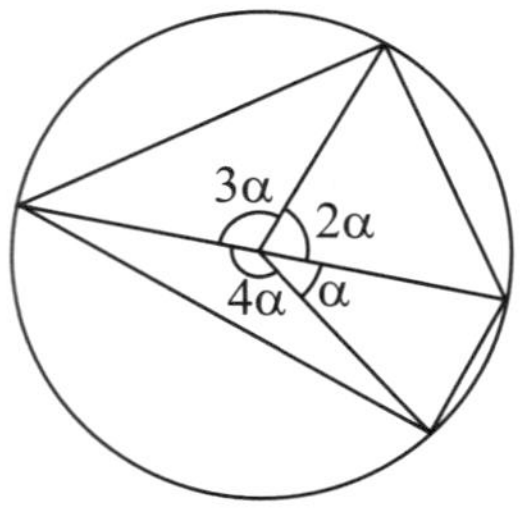

79 (UNICAMP/93 - 2ª Fase) Caminhando em linha reta ao longo de uma praia, um banhista vai de um ponto A a um ponto B, cobrindo a distância AB = 1.200 metros. Quando em A ele avista um navio parado em N de tal maneira que o ângulo NAB é de 60° ; e quando em B, verifica que o ângulo NBA é de 45° .
a) Faça uma figura ilustrativa da situação descrita
b) Calcule a distância a que se encontra o navio da praia

13 Determine o valor das seguintes expressões:

a) sen 35° . cos 25° + sen 25° . cos 35°

b) sen 110° . cos 80° − sen 80° . cos 110°

c) cos 70° . cos 25° + sen 70° . sen 25°

d) cos 40° . cos 20° − sen 40° . sen 20°

e) $\dfrac{\text{tg } 33° + \text{tg } 27°}{1 - \text{tg } 33° \cdot \text{tg } 27°}$

f) $\dfrac{\text{tg } 50° - \text{tg } 5°}{1 + \text{tg } 50° \cdot \text{tg } 5°}$

g) $\dfrac{\text{cotg } 35° \cdot \text{cotg } 25° - 1}{\text{cotg } 35° + \text{cotg } 25°}$

h) $\dfrac{\text{cotg } 50° \cdot \text{cotg } 20° + 1}{\text{cotg } 20° - \text{cotg } 50°}$

14 Determine o valor das seguintes expressões:

a) sen 100° . cos 50° + sen 50° . cos 100°

b) cos 165° . cos 30° + sen 165° . sen 30°

c) sen 200° . cos 80° − sen 80° . cos 200°

d) cos 110° . cos 40° − sen 110° . sen 40°

15 Mostre que sen 2x = 2 sen x . cos x

16 Determine sen 2a nos casos:

a) Dados sen a = $\dfrac{3}{5}$ e cos a = $\dfrac{4}{5}$

b) Dados sen a = $-\dfrac{5}{13}$ e $\pi < a < \dfrac{3\pi}{2}$

Resp: **08** $\dfrac{6 \pm 4\sqrt{5}}{15}$ **09** cos (a − b) = $\dfrac{\pm \sqrt{105} + 3}{16}$ (2 valores) sen (a + b) = $\dfrac{(\pm \sqrt{7} \pm 3\sqrt{15})}{16}$ (4 valores)

10 a) cotg (x + y) = $\dfrac{\text{cotg } x \cdot \text{cotg } y - 1}{\text{cotg } x + \text{cotg } y}$ b) cotg (x − y) = $\dfrac{\text{cotg } x \cdot \text{cotg } y + 1}{\text{cotg } y - \text{cotg } x}$ **11** −7

12 $\dfrac{2(\sqrt{14} + 1)}{\sqrt{21} - 4\sqrt{6}} = \dfrac{-2(9\sqrt{21} + 11\sqrt{6})}{75}$

68 (UNICAMP/92 - 2ª Fase) Na figura $\overline{AB} = \overline{AC} = \ell$ é o lado do decágono regular inscrito em uma circunferência de raio 1 e o centro O.

a) calcule o valor de ℓ.

b) mostre que $\cos 36° = \dfrac{1+\sqrt{5}}{4}$

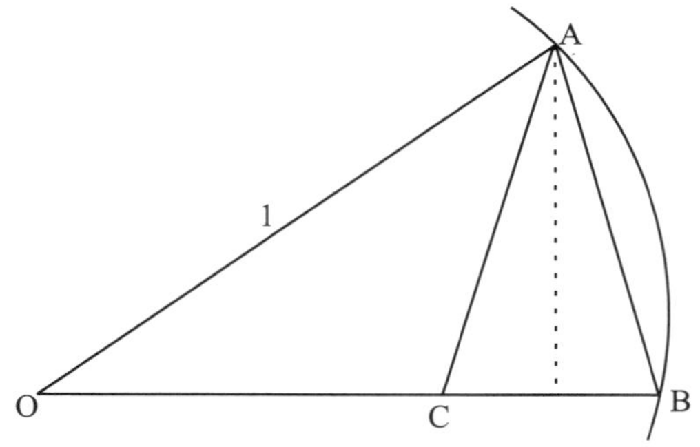

69 (FUVEST/92 - 2ª Fase) Um losango está circunscrito a uma circunferência de raio 2 cm. Calcule a área deste losango sabendo que um de seus ângulos mede 60°

70 (FUVEST/92 - 2ª Fase) Considere uma circunferência de centro O e raio 2 cm tangente à reta t no ponto T. Seja x a medida do ângulo $A\hat{O}T$, onde A é um ponto da circunferência e $0 < x < \dfrac{\pi}{2}$. Calcule em função de x, a área do trapézio OABT sendo B o ponto da reta t tal que $\overline{AB}$ é paralela a $\overline{OT}$.

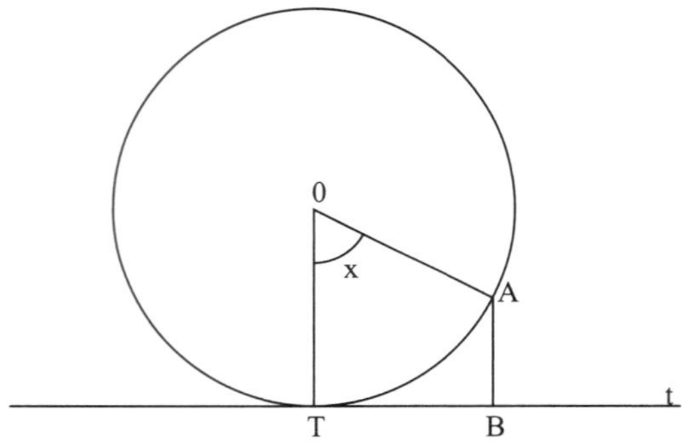

71 (MAPOFEI/70) É dado um quarto de circunferência de centro 0 e raio r, limitado pelos pontos A e B (ver figura). Sendo P um ponto do arco AB, H projeção ortogonal de P sobre OB e 2α o ângulo $A\hat{O}P$.

a) mostrar que se $AP - HP = r$, então $\cos \alpha = \operatorname{tg} \alpha$;

b) verificada a condição do item anterior, determinar sen α;

c) sendo α um ângulo compreendido entre 0° e 90°, tal que $\operatorname{sen}\alpha = \dfrac{1}{2}(\sqrt{5}-1)$ determiná-lo com a precisão de um segundo de arco, utilizando a tabela abaixo.

ÂNGULO	SENO
38° 8´	0,617 494
38° 9´	0,617 722
38° 10´	0,617 951
38° 11´	0,618 180
38° 12´	0,618 408

Nota: $\sqrt{5} = 2.236\,068$

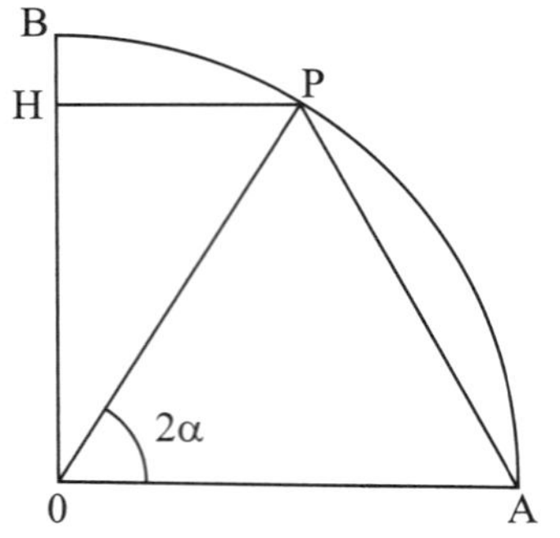

72 (VUNESP/93 - Exatas) A circunferência menor da figura é tangente à circunferência maior e às semi-retas $\overrightarrow{OA}$ e $\overrightarrow{OB}$.

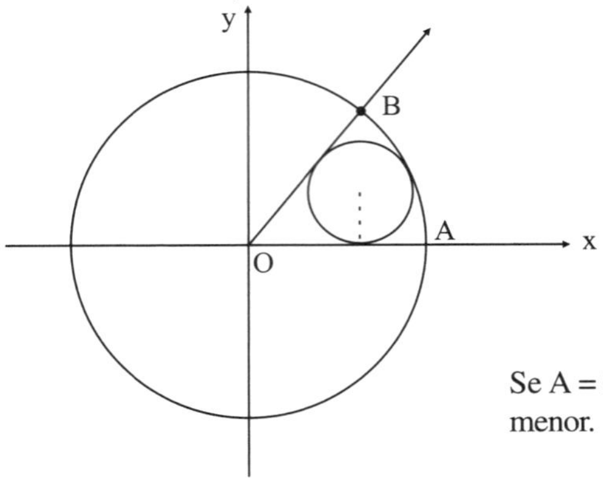

Se $A = 90°$ e o ângulo $A\hat{O}B$ mede 60°, determine o raio da circunferência menor.

152

17 Dado $\operatorname{sen} x = -\dfrac{2\sqrt{6}}{7}$, determine $\operatorname{sen} 2x$.

18 Mostre que
a) $\cos 2x = \cos^2 x - \operatorname{sen}^2 x$

b) $\cos 2x = 2\cos^2 x - 1$

c) $\cos 2x = 1 - 2\operatorname{sen}^2 x$

19 Determine $\cos 2x$ nos casos:

a) $\cos x = -\dfrac{5}{6}$ b) $\operatorname{sen} x = \dfrac{2}{3}$

20 Determine $\cos 2x$ nos casos:

a) $\sec x = \dfrac{5}{2}$

b) $\operatorname{cossec} x = 3$

c) $\operatorname{tg} x = \dfrac{2}{3}$

d) $\operatorname{cotg} x = -\dfrac{3}{4}$

Resp: **13** a) $\dfrac{\sqrt{3}}{2}$ b) $\dfrac{1}{2}$ c) $\dfrac{\sqrt{2}}{2}$ d) $\dfrac{1}{2}$ e) $\sqrt{3}$ f) 1 g) $\dfrac{\sqrt{3}}{3}$ h) $\sqrt{3}$

14 a) $\dfrac{1}{2}$ b) $-\dfrac{\sqrt{2}}{2}$ c) $\dfrac{\sqrt{3}}{2}$ d) $-\dfrac{\sqrt{3}}{2}$ **15** Faça $\operatorname{sen} 2x = \operatorname{sen}(x+x)$

16 a) $\dfrac{24}{25}$ b) $\dfrac{120}{169}$

63 (UNICAMP/90 - 2ª Fase) Um ciclista pedala uma bicicleta com rodas de mesmo diâmetro e com distâncias entre os eixos de 1,20m. Num determinado instante ele vira o guidão em 30°, e o mantêm nesta posição para andar em círculo. Calcule os raios dos círculos descritos pelas rodas dianteira e traseira da bicicleta.

64 (UNICAMP/89 - 1ª Fase) Para construir um arco de circunferência sobre uma porta, o pedreiro, sem conhecimento de matemática, vale-se de duas medidas: a largura da porta e a flecha. Você também saberia calcular o arco somente com essas medidas? Se sabe, calcule-o com as medidas de 1 metro para a largura da porta e 20 centímetros para a flecha.

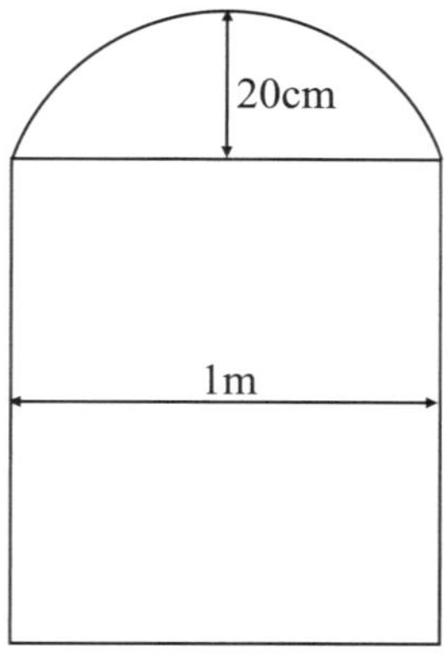

65 (UNICAMP/89 - 2ª Fase) Observadores nos pontos A e B localizam um foco de incêndio florestal em F. Conhecendo os ângulos $F\hat{A}B = 45°$, $F\hat{B}A = 105°$ e a distância AB = 15 km, determine as distâncias AF e BF.

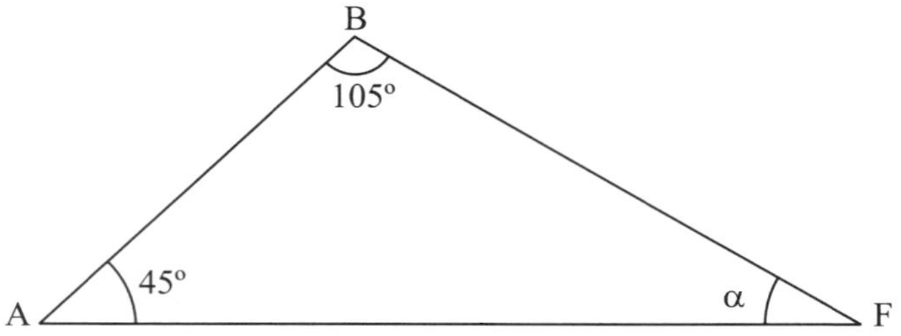

66 (UNICAMP/88 - 2ª Fase) Um observador O, na mediatriz de um segmento AB e a uma distância d de AB, vê esse segmento sob um ângulo α. O observador afasta-se do segmento ao longo da mediatriz até uma nova posição O', de onde ele vê o segmento sob o ângulo $\alpha/2$. Expresse a distância x = OO' em termos de α e d.

67 (UNICAMP/92 - 2ª Fase) Para medir a largura $\overline{AC}$ de um rio um homem usou o seguinte procedimento: localizou um ponto B de onde podia ver na margem oposta o coqueiro C, de forma que o ângulo ABC fosse 60°; determinou o ponto D no prolongamento de $\overline{CA}$ forma que o ângulo CBD fosse de 90°. Medindo $\overline{AD} = 40$ metros, achou a largura do rio. Determine essa largura e explique o raciocínio.

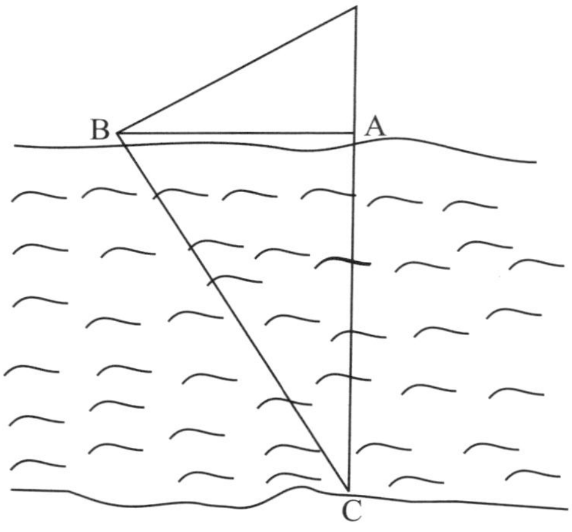

151

21 Mostre que $\text{tg}\, 2a = \dfrac{2\,\text{tg}\, a}{1 - \text{tg}^2 a}$

22 Determine $\text{tg}\, 2a$ nos casos:

a) $\text{tg}\, a = \dfrac{3}{5}$ \hspace{2cm} b) $\text{cotg}\, a = \dfrac{8}{3}$

c) $\text{sen}\, a = \dfrac{3}{4}$, $\dfrac{\pi}{2} < a < \pi$ \hspace{2cm} d) $\cos a = -\dfrac{1}{3}$

e) $\sec a = 5$ \hspace{2cm} f) $\text{cossec}\, a = 3$

23 Determine em função de **cos x** as expressões de $\text{sen}\, \dfrac{x}{2}$, $\cos \dfrac{x}{2}$ e $\text{tg}\, \dfrac{x}{2}$.

24 Se $\cos x = -\dfrac{3}{4}$ e $\pi < x < \dfrac{3\pi}{2}$, determine $\text{sen}\, \dfrac{x}{2}$, $\cos \dfrac{x}{2}$ e $\text{tg}\, \dfrac{x}{2}$.

Resp: **17** $\pm \dfrac{20\sqrt{6}}{49}$ \hspace{1cm} **18** a) Fazer $\cos 2x = \cos(x+x)$ e aplicar a fórmula de cosseno da soma

b) Fazer $\text{sen}^2 x = 1 - \cos^2 x$ na fórmula do item **a** \hspace{1cm} c) Fazer $\cos^2 x = 1 - \text{sen}^2 x$ na fórmula do item **a**

19 a) $\dfrac{7}{18}$ \hspace{1cm} b) $\dfrac{1}{9}$ \hspace{1cm} **20** a) $-\dfrac{17}{25}$ \hspace{1cm} b) $\dfrac{7}{9}$ \hspace{1cm} c) $\dfrac{5}{13}$ \hspace{1cm} d) $-\dfrac{7}{25}$

55 (FUVEST/87 - 2ª Fase) O segmento PA é perpendicular ao plano que contém o triângulo equilátero ABC. Suponha que AB = 2AP e que M seja o ponto médio do segmento BC. Determine o ângulo formado pelos segmentos PA e PM.

56 (FUVEST/82 - 2ª Fase) Calcular x indicado na figura.

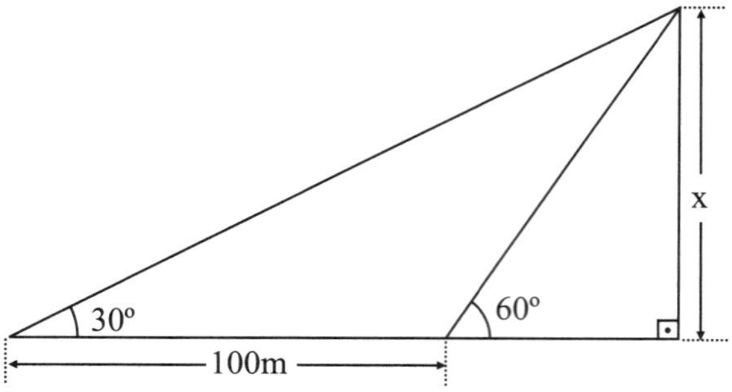

57 (FUVEST/79 - 2ª Fase) Num triângulo retângulo ABC, os catetos $\overline{AB}$ e $\overline{AC}$ medem $2 + \sqrt{3}$ e 1, respectivamente. Seja D um ponto de $\overline{AB}$ tal que AD = AC. Calcule tg $(\alpha + \beta)$, onde α e β são, respectivamente, as medidas de $A\hat{D}C$ e $A\hat{B}C$.

58 (FUVEST/78 - 2ª Fase) Seja AB um diâmetro de uma circunferência de raio r e C um ponto genérico da circunferência. Determine a área do triângulo ABC em função do ângulo $A\hat{B}C = \beta$ e do raio r. Para que valor de β esta área é máxima?

59 (FUVEST/77 - 2ª Fase) Um trapézio isósceles está circunscrito a uma circunferência de raio 2 e tem um ângulo agudo de 60°. Determine a área do trapézio.

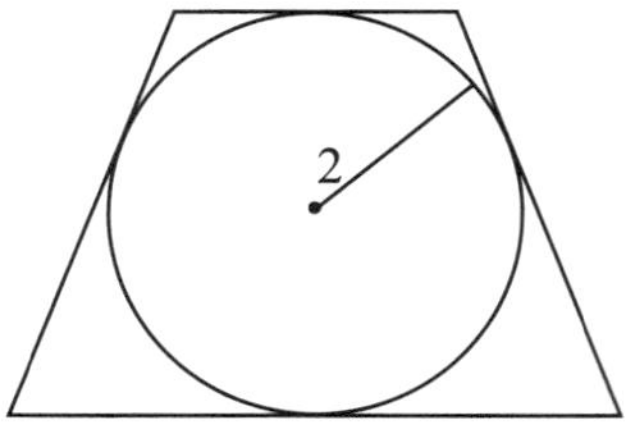

60 (UNICAMP/91 - 2ª Fase) Um foguete com ogiva nuclear foi acidentalmente lançado de um ponto da Terra e cairá perigosamente de volta à Terra. Se a trajetória plana desse foguete segue o gráfico da equação $y = -x^2 + 300x$, com que inclinação se deve lançar outro foguete com trajetória retilínea, do mesmo ponto de lançamento, para que esse último intercepte e destrua o primeiro no ponto mais distante da Terra?

61 (UNICAMP/91 - 2ª Fase) Três canos de forma cilíndrica e de mesmo raio r, dispostos como indica a figura, devem ser colocados dentro de outro cano cilíndrico de raio R, de modo a ficarem presos sem folga. Expresse o valor de R em termos de r para que isso seja possível.

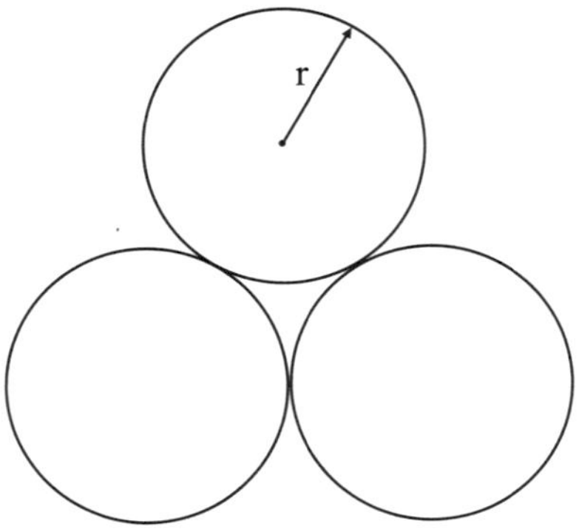

62 (UNICAMP/90 - 2ª Fase) Uma quadra de um loteamento tem a forma de um paralelogramo com ângulos internos de 60° e 120°. Com a finalidade de facilitar o tráfego nas duas esquinas que possuem ângulos de 60°, foram construidos, tangenciando os lados, arcos de circunferências de 10m de raio para eliminar os cantos correspondentes a esses ângulos. Calcule a área eliminada.

25 Determine sen 75° dos seguintes modos
a) Fazendo 75° = 45° + 30° e usando sen (a + b)

b) Fazendo 75° = 120° − 45° e usando sen (a − b)

c) Fazendo $75° = \dfrac{150°}{2}$ e usando $\operatorname{sen} \dfrac{x}{2} = \pm\sqrt{\dfrac{1-\cos x}{2}}$

26 Determine cos 105° dos seguintes modos
a) Usando cosseno da soma

b) Usando cosseno da diferença

c) Usando cosseno do arco metade

Resp: **21** Fazer tg 2a = tg (a + a) e aplicar a fórmula da tg da soma **22** a) $\dfrac{15}{8}$ b) $\dfrac{48}{55}$ c) $3\sqrt{7}$

d) $\pm\dfrac{4\sqrt{2}}{7}$ e) $\pm\dfrac{4\sqrt{6}}{23}$ f) $\pm\dfrac{4\sqrt{2}}{7}$

23 $\operatorname{sen}\dfrac{x}{2}=\pm\sqrt{\dfrac{1-\cos x}{2}}$, $\cos\dfrac{x}{2}=\pm\sqrt{\dfrac{1+\cos x}{2}}$, $\operatorname{tg}\dfrac{x}{2}=\sqrt{\dfrac{1-\cos x}{1+\cos x}}$

24 $\dfrac{\sqrt{14}}{4}$, $-\dfrac{\sqrt{2}}{4}$, $-\sqrt{7}$

48 (UNICAMP/87 - 2ª Fase) Ache os valores de x, com $0° \leq x < 360°$, tais que $2\cos^2 x + 5\operatorname{sen} x - 4 \geq 0$

49 (MAPOFEI/69) É dada a função f, definida no intervalo $0 \leq x < 2\pi$ por $f(x) = \operatorname{sen} 3x - 2\operatorname{sen} x$
Quais os valores de x para os quais:
a) $f(x) > 0$
b) $f(x) = 0$

50 (MAPOFEI/72) a) Para quais valores de x existe $\log_2(2\operatorname{sen} x - 1)$?
b) Resolver a equação $\log_2(2\operatorname{sen} x - 1) = \log_4(3\operatorname{sen}^2 x - 4\operatorname{sen} x + 2)$

51 (MAPOFEI/75) Resolver a inequação $\operatorname{sen} x > \cos x$ para $0 \leq x \leq 2\pi$

52 (MAUÁ/92) Resolver a inequação

$$\begin{vmatrix} 1 & \operatorname{sen} x & 0 \\ 1 & 0 & 1 \\ 2 & 1 & 0 \end{vmatrix} \geq \begin{vmatrix} 1 & x & 1 & -1 \\ 0 & 1 & 0 & \operatorname{sen} x \\ 1 & x & 1 & 0 \\ 0 & \operatorname{sen} x & 1 & x \end{vmatrix}$$

53 (FUVEST/90 - 2ª Fase)

x	senxº	cosxº
10	0,174	0,985
11	0,191	0,982
12	0,208	0,978
13	0,225	0,974
14	0,242	0,970
15	0,259	0,966
16	0,276	0,961
17	0,292	0,956
18	0,309	0,951
19	0,326	0,946
20	0,342	0,940
21	0,358	0,934
22	0,375	0,927
23	0,391	0,921
24	0,407	0,914
25	0,423	0,906
26	0,438	0,899
27	0,454	0,891
28	0,470	0,883
29	0,485	0,875
30	0,500	0,866

A uma distância de 40m, uma torre é vista sob um ângulo α, como mostra a figura.
a) Usando a tabela determine a altura da torre, supondo $\alpha = 20°$. Efetue os cálculos.
b) Se o ângulo α valesse $40°$, como se poderia calcular a altura usando os dados da tabela?
Indique os cálculos

54 (FUVEST/89 - 2ª Fase) A latitude de um ponto P da superfície da Terra é o ângulo que a reta OP forma com o plano do Equador (O é o centro da Terra). No dia 21 de março os raios solares são paralelos ao plano do Equador.

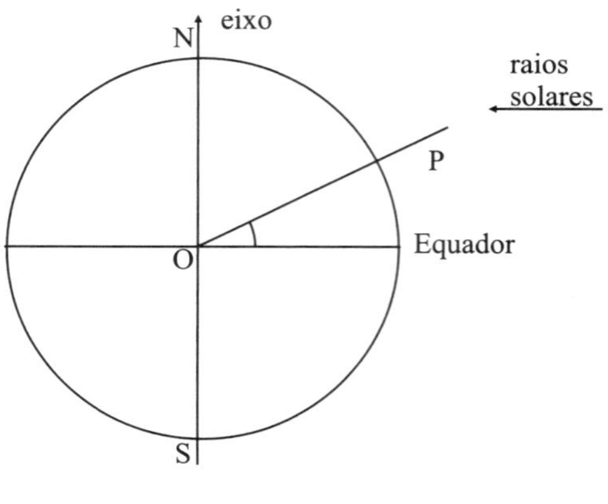

Calcule o comprimento da sombra projetada, no dia 21 de março ao meio dia, por um prédio de 30 metros de altura, localizado a $30°$ de latitude.

149

27 Determine

a) sen 15°

b) cos 165°

28 Mostre que

a) sen 3x = 3 sen x − 4 sen³ x

b) cos 3x = 4 cos³ x − 3 cos x

c) $\operatorname{tg} 3x = \dfrac{3\operatorname{tg} x - \operatorname{tg}^3 x}{1 - 3\operatorname{tg}^2 x}$

29 Dados sen a = $-\dfrac{1}{3}$, cos b = $\dfrac{3}{4}$ e tg c = $\sqrt{6}$, determine:

a) sen 3a

b) cos 3b

c) tg 3c

Resp: **25** $\dfrac{\sqrt{6}+\sqrt{2}}{4}$ **26** $\dfrac{\sqrt{2}-\sqrt{6}}{4}$

34 (PUC/94) Seja a função f, de **R** em **R**, definida por $f(x) = \cos\frac{\pi}{6} \cdot \cos 2x - \text{sen}\frac{\pi}{6} \cdot \text{sen } 2x$

Determine:
a) o período de f;
b) as soluções da equação $f(x) = 0$, no intervalo $[0, 2\pi]$

35 (MAUÁ/93) Resolver a equação: $\text{sen } x - \cos x = \frac{\sqrt{2}}{2}$

36 (VUNESP/92 - Exatas) Determine θ, $0 < \theta < 2\pi$, de maneira que o determinante seja nulo

$$\begin{vmatrix} \cos\theta & 0 & \text{sen}\theta \\ \text{sen}\theta & 1 & \cos\theta \\ \cos\theta & \text{sen}\theta & \text{sen}\theta \end{vmatrix}$$

37 (MAUÁ/92) Dada a equação $\text{sen} x = \cos x$, achar:
a) a expressão geral da solução;
b) as soluções para $0 \le x \le 2\pi$

38 (FUVEST/95 - 2ª Fase) Considere a função $f(x) = \text{sen } x + \text{sen } 5x$
a) Determine constantes k, m e n tais que $f(x) = k \text{ sen } (mx) \cos (nx)$
b) Determine os valores de x, $0 \le x \le \pi$, tais que $f(x) = 0$

39 (UNICAMP/95 - 2ª Fase) Encontre todas as soluções do sistema:

$$\begin{cases} \text{sen}(x + y) = 0 \\ \text{sen}(x - y) = 0 \end{cases}$$

que satisfaçam $0 \le x \le \pi$ e $0 \le y \le \pi$

40 (VUNESP/95 - Bio) Determine todos os valores de x, $0 \le x \le 2\pi$, para os quais se verifica a igualdade $(\text{sen } x + \cos x)^2 = 1$

41 (MAUÁ/95) Resolver a equação:

$\text{sen} \left(x - \frac{\pi}{4} \right) + \cos \left(x - \frac{\pi}{4} \right) = \frac{\sqrt{6}}{2}$ para $0 < x < 2\pi$

42 (MAUÁ/82) Determine x, no intervalo $(0, 5\pi)$ aberto, que satisfaça à equação $2 \cos 2x - \cos x = 3$

43 (FUVEST/96 - 2ª Fase) Considere a função $f(x) = \text{sen} x \cdot \cos x + \frac{1}{2} (\text{sen } x - \text{sen } 5x)$

a) Resolver a equação $f(x) = 0$ no intervalo $[0, \pi]$

b) O gráfico de f pode interceptar a reta de equação $y = \frac{8}{5}$? Explique sua resposta

44 (UNICAMP/96 - 2ª Fase) Ache todos os valores de x, no intervalo $[0, 2\pi]$, para os quais $\text{sen } x + \cos x = \sqrt{\frac{2 + \sqrt{3}}{2}}$

45 (MAÚA/96) Resolver a equação: $\text{sen} x - \sqrt{3} \cos x = 0$ no intervalo $0 \le x \le 2\pi$

46 (FUVEST/86 - 2ª Fase) Resolva a inequação: $\frac{1}{4} \le \text{sen}\theta \cos\theta < \frac{\sqrt{2}}{2}$ sendo $0 \le \theta \le \pi$, θ em radianos.

47 (FUVEST/85 - 2ª Fase) No intervalo $0 \le x \le \pi/2$, determine o conjunto solução:
a) da equação $\text{sen } 2x - \cos x = 0$
b) da inequação $\text{sen } 2x - \cos x > 0$

148

30 Transformar cada expressão em uma expressão em função de **sen x ou cos x ou tg x**.

a) sen 5x . cos 3x − sen 3x . cos 5x

b) cos 7x . cos 5x + sen 7x . sen 5x

c) sen 6x . cos 3x − sen 3x . cos 6x

d) cos 5x . cos 2x + sen 5x . sen 2x

e) $\dfrac{tg\,6x - tg\,4x}{1 + tg\,6x \cdot tg\,4x}$

f) $\dfrac{tg\,7x - tg\,4x}{1 + tg\,7x \cdot tg\,4x}$

31 Simplificar as seguintes expressões

a) sen (a + b) + sen (a − b)

b) cos (a + b) + cos (a − b)

c) sen (a + b) − sen (a − b)

d) cos (a + b) − cos (a − b)

e) $\dfrac{\cos(a-b) - \cos(a+b)}{\cos(a-b) + \cos(a+b)}$

Resp: **27** a) $\dfrac{\sqrt{6}-\sqrt{2}}{4}$ b) $\dfrac{-\sqrt{6}-\sqrt{2}}{4}$ **28** Desenvolva a) sen (2x + x) b) cos (2x + x)

c) tg (2x + x) **29** a) $-\dfrac{23}{27}$ b) $-\dfrac{9}{16}$ c) $\dfrac{3\sqrt{6}}{17}$

24

16 (MAUÁ/93) Sendo $sen\ a = \dfrac{3}{5}$ (a pertence ao 1° quadrante) e $sen\ b = \dfrac{12}{13}$ (b pertence ao 2° quadrante) , calcular $sen(2a + b)$

17 (UNICAMP/94 - 2ª Fase) a) Utilize a fórmula $sen^2\alpha + cos^2\alpha = 1$ e a fórmula do cosseno da soma de dois ângulos para deduzir as seguintes fórmulas do arco metade:

$$sen\frac{\alpha}{2} = \pm\sqrt{\frac{1-cos\alpha}{2}} \quad e \quad cos\frac{\alpha}{2} = \pm\sqrt{\frac{1+cos\alpha}{2}}$$

b) Especifique os intervalos de variação de α nos quais se deve usar o sinal "mais" e nos quais se deve usar o sinal "menos" em cada uma das fórmulas acima.

18 (MAUÁ/84) Dado $sen\ x = \dfrac{\sqrt{6}-\sqrt{2}}{4}$, calcular $cos\ 2x$

19 (MAPOFEI/75) Calcular o valor da expressão: $sen\ 105° - cos\ 75°$

20 (MAPOFEI/75) Demonstrar a identidade: $tg\ (45° + x) \cdot cotg\ (45° - x) = \dfrac{1+sen2x}{1-sen2x}$

21 (MAPOFEI/76) Transformar o produto $cos\ 2x \cdot cos\ 4x$ em uma soma equivalente.

22 (ESPM/93) Os arcos α , β e γ formam uma P.A. de razão $r = 120°$. Calcule o valor da expressão: $y = sen\alpha + sen\beta + sen\ \gamma$.

23 (VUNESP/95 - Exatas) a) Demonstre a identidade $\sqrt{2} \cdot sen\left(x - \dfrac{\pi}{4}\right) = senx - cos\ x$

b) Determine os valores de $m \in IR$ para os quais a equação $\sqrt{2} \cdot (senx - cos\ x) = m^2 - 2$ admite soluções.

24 (FUVEST/87 - 2ª Fase) $sen\ x - cos\ x = m$
a) Ache todas as soluções reais da equação acima quando $m = 0$.
b) Determine todos os valores m para os quais a equação possui soluções reais.

25 (FUVEST/85 - 2ª Fase) No intervalo $0 \leq x \leq \dfrac{\pi}{2}$, determine o conjunto solução:

a) da equação $sen\ 2x - cos\ x = 0$
b) da inequação $sen\ 2x - cos\ x > 0$

26 (FUVEST/83 - 2ª Fase) Resolva a equação $sen^3\ x + cos^4\ x = 1$

27 (FUVEST/82 - 2ª Fase) Determinar os valores de x , no intervalo $0 \leq x \leq 2$, que satisfazem a equação $sen\ \pi x + cos\ \pi x = 0$

28 (FUVEST/78 - 2ª Fase) Determine no intervalo $0 \leq x \leq \dfrac{\pi}{2}$, as raízes da equação $4\ (sen^3\ x - cos^3\ x) = 5\ (senx - cosx)$

29 (MAPOFEI/74) Calcular x no intervalo $0 \leq x \leq 2\pi$ se $tg\ x + cotg\ x = 2$

30 (MAPOFEI/74) Determinar o ângulo x , medido em radianos, que satisfaz a igualdade: $sen\left(x + \dfrac{\pi}{4}\right) + sen\left(x - \dfrac{\pi}{4}\right) = \dfrac{\sqrt{2}}{2}$

31 (MAPOFEI/75) Resolver a equação: $cotg\ x - sen\ 2x = 0$

32 (MAPOFEI/76) Resolver o sistema $\begin{cases} sen(x + y) = 0 \\ x - y = \pi \end{cases}$

33 (MAPOFEI/76) Calcular todos os ângulos x , em radianos, de modo que os números $\dfrac{senx}{2}$, $sen\ x$, $tg\ x$ formem uma progressão geométrica.

147

32 No ciclo trigonométrico dado ao lado sabemos que **A** é a origem dos arcos. Se **B** é a extremidade de um arco de medida **a**, **C** é a extremidade de um de medida **b** e **D** é a de um arco de medida **a − b**, note que as cordas AD e BC têm medidas iguais. Lembrando que o quadrado da medida de uma corda é igual à soma do quadrado da diferença dos senos com o quadrado da diferença dos cossenos dos arcos cujas extremidades são as extremidades das cordas, mostre que cos (a − b) = cos a . cos b + sen a . sen b

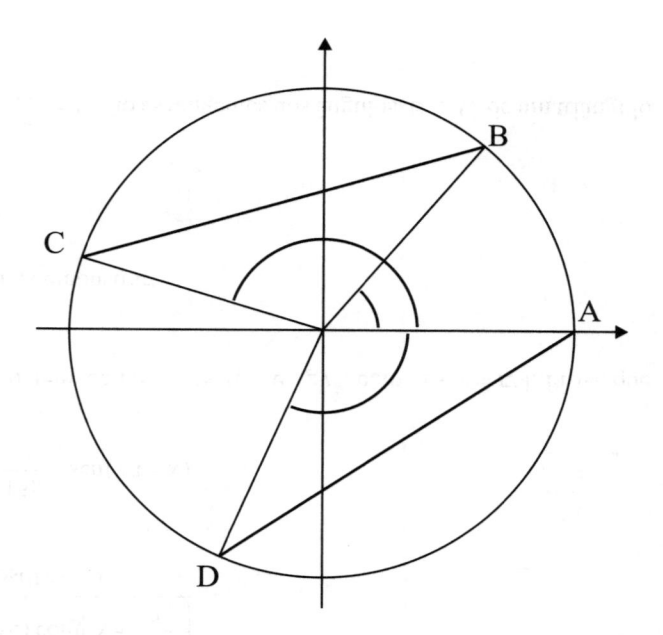

33 Usando a fórmula cos (a − b) = cos a . cos b + sen a . sen b, mostre que

a) $\cos\left(\dfrac{\pi}{2} - x\right) = \text{sen } x$

b) $\text{sen}\left(\dfrac{\pi}{2} - x\right) = \cos x$

c) cos (− x) = cos x

d) sen (− x) = − sen x

Resp: **30** a) 2 sen x . cos x   b) $2\cos^2 x - 1$ c) sen 3x = 3 sen x − 4 sen^3 x   d) cos 3x = 4 $\cos^3$ x − 3 cos x

e) tg 2 x = $\dfrac{2\text{tg}\,x}{1 - \text{tg}^2 x}$ f) tg 3 x = $\dfrac{3\text{tg}\,x - \text{tg}^3 x}{1 - 3\text{tg}^2 x}$ **31** a) 2 sen a . cos b   b) 2 cos a . cos b

c) 2 sen b . cos a   d) − 2 sen a . sen b   e) tg a . tg b

QUESTÕES DE VESTIBULARES

01 (UNICAMP/92 - 2ª Fase) Um relógio foi acertado exatamente ao meio dia. Determine as horas e minutos que estará marcando esse relógio após o ponteiro menor ter percorrido um ângulo de 42°.

02 (POLI/66) Um homem inicia viagem quando os ponteiros do relógio estão juntos entre 8 e 9 horas; termina a viagem quando o ponteiro menor está entre 14 e 15 horas e o ponteiro maior a 180° do outro. Quanto tempo durou a viagem?

03 (FUVEST/91 - 2ª Fase) No estudo do Cálculo Diferencial e Integral, prova-se que a função cosx (cosseno do ângulo de x radianos) satisfaz a desigualdade:

$$f(x) = 1 - \frac{x^2}{2} \leq \cos x \leq 1 - \frac{x^2}{2} + \frac{x^4}{24} = g(x)$$

a) Calcule o co-seno de 0,3 radianos usando f(x) como aproximação de cosx
b) Prove que o erro na aproximação anterior é inferior a 0,001 e conclua que o valor calculado é exato até a segunda casa decimal

04 (FUVEST/81 - 2ª Fase) Qual dos números é maior? Justifique
a) sen830° ou sen 1195°
b) cos (– 535°) ou cos190°

05 (MAPOFEI/74) Simplificar a expressão $\dfrac{a^2 \cos 180° - (a-b)^2 \operatorname{sen} 270° + 2ab \cos 0°}{b^2 \operatorname{sen} 90°}$

06 (MAPOFEI/76) Fazer o gráfico da função $y = \operatorname{sen}\left(x - \dfrac{\pi}{2}\right) + 2$

07 (FUVEST/79 - 2ª Fase) Ache m de modo que o sistema $\begin{cases} \cos x + m \operatorname{sen} x = 0 \\ \cos x - m \operatorname{sen} x = 1 \end{cases}$ na incógnita x, tenha solução.

08 (FATEC/91) Calcule tgx sabendo-se que $6 \operatorname{sen}^2 x = 3 - 2\cos^2 x$ e que $0 < x < \dfrac{\pi}{2}$

09 (FUVEST/86 - 2ª Fase) Prove que: $\cos(3\pi/10) = \operatorname{sen}(\pi/5)$

10 (MAPOFEI/74) Simplificar a expressão: $\operatorname{sen}\dfrac{7\pi}{2} + \dfrac{\operatorname{sen}(x + 11\pi)\cotg\left(x + \dfrac{11\pi}{2}\right)}{\cos(9\pi - x)}$

11 (MAPOFEI/76) Simplificar a expressão: $\operatorname{sen}\left(\dfrac{9\pi}{2}\right) - \cos\left(x + \dfrac{15\pi}{2}\right)\operatorname{sen}(7\pi - x)$

12 (FUVEST/84 - 2ª Fase) A equação $ax^2 + bx + c = 0$ $(a \neq 0)$ tem como raízes tgu e tgv, com $u + v = \pi/4$. Prove que $c = a + b$

13 (FUVEST/80 - 2ª Fase) Sabendo que $\cos 2a = \cos^2 a - \operatorname{sen}^2 a$, demonstrar:

$$\operatorname{sen}\frac{x}{2} = \pm \sqrt{\frac{1 - \cos x}{2}}$$

14 (MAPOFEI/73) As raízes da equação $x^2 - (3 - \sqrt{3})x + 2 - \sqrt{3} = 0$ são as tangentes dos ângulos B e C de um triângulo ABC. Determine o ângulo A do triângulo.

15 (MAPOFEI/75) Calcular: $\operatorname{sen}^2 \dfrac{\pi}{12} - \cos^2 \dfrac{\pi}{12} + \tg\dfrac{\pi}{3} + \tg\dfrac{14\pi}{3}$

146

34 Usando os resultados dos dois problemas anteriores, mostre que:
a) cos (a + b) = cos a . cos b − sen a . sen b

b) sen (a + b) = sen a . cos b + sen b . cos a

c) sen (a − b) = sen a . cos b − sen b . cos a

35 Considerando que x seja a medida de um arco menor que 30° (uma "faixinha pequena"), para que, visualmente, seja fácil identificar os triângulos congruentes, complete com sen x, − sen x, cos x ou − cos x:

a) b) c) 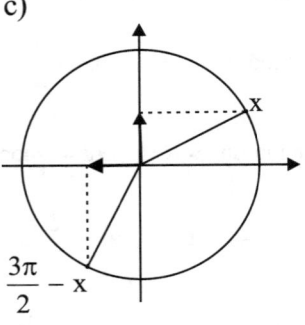 d)

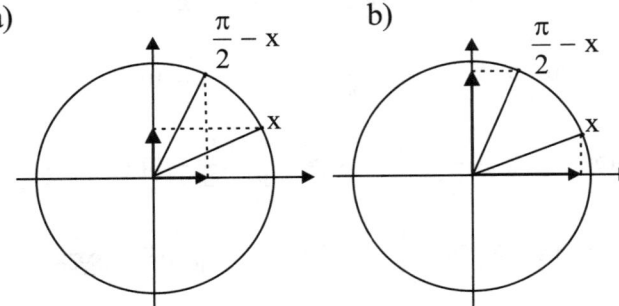

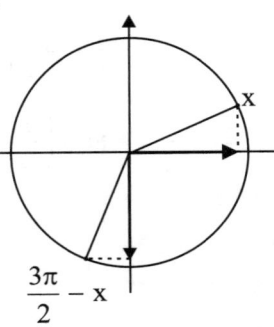

$\cos\left(\dfrac{\pi}{2} - x\right) =$ $\operatorname{sen}\left(\dfrac{\pi}{2} - x\right) =$ $\cos\left(\dfrac{3\pi}{2} - x\right) =$ $\operatorname{sen}\left(\dfrac{3\pi}{2} - x\right) =$

36 Complete com sen x, − sen x, cos x ou − cos x:

a) b) 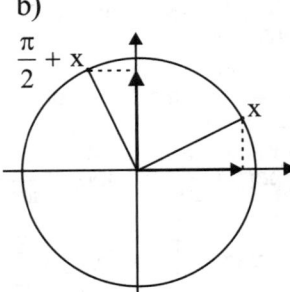 c) 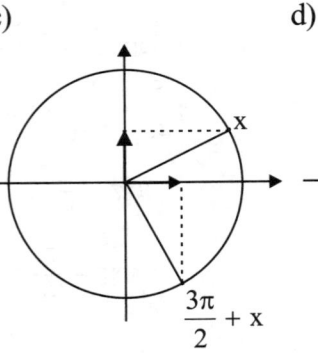 d)

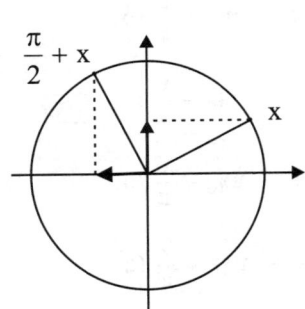

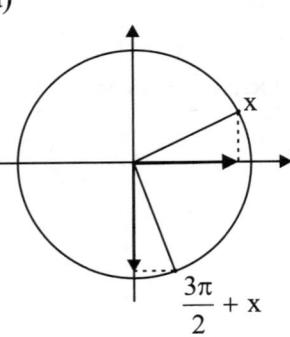

$\cos\left(\dfrac{\pi}{2} + x\right) =$ $\operatorname{sen}\left(\dfrac{\pi}{2} + x\right) =$ $\cos\left(\dfrac{3}{2} + x\right) =$ $\operatorname{sen}\left(\dfrac{3\pi}{2} + x\right) =$

Resp: **32** Faça $BC^2 = AD^2$ **33** a) Desenvolver $\cos\left(\dfrac{\pi}{2} - x\right)$ b) Na relação $\cos\left(\dfrac{\pi}{2} - \alpha\right) = \operatorname{sen}\alpha$ do

item (a) substitua α por $\dfrac{\pi}{2} - x$ c) Faça cos (− x) = cos (0 − x) e desenvolva

d) Faça $\operatorname{sen}(-x) = \cos\left[\dfrac{\pi}{2} - (-x)\right] = \cos\left(x + \dfrac{\pi}{2}\right) = \cos\left[x - \left(-\dfrac{\pi}{2}\right)\right]$ e desenvolva

26

Resp: **265** a) $-\dfrac{\pi}{6}+2k\pi \;\leq\; x \;\leq\; \dfrac{7\pi}{6}+2k\pi$ b) $-\dfrac{3\pi}{4}+2k\pi \;<\; x \;<\; \dfrac{3\pi}{4}+2k\pi$ c) $\dfrac{\pi}{2}+k\pi \;<\; x \;\leq\; \dfrac{7\pi}{6}+k\pi$

d) $\dfrac{\pi}{6}+k\pi \;<\; x \;<\; \dfrac{5\pi}{6}+k\pi$ e) $-\dfrac{\pi}{9}+\dfrac{2k\pi}{3} \;\leq\; x \;\leq\; \dfrac{4\pi}{9}+\dfrac{2k\pi}{3}$ f) $\dfrac{\pi}{4}+\dfrac{k\pi}{3} \;\leq\; x \;<\; \dfrac{\pi}{2}+k\pi$

266 a) $\dfrac{\pi}{6}+2k\pi \;<\; x \;\leq\; \dfrac{\pi}{3}+2k\pi$ v $\dfrac{2\pi}{3}+2k\pi \;\leq\; x \;<\; \dfrac{11\pi}{6}+2k\pi$

b) $\dfrac{\pi}{6}+2k\pi \;\leq\; x \;<\; \dfrac{\pi}{2}+2k\pi$ v $\dfrac{5\pi}{4}+2k\pi \;\leq\; x \;<\; \dfrac{3\pi}{2}+2k\pi$

c) $\dfrac{\pi}{3}+2k\pi \;<\; x \;\leq\; \dfrac{2\pi}{3}+2k\pi$ v $\dfrac{4\pi}{3}+2k\pi \;\leq\; x \;<\; \dfrac{5\pi}{3}+2k\pi$

267 a) $\dfrac{\pi}{3}+\pi k \;<\; x \;<\; \pi+\pi k$ b) $\dfrac{13\pi}{36}+\dfrac{2\pi}{3}k<x<\dfrac{19\pi}{36}+\dfrac{2\pi}{3}k$ c) $-\dfrac{\pi}{3}+2\pi k<x<\dfrac{\pi}{3}+2\pi k$

d) $\dfrac{\pi}{2}+2\pi k \;<\; x \;<\; \dfrac{3\pi}{2}+2\pi k$ e) $\dfrac{\pi}{12}+\dfrac{2\pi}{3}k<x<\dfrac{5\pi}{12}+\dfrac{2\pi}{3}k$

f) $\pi k< x<\dfrac{\pi}{4}+\pi k$ v $\arctan 3+\pi k < \dfrac{\pi}{2}+\pi k$

g) $\dfrac{\pi}{6}+2\pi k \;<\; x \;<\; \dfrac{\pi}{2}+2\pi k$ v $\dfrac{\pi}{2}+2\pi k \;<\; x \;<\; \dfrac{5\pi}{6}+2\pi k$

h) $-\dfrac{\pi}{2}+2\pi k<x<-\dfrac{\pi}{2}+2\pi k$ v $\dfrac{\pi}{3}+2\pi k< x<\dfrac{\pi}{2}+2\pi k$

268 a) $-\dfrac{\pi}{3}$ $x \;<\; \dfrac{\pi}{4}k\;\pi k$ v $\dfrac{\pi}{3}k+$ $x<\dfrac{\pi}{2}k\pi k \;+\; \pi \;+$

b) $-\dfrac{\pi}{12}+\dfrac{\pi}{3}k \;<\; x \;<\; \dfrac{\pi}{12}+\dfrac{\pi}{3}k$ c) $\operatorname{arc\,cot}\dfrac{1}{3}+\pi k \;<\; x \;<\; \operatorname{arccot g}\!\left(-\dfrac{5}{12}\right)+\pi k$

d) $\mathbb{R}$ e) $-\dfrac{\pi}{3}+\pi k \;<\; x \;<\; \pi k$ f) $\dfrac{\pi}{4}+\pi k \;<\; x \;<\; \operatorname{arccot g}\!\left(-\dfrac{1}{3}\right)+\pi k$

g) $\dfrac{\pi}{6}+\pi k \;<\; x \;<\; \dfrac{\pi}{3}+\pi k$ h) $\dfrac{\pi}{2}k<x<\dfrac{\pi}{8}+\dfrac{\pi}{2}k$ i) $-\dfrac{\pi}{4}+\dfrac{\pi}{2}.k<x<-\dfrac{\pi}{8}+\dfrac{\pi}{2}k$

269 a) $\dfrac{\pi}{6}+\dfrac{\pi}{2}k \;<\; x \;<\; \dfrac{\pi}{3}+\dfrac{\pi}{2}k$ b) $-\dfrac{\pi}{4}+2\pi k \leq x<2\pi k$ v $\dfrac{\pi}{3}+2\pi k\leq x<\pi+2\pi k$

c) $\dfrac{\pi}{6}+\pi k \;\leq\; x \;\leq\; \dfrac{5\pi}{6}+\pi k$ d) $2\operatorname{arc\,cot}2 +2\pi k<x< 2\operatorname{arc\,cot}\!\left(-\dfrac{1}{2}\right)+2\pi k$

e) $\dfrac{\pi}{12}+2\pi k \;<\; x \;<\; \dfrac{3\pi}{4}+2\pi k$ v $\dfrac{17\pi}{12}+2\pi k \;<\; x \;<\; \dfrac{7\pi}{4}+2\pi k$

f) $-\dfrac{7\pi}{12}+\pi k\leq x<-\dfrac{\pi}{2}+\pi k$ v $-\dfrac{\pi}{2}+\pi k<x\leq\dfrac{\pi}{12}+\pi k$ g) $-\dfrac{7\pi}{18}+\dfrac{2\pi}{3}k<x<\dfrac{\pi}{18}+\dfrac{2\pi}{3}k$

h) $-\dfrac{\pi}{3}+2\pi k \;<\; x \;<\; \dfrac{\pi}{3}+2\pi k$

270 a) $-\dfrac{\pi}{4}+k\pi \;<\; x \;<\; \dfrac{\pi}{4}+k\pi$ b) $\dfrac{\pi}{4}+k\pi \;<\; x \;<\; \dfrac{3\pi}{4}+k\pi$

c) $\dfrac{\pi}{12}+2k\pi \;<\; x \;<\; \dfrac{5\pi}{12}+2k\pi$ v $-\dfrac{5\pi}{12}+2k\pi \;<\; x \;<\; -\dfrac{\pi}{12}+2k\pi$

d) $-\dfrac{\pi}{3}+k\pi \;<\; x \;<\; \dfrac{\pi}{3}+k\pi$ e) $\dfrac{\pi}{4}+k\pi < x < \dfrac{5\pi}{12}+k\pi$ f) $k\pi \;\leq\; x \;\leq\; \dfrac{\pi}{2}+k\pi$

145

37 Complete com sen x, – sen x, cos x ou – cos x:

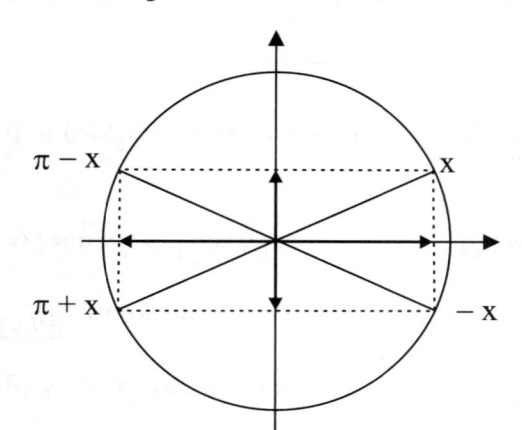

a) sen (– x) = b) cos (– x) =

c) sen (π – x) = d) cos (π – x) =

e) sen (π + x) = f) cos (π + x) =

38 Complete com tg x, – tg x, cotg x ou – cotg x

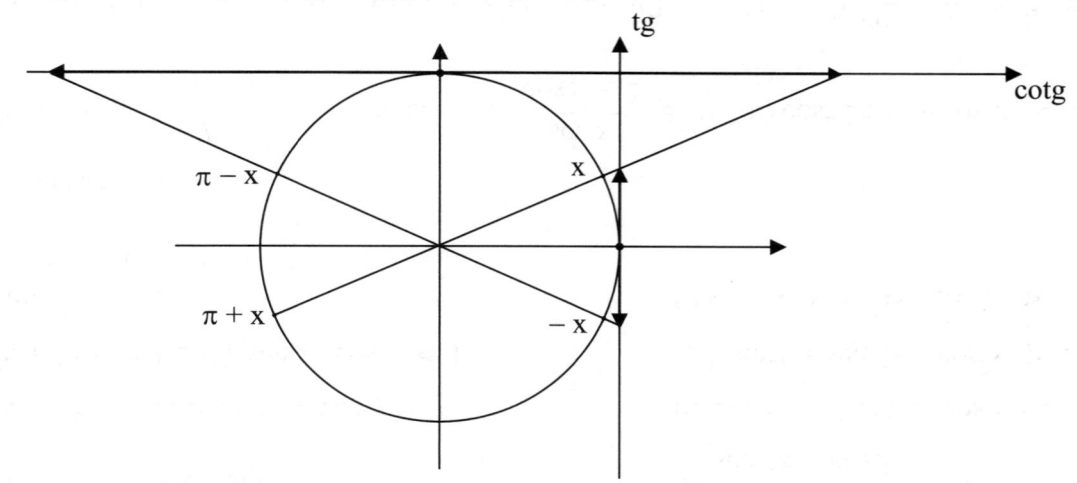

a) tg (– x) = b) cotg (– x) = c) tg (π – x) =

d) cotg(π – x) = e) tg (π + x) = f) cotg (π + x) =

39 Complete com cotg x ou – cotg x :

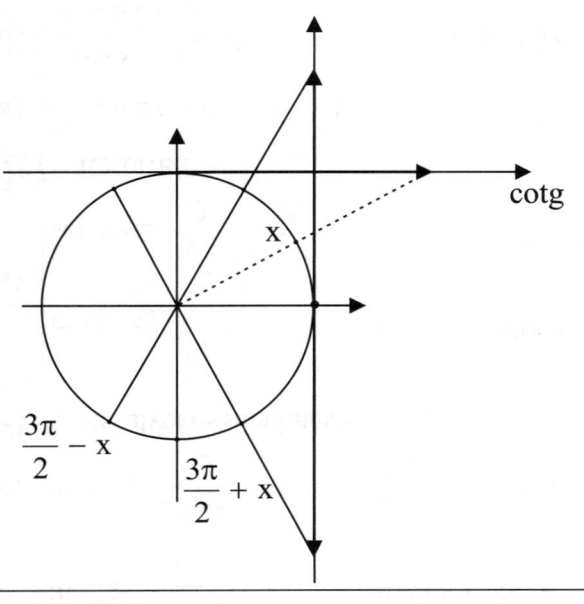

a) $\text{tg}\left(\dfrac{\pi}{2} - x\right) =$

b) $\text{tg}\left(\dfrac{\pi}{2} + x\right) =$

c) $\text{tg}\left(\dfrac{3\pi}{2} - x\right) =$

d) $\text{tg}\left(\dfrac{3\pi}{2} - x\right)$

Resp: **34** a) Faça cos (a + b) = cos [a – (– b)]   b) Faça sen (a + b) = cos $\left[\dfrac{\pi}{2} - (a+b)\right] = \cos\left[\left(\dfrac{\pi}{2} - a\right) - b\right]$

c) Faça sen (a – b) = sen [a + (– b)] e use o item anterior   **35**   a) sen x   b) cos x   c) – sen x   d) – cos x

36   a) – sen x
b) cos x   c) sen x   d) – cos x

$\boxed{265}$ Resolver as seguintes inequações trigonométricas:

a) $\operatorname{sen} x \geq -\dfrac{1}{2}$

b) $\cos x > -\dfrac{\sqrt{2}}{2}$

c) $\operatorname{tg} x \leq \dfrac{\sqrt{3}}{3}$

d) $\cos 2x < \dfrac{1}{2}$

e) $\operatorname{sen} 3x \geq -\dfrac{\sqrt{3}}{2}$

f) $\operatorname{tg} 3x \geq -1$

$\boxed{266}$ Resolver os seguintes sistemas:

a) $\begin{cases} \cos x < \dfrac{\sqrt{3}}{2} \\ \operatorname{sen} x \leq \dfrac{\sqrt{3}}{2} \end{cases}$

b) $\begin{cases} \cos x \geq -\dfrac{\sqrt{2}}{2} \\ \operatorname{tg} x \geq \dfrac{\sqrt{3}}{3} \end{cases}$

c) $\begin{cases} \cos x \geq -\dfrac{1}{2} \\ \cos x < \dfrac{1}{2} \end{cases}$

$\boxed{267}$ Resolver:

a) $\sqrt{3}\ \operatorname{sen} 2x + \cos 2x < 1$

b) $\cos 3x + \sqrt{3}\ \operatorname{sen} 3x < -\sqrt{2}$

c) $\cos 2x + \cos x > 0$

d) $\dfrac{\cos x}{1 + \cos 2x} < 0$

e) $\operatorname{sen} 3x > \cos 3x$

f) $\tan x + 3 \cot x - 4 > 0$

g) $\operatorname{sen}^2 x - \cos^2 x - 3 \operatorname{sen} x + 2 < 0$

h) $2 \operatorname{sen}^2 \dfrac{x}{2} + \cos 2x < 0$

$\boxed{268}$ Resolver:

a) $\tan^3 x + 3 > 3 \tan x + \tan^2 x$

b) $\dfrac{\operatorname{sen} 3x - \cos 3x}{\operatorname{sen} 3x + \cos 3x} < 0$

c) $5 \operatorname{sen}^2 x - 3 \operatorname{sen} x \cdot \cos x - 36 \cos^2 x > 0$

d) $2 \operatorname{sen}^2 x - 4 \operatorname{sen} x \cdot \cos x + 9 \cos^2 x > 0$

e) $\cos^2 x + 3 \operatorname{sen}^2 x + 2\sqrt{3}\ \operatorname{sen} x \cdot \cos x < 1$

f) $3 \operatorname{sen}^2 x + \operatorname{sen} 2x - \cos^2 x \geq 2$

g) $\sqrt{3}\ \cos^{-2} x < 4 \tan x$

h) $\operatorname{sen} 4x + \cos 4x \cdot \cot 2x > 1$

i) $2 + \tan 2x + \cot 2x < 0$

$\boxed{269}$ Resolver:

a) $\operatorname{sen}^6 x + \cos^6 x < \dfrac{7}{16}$

b) $\cot x + \dfrac{\operatorname{sen} x}{\cos x - 2} \geq 0$

c) $\cos^2 2x + \cos^2 x \leq 1$

d) $8 \operatorname{sen}^2 \dfrac{x}{2} + 3 \operatorname{sen} x - 4 > 0$

e) $\operatorname{sen} x + \cos x > \sqrt{2}\ \cos 2x$

f) $\dfrac{\cos^2 2x}{\cos^2 x} > 3 \tan x$

g) $3 \cos^2 x \cdot \operatorname{sen} x - \operatorname{sen}^2 x < \dfrac{1}{2}$

h) $\dfrac{\cos x + 2\cos^2 x + \cos 3x}{\cos x + 2\cos^2 x - 1} > 1$

$\boxed{270}$ Resolver:

a) $|\operatorname{sen} x| < |\cos x|$

b) $|\operatorname{sen} x| > |\cos x|$

c) $|\operatorname{sen} x|\ \cos x > \dfrac{1}{4}$

d) $4 (\operatorname{sen}^2 x - |\cos x|) < 1$

e) $\dfrac{\operatorname{sen} x + \cos x}{\operatorname{sen} x - \cos x} > \sqrt{3}$

f) $\left| \dfrac{\operatorname{sen} x - \cos x}{\operatorname{sex} x + \cos x} \right| \leq 1$

Resp: $\boxed{264}$ a) $\left\{ x \in \mathbf{R}\ |\ -\dfrac{\pi}{3} + k\pi < x < \dfrac{\pi}{3} + k\pi\ ,\ k \in Z \right\}$

b) $\left\{ x \in \mathbf{R}\ |\ -\dfrac{\pi}{6} + k\pi < x < \dfrac{\pi}{4} + k\pi\ \vee\ \dfrac{\pi}{4} + k\pi < x < \dfrac{2\pi}{3} + k\pi\ ,\ k \in Z \right\}$

40 Completar com tg x ou − tg x

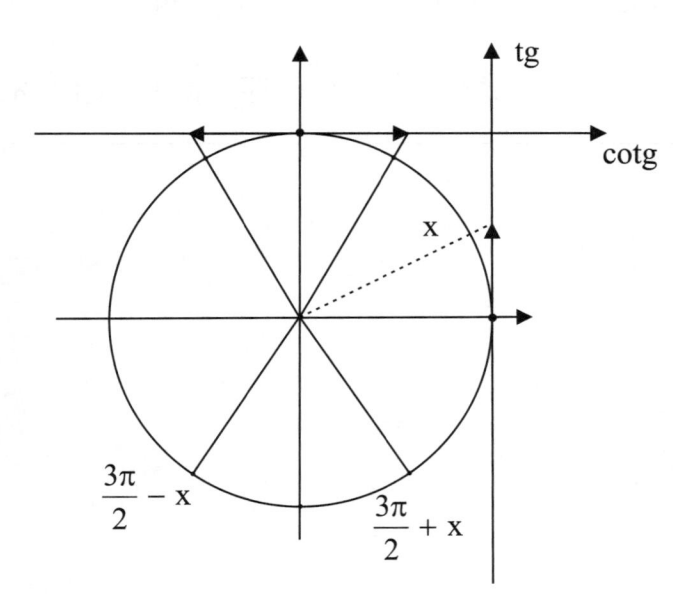

a) $\cotg\left(\dfrac{\pi}{2} - x\right) =$

b) $\cotg\left(\dfrac{\pi}{2} + x\right) =$

c) $\cotg\left(\dfrac{3\pi}{2} - x\right) =$

d) $\cotg\left(\dfrac{3\pi}{2} + x\right) =$

41 Complete com sec x , − sec x , cossec x ou − cossec x

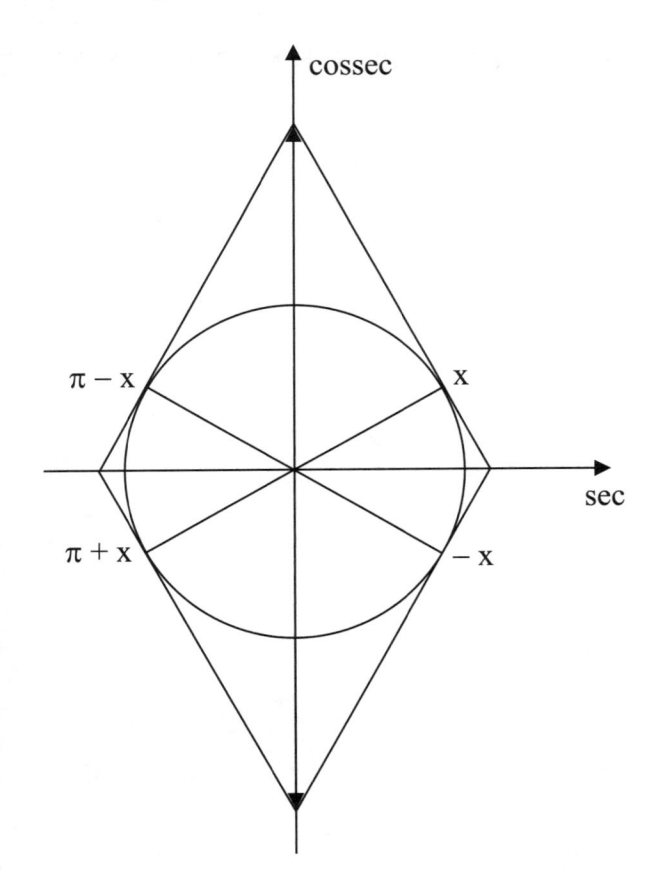

a) $\sec(-x) =$

b) $\cossec(-x) =$

c) $\sec(\pi - x) =$

d) $\cossec(\pi - x) =$

e) $\sec(\pi + x) =$

f) $\cossec(\pi + x) =$

Resp:
37 a) − sen x   b) cos x   c) sen x   d) − cos x   e) − sen x   f) − cos x
38 a) − tg x   b) − cotg x   c) − tg x   d) − cotg x   e) tg x   f) cotg x
39 a) cotg x   b) − cotg x   c) cotg x   d) − cotg x

$\boxed{264}$ Resolver as inequações:

a) $\cos 4x + 5 \cos 2x + 3 > 0$

b) $\cos 4x - \sqrt{3} \,\text{sen}\, 2x + 2 \,\text{sen}\, 2x + \sqrt{3} - 1 > 0$

Resp: $\boxed{263}$ a) $\dfrac{\pi}{3} + 2k\pi \leq x \leq \dfrac{5\pi}{3} + 2k\pi$

b) $-\dfrac{\pi}{6} + 2k\pi < x < \dfrac{\pi}{4} + 2k\pi$ v $\dfrac{3\pi}{4} + 2k\pi < x < \dfrac{7\pi}{6} + 2k\pi$

c) $\dfrac{\pi}{4} + k\pi \leq x < \dfrac{\pi}{2} + k\pi$ v $\dfrac{\pi}{2} + k\pi < x \leq \dfrac{7\pi}{6} + k\pi$

42 Complete com cossec x ou −cossec x

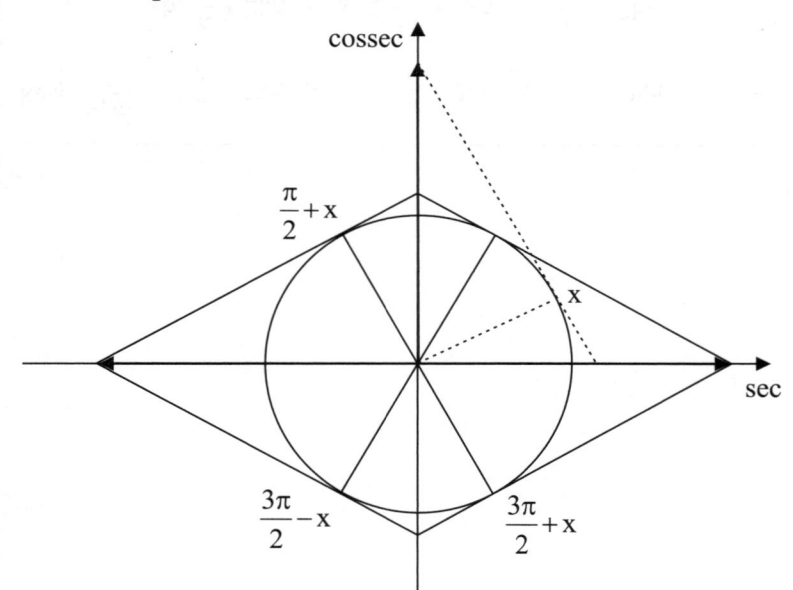

a) $\sec\left(\dfrac{\pi}{2} - x\right) =$

b) $\sec\left(\dfrac{\pi}{2} - x\right) =$

c) $\sec\left(\dfrac{3\pi}{2} - x\right) =$

d) $\sec\left(\dfrac{3\pi}{2} - x\right) =$

43 Completar com sec x ou − sec x

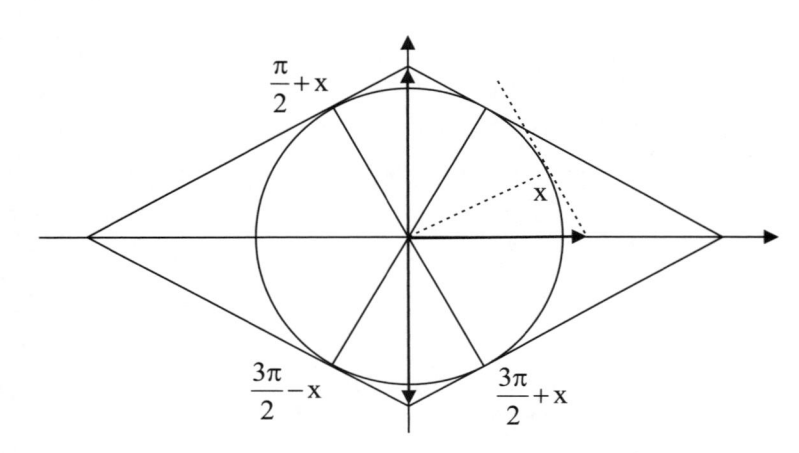

a) $\operatorname{cossec}\left(\dfrac{\pi}{2} - x\right) =$

b) $\operatorname{cossec}\left(\dfrac{\pi}{2} - x\right) =$

c) $\operatorname{cossec}\left(\dfrac{3\pi}{2} + x\right) =$

d) $\operatorname{cossec}\left(\dfrac{3\pi}{2} + x\right) =$

44 Simplicar as expressões:

a) $y = \operatorname{sen}(-x) + \operatorname{sen}(\pi - x) - \operatorname{sen}(\pi + x) + \operatorname{sen}(2\pi - x) + \cos\left(\dfrac{\pi}{2} - x\right) - \cos\left(\dfrac{\pi}{2} + x\right) - \cos\left(\dfrac{3\pi}{2} - x\right) + \cos\left(\dfrac{3\pi}{2} + x\right)$

b) $y = \cos(-x) - \cos(\pi - x) + \cos(\pi + x) + \cos(2\pi - x) + \operatorname{sen}\left(\dfrac{\pi}{2} - x\right) + \operatorname{sen}\left(\dfrac{\pi}{2} + x\right) - \operatorname{sen}\left(\dfrac{3\pi}{2} - x\right) - \operatorname{sen}\left(\dfrac{3\pi}{2} + x\right)$

c) $y = \operatorname{tg}(-x) - \operatorname{tg}(\pi + x) - \operatorname{tg}(\pi - x) + \operatorname{tg}(2\pi - x) + \operatorname{cotg}\left(\dfrac{\pi}{2} - x\right) + \operatorname{cotg}\left(\dfrac{3\pi}{2} - x\right) - \operatorname{cotg}\left(\dfrac{\pi}{2} + x\right) - \operatorname{cotg}\left(\dfrac{3\pi}{2} + x\right)$

Resp: **40** a) tg x b) − tg x c) tg x d) − tg x
       41 a) sec x b) − cossec c) − sec x d) cossec x e) − sec x f) − cossec x

$\boxed{263}$ Resolver as inequações:

a) $2 \cos^2 x - 5 \cos x + 2 \geq 0$

b) $4 \operatorname{sen}^2 x + 2 \operatorname{sen} x - 2\sqrt{2} \operatorname{sen} x - \sqrt{2} < 0$

c) $3 \operatorname{tg}^2 x - 3 \operatorname{tg} x - \sqrt{3} \operatorname{tg} x + \sqrt{3} \geq 0$

Resp: $\boxed{262}$ a) $\dfrac{\pi}{6} + 2k\pi \leq x < \dfrac{2\pi}{3} + 2k\pi \quad v \quad \dfrac{4\pi}{3} + 2k\pi < x \leq \dfrac{11\pi}{6} + 2k\pi$

b) $\dfrac{\pi}{3} + 2k\pi < x \leq \dfrac{3\pi}{4} + 2k\pi \quad v \quad \dfrac{5\pi}{4} + 2k\pi \leq x < \dfrac{5\pi}{3} + 2k\pi$

c) $\dfrac{\pi}{4} + k\pi < x \leq \dfrac{\pi}{3} + k\pi \qquad$ d) $\dfrac{\pi}{6} + k\pi \leq x < \dfrac{\pi}{3} + k\pi \quad v \quad \dfrac{2\pi}{3} + k\pi < x \leq \dfrac{5\pi}{6} + k\pi$

142

45 Simplificar as expressões:

a) $y = \cotg(-x) - \cotg(\pi + x) - \cotg(\pi - x) + \cotg(2\pi - x) + \tg\left(\dfrac{\pi}{2} - x\right) + \tg\left(\dfrac{3\pi}{2} - x\right) - \tg\left(\dfrac{\pi}{2} + x\right) + \tg\left(\dfrac{3\pi}{2} + x\right)$

b) $y = \sec(-x) + \cossec\left(\dfrac{\pi}{2} - x\right) + \sec(\pi - x) + \sec(\pi + x) + \cossec\left(\dfrac{\pi}{2} + x\right) + \cossec\left(\dfrac{3\pi}{2} - x\right) - \cossec\left(\dfrac{3\pi}{2} + x\right)$

c) $y = \cossec(-x) + \cossec(\pi - x) - \cossec(\pi + x) - \sec\left(\dfrac{\pi}{2} + x\right) - \sec\left(\dfrac{3\pi}{2} - x\right) - \sec\left(\dfrac{3\pi}{2} + x\right) - \sec\left(\dfrac{\pi}{2} - x\right)$

46 Simplificar as expressões:

a) $y = \dfrac{\sen x . \cos\left(\dfrac{\pi}{2} - x\right) + \sen(\pi - x) . \sen\left(\dfrac{\pi}{2} + x\right)}{\cos\left(\dfrac{3\pi}{2} + x\right) . \cos x + \cos(\pi + x) . \sen\left(\dfrac{3\pi}{2} + x\right)}$

b) $y = \dfrac{\tg x . \cotg\left(\dfrac{\pi}{2} - x\right) + 2\cotg x . \cotg\left(\dfrac{3\pi}{2} + x\right) + \tg\left(\dfrac{\pi}{2} - x\right)\cotg x}{\tg(\pi + x) . \cotg\left(\dfrac{3\pi}{2} - x\right) + \tg\left(\dfrac{\pi}{2} + x\right) . \cotg(\pi + x)}$

47 Determine o valor de:

a) $\sen 50° . \cos 10° + \sen 10° . \sen 40°$

b) $\cos 75° . \cos 15° + \sen 75° . \cos 75°$

c) $\sen 50° . \cos 5° - \sen 40° . \cos 85°$

d) $\cos 20° . \cos 10° - \cos 70° . \cos 80°$

e) $\dfrac{\tg 100° - \cotg 50°}{1 - \cotg 10° . \tg 40°}$

f) $\dfrac{\cotg 80° . \tg 50° - 1}{\tg 10° + \cotg 40°}$

Resp: **42** a) cossec x b) – cossec x c) – cossec x d) cossec x   **43** a) sec x   b) sec x
c) – sec x   d) – sec x   **44** a) 4 sen x   b) 6 cos x   c) 2 tg x

30

$\boxed{262}$ Resolver os seguintes sistemas:

a)

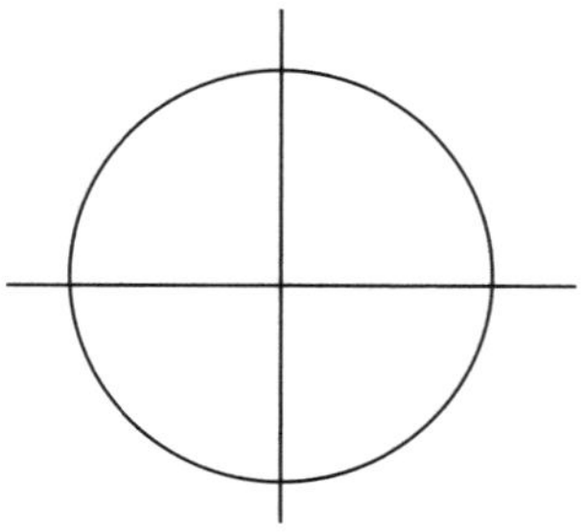

$$\begin{cases} \cos x \leq \dfrac{\sqrt{3}}{2} \\[2mm] \cos x > -\dfrac{1}{2} \end{cases}$$

b)

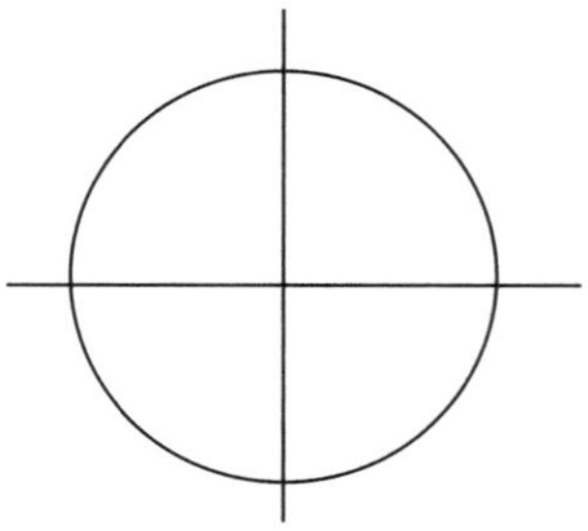

$$\begin{cases} |\operatorname{sen} x| \geq \dfrac{\sqrt{2}}{2} \\[2mm] \cos x < \dfrac{1}{2} \end{cases}$$

c)

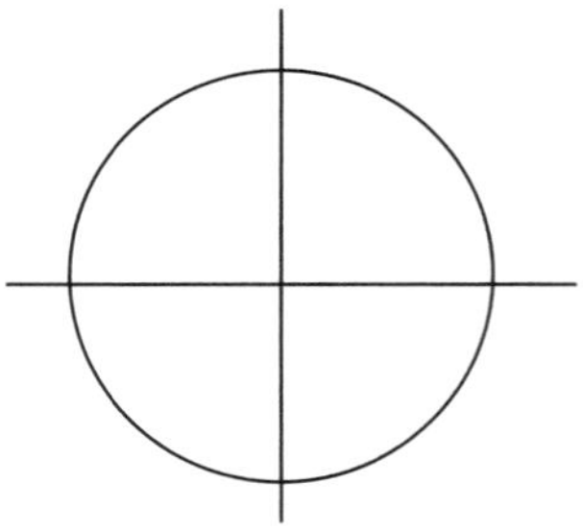

$$\begin{cases} \operatorname{tg} x > 1 \\[2mm] |\operatorname{sen} x| \leq \dfrac{\sqrt{3}}{2} \end{cases}$$

d)

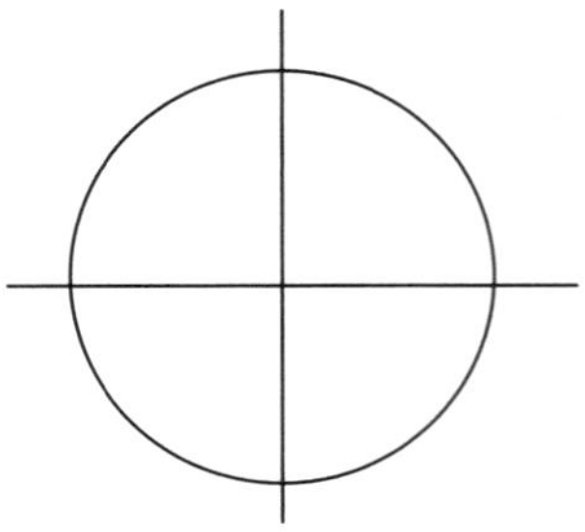

$$\begin{cases} |\cot g\, x| \leq \sqrt{3} \\[2mm] |\cos x| > \dfrac{1}{2} \end{cases}$$

Resp: $\boxed{261}$ a) $\dfrac{2\pi}{3} + k\pi \leq x \leq \dfrac{4\pi}{3} + k\pi$ b) $\dfrac{\pi}{3} + k\pi < x < \dfrac{2\pi}{3} + k\pi$

c) $\dfrac{5\pi}{6} + k\pi \leq x \leq \dfrac{7\pi}{6} + k\pi$ d) $\dfrac{\pi}{3} + k\pi < x < \dfrac{\pi}{2} + k\pi \quad v \quad \dfrac{\pi}{2} + k\pi < x < \dfrac{2\pi}{3} + k\pi$

141

48 Determine y nos casos:

a) $y = 24 \cdot \cos 20° \cdot \cos 40° \cdot \cos 80°$

b) $y = \operatorname{sen} 10° \cdot \operatorname{sen} 30° \cdot \operatorname{sen} 50° \cdot \operatorname{sen} 70°$

c) $y = \dfrac{\sqrt{3}}{\operatorname{sen} 20°} - \dfrac{1}{\cos 20°}$

49 Simplificar a expressão y nos casos:

a) $y = \dfrac{\operatorname{cotg}\dfrac{a}{2} + \operatorname{tg}\dfrac{a}{2}}{\operatorname{cotg}\dfrac{a}{2} - \operatorname{tg}\dfrac{a}{2}}$

b) $y = \dfrac{2}{\operatorname{sen} 4x} - \operatorname{cotg} 2x$

Resp: **45** a) 0   b) – sec x   c) cossec x   **46** a) tg x   b) – cos 2x

47 a) $\dfrac{\sqrt{3}}{2}$ b) $\dfrac{1}{2}$ c) $\dfrac{\sqrt{2}}{2}$ d) $\dfrac{\sqrt{3}}{2}$ e) $\sqrt{3}$ f) $-\dfrac{\sqrt{3}}{3}$

31

261 Resolver:

a) $|\operatorname{sen} x| \leq \dfrac{\sqrt{3}}{2}$

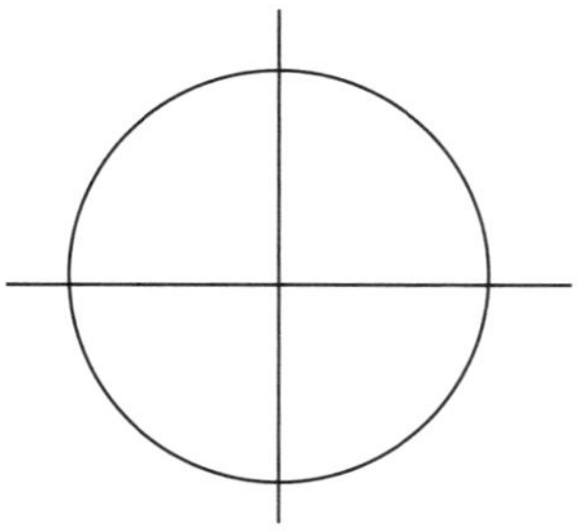

b) $|\cos x| < \dfrac{\sqrt{3}}{2}$

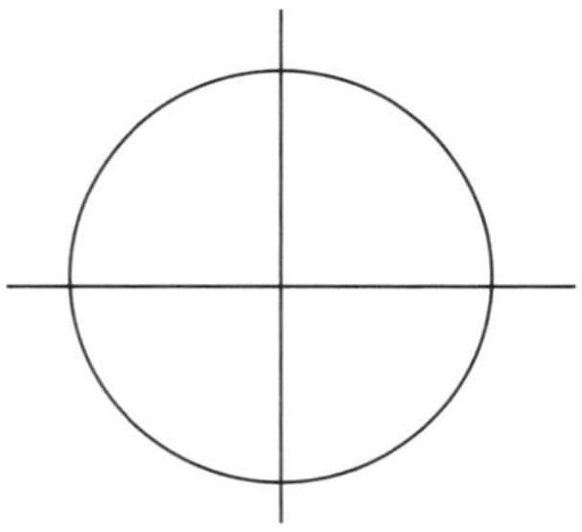

c) $|\operatorname{tg} x| \leq \dfrac{\sqrt{3}}{3}$

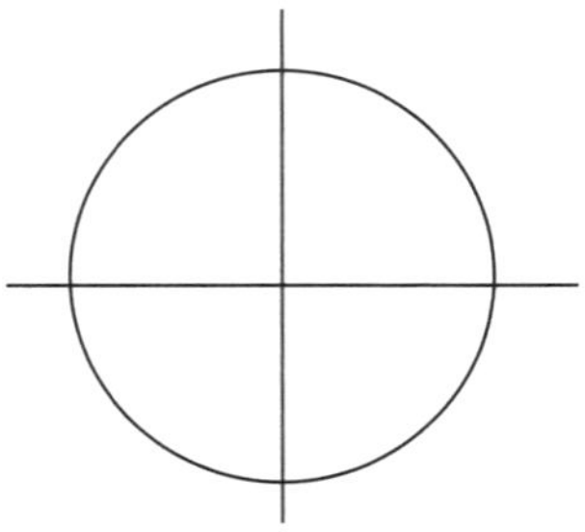

d) $|\operatorname{tg} x| > \sqrt{3}$

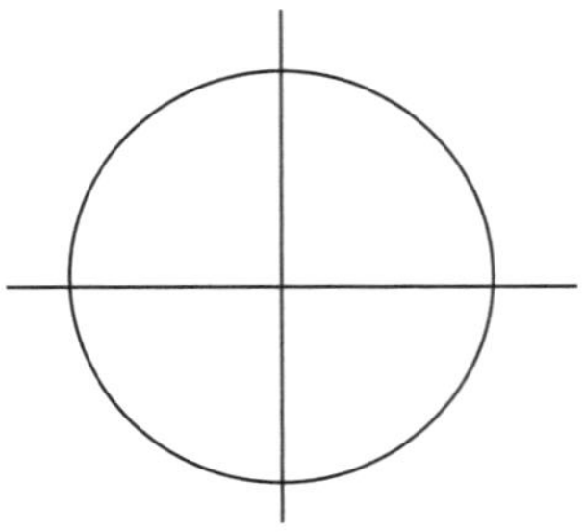

Resp: 260   a) $-\dfrac{5\pi}{4} + 2k\pi \leq x \leq \dfrac{\pi}{4} + 2k\pi$ b) $-\dfrac{\pi}{3} + 2k\pi < x < \dfrac{\pi}{3} + 2k\pi$

c) $\dfrac{\pi}{2} + k\pi < x \leq \dfrac{4\pi}{3} + k\pi$ d) $-\dfrac{\pi}{12} + 2k\pi < x < \dfrac{13\pi}{12} + 2k\pi$

e) $-\dfrac{2\pi}{3} + 2k\pi \leq x \leq \dfrac{2\pi}{3} + 2k\pi$

50 Simplificar:

a) $y = \dfrac{\tg^2\left(\dfrac{\pi}{4}+x\right)-1}{\tg^2\left(\dfrac{\pi}{4}+x\right)+1}$

b) $y = \cotg\left(\dfrac{\pi}{4}-\dfrac{x}{2}\right)\dfrac{1+\cos\left(x-\dfrac{3\pi}{2}\right)}{\sen\left(x-\dfrac{3\pi}{2}\right)}$

c) $y = \dfrac{2\cos^2 x - 1}{2\tg\left(\dfrac{\pi}{4}-x\right)\cdot\sen^2\left(\dfrac{\pi}{4}+x\right)}$

51 a) Mostre que $\tg x \cdot \tg\left(\dfrac{\pi}{3}-x\right)\cdot\tg\left(\dfrac{\pi}{3}+x\right) = \tg 3x$

b) Mostre que $\tg 20° \cdot \tg 40° \cdot \tg 80° = \sqrt{3}$

52 Simplifique a expressão $\cos 4x + 4\cos 2x + 3$

Resp: **48** a) 3 b) $\dfrac{1}{16}$ c) 4 **49** a) sec a b) tg 2x

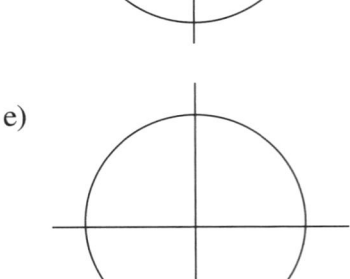

$\boxed{260}$ Resolver as seguintes inequações:

a) $\quad \operatorname{sen} x \leq \dfrac{\sqrt{2}}{2}$

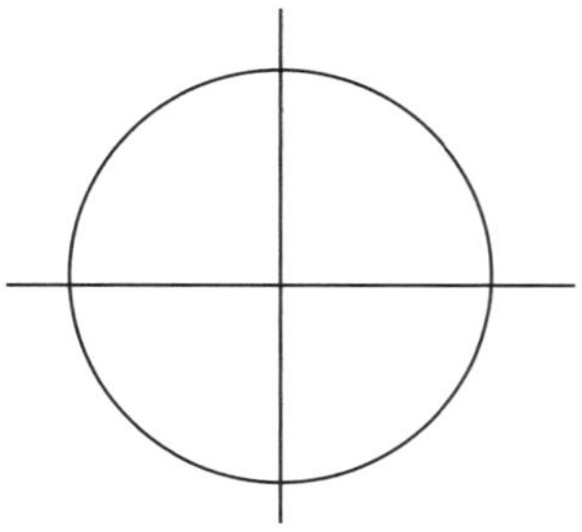

b) $\quad \cos x > \dfrac{1}{2}$

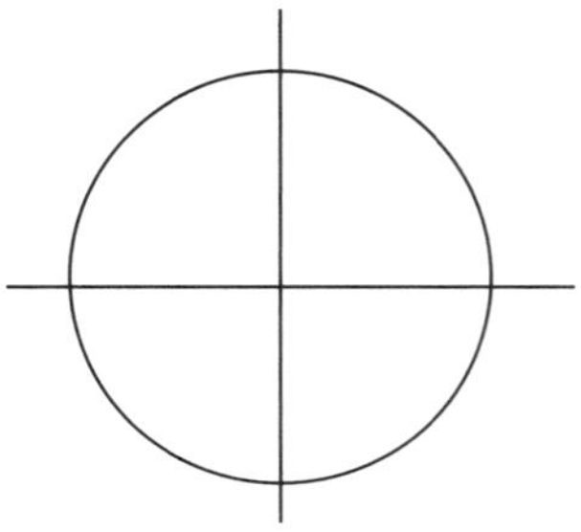

c) $\quad \operatorname{tg} x \leq \sqrt{3}$

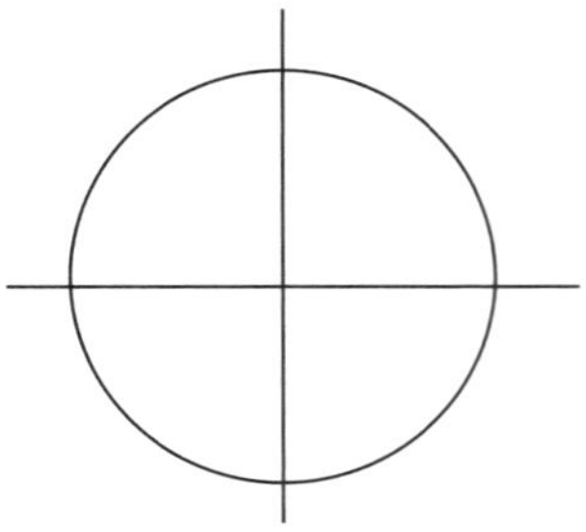

d) $\quad \operatorname{sen} x > \operatorname{sen} \dfrac{13\pi}{12}$

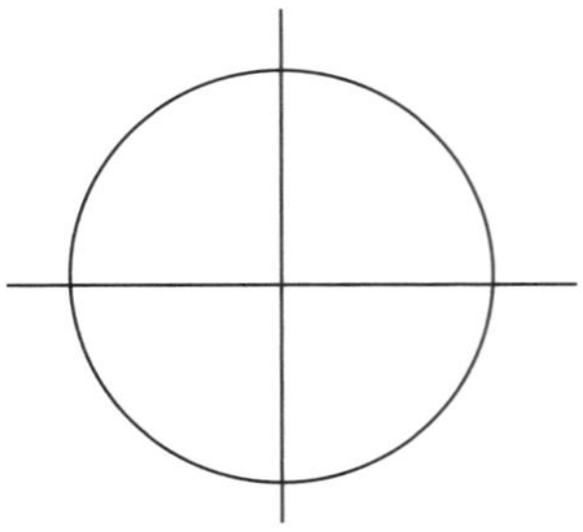

e) $\quad \cos x \geq \cos \dfrac{4\pi}{3}$

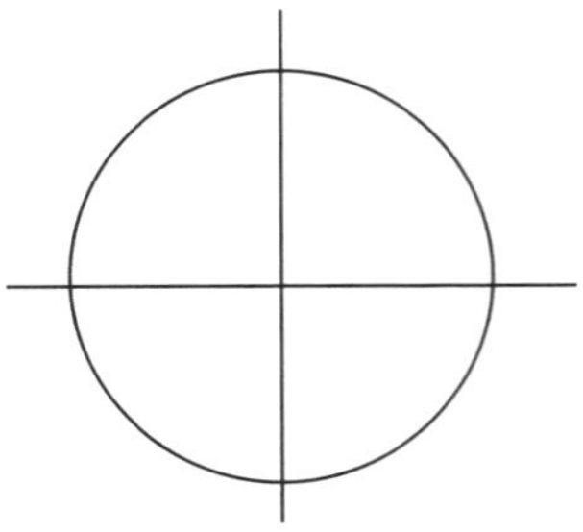

Resp: $\boxed{259}$ a) $S = \left\{ x \in R \mid \dfrac{\pi}{8} + 2k\pi < x < \dfrac{7\pi}{8} + 2k\pi, \, k \in Z \right\}$ 　　b) $\dfrac{5\pi}{11} + 2k\pi \leq x \leq \dfrac{17\pi}{11} + 2k\pi$

c) $\dfrac{3\pi}{14} + k\pi < x < \dfrac{\pi}{2} + k\pi$ 　　　　　　　　d) $k\pi \leq x \leq \dfrac{3\pi}{8} + k\pi$

e) $\dfrac{4\pi}{9} + 2k\pi < x < \dfrac{\pi}{2} + 2k\pi \quad v \quad \dfrac{3\pi}{2} + 2k\pi < x < \dfrac{14\pi}{9} + 2k\pi$

f) $2k\pi < x < \dfrac{5\pi}{12} + 2k\pi \quad v \quad \dfrac{7\pi}{12} + 2k\pi < x < \pi + 2k\pi$

139

53 Mostre que:

a) $\operatorname{tg} 30° + \operatorname{tg} 40° + \operatorname{tg} 50° + \operatorname{tg} 60° = \dfrac{8\sqrt{3} \cdot \cos 20°}{3}$

b) $\operatorname{sen} 70° + 8 \cos 20° \cdot \cos 40° \cdot \cos 80° = 2 \cos^2 10°$

c) $\operatorname{tg} 20° + \operatorname{tg} 40° + \operatorname{tg} 80° - \operatorname{tg} 60° = 8 \operatorname{sen} 40°$

Resp: **50** a) sen 2x   b) 1   c) 1
        b) Faça x = 20° na identidade do item **a**

51 a) Desenvolver as tangentes da soma e diferença
52 $8 \cos^4 x$

EXERCÍCIOS

259 Usando o ciclo trigonométrico para sombrear a solução, resolva as seguintes inequações:

a) 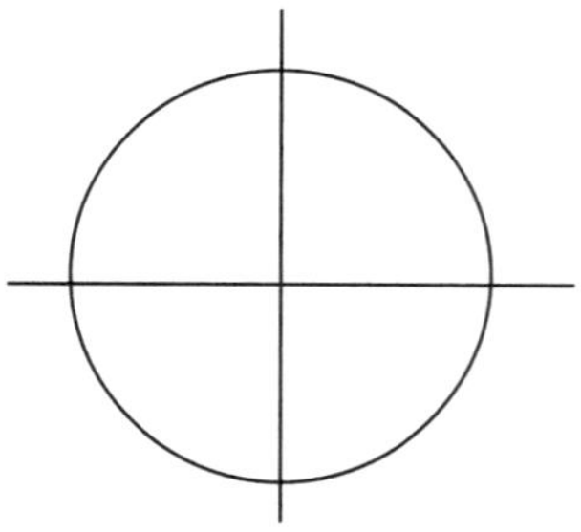 $\operatorname{sen} x > \operatorname{sen} \dfrac{\pi}{8}$

b) 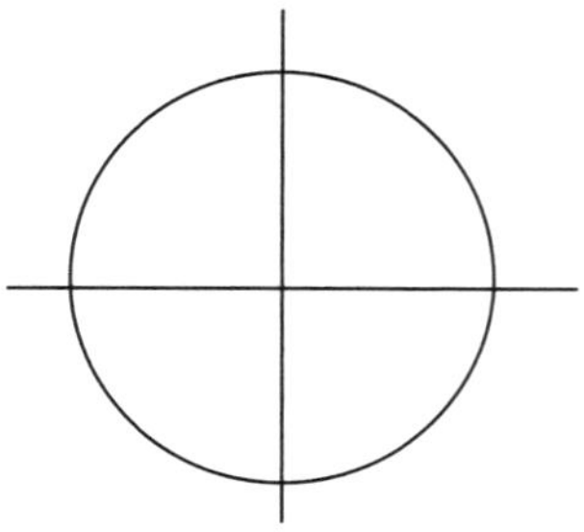 $\cos x \leq \cos \dfrac{5\pi}{11}$

c) 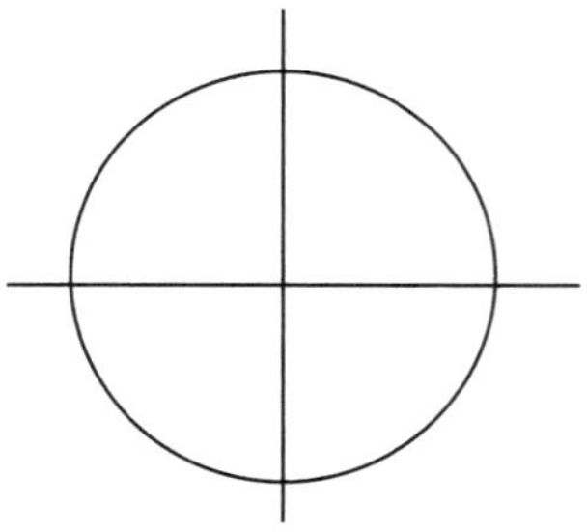 $\operatorname{tg} x > \operatorname{tg} \dfrac{3\pi}{14}$

d) 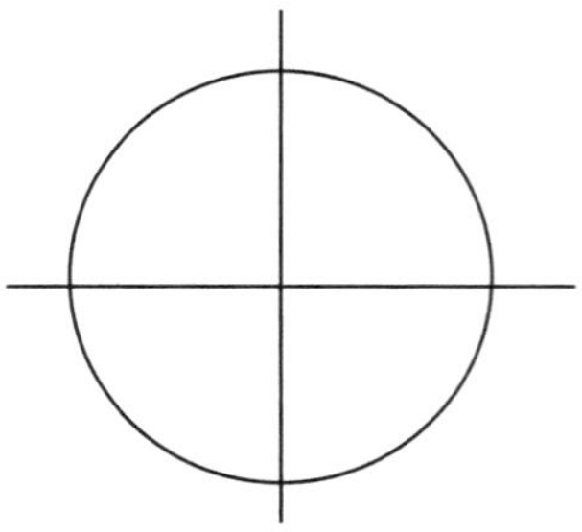 $\operatorname{cotg} x \geq \operatorname{cotg} \dfrac{3\pi}{8}$

e) 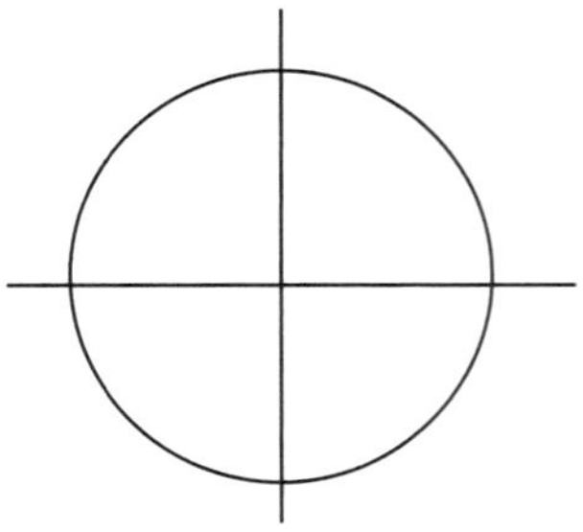 $\sec x > \sec \dfrac{4\pi}{9}$

f) 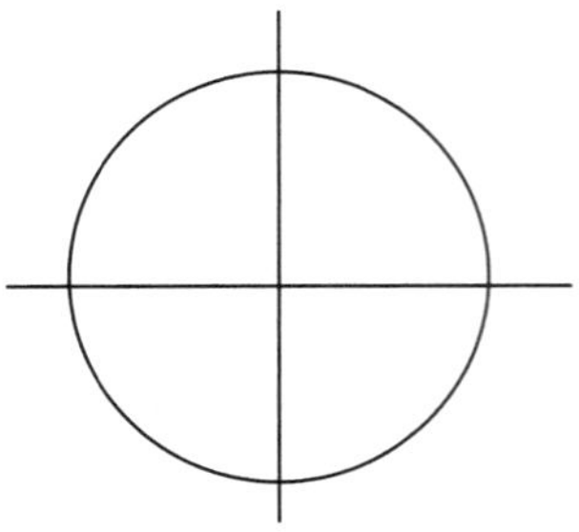 $\operatorname{cossec} x > \operatorname{cossec} \dfrac{4\pi}{9}$

54 Se $\alpha + \beta + \gamma = \pi$, mostre que

a) $\operatorname{sen} \gamma = \operatorname{sen} \alpha \cdot \cos \beta + \operatorname{sen} \beta \cdot \cos \alpha$

b) $\operatorname{tg} \alpha + \operatorname{tg} \beta + \operatorname{tg} \gamma = \operatorname{tg} \alpha \cdot \operatorname{tg} \beta \cdot \operatorname{tg} \gamma$

55 Mostre que

a) $\operatorname{sen} 18° \cdot \cos 36° = \dfrac{1}{4}$

b) Mostre que $\operatorname{sen} 18° = \dfrac{\sqrt{5}-1}{4}$

Exemplo 3: Resolver a inequação $\cot g \geq \sqrt{3}$

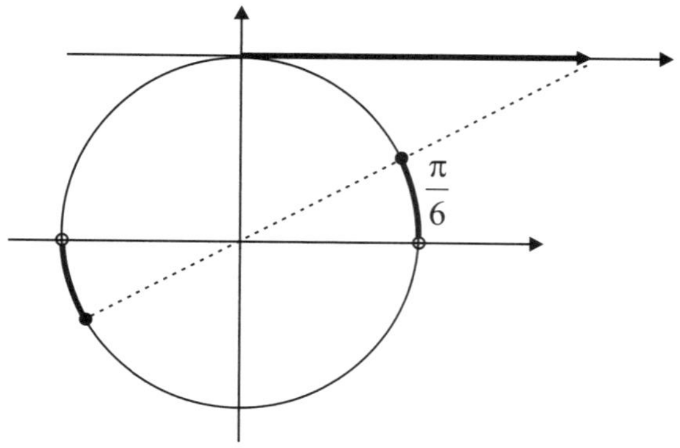

Lembrando que $\cot g \dfrac{\pi}{6} = \sqrt{3}$ e que o período da função $\cot g$ é π, obtemos:

$$s = \left\{ x \in \mathbf{R} \mid k\pi < x < \dfrac{\pi}{6} + k\pi, \, k \in Z \right\}$$

Exemplo 4: Resolver a inequação $4 \operatorname{sen}^2 x + 2 \operatorname{sen} x \leq 2\sqrt{3} \operatorname{sen} x + \sqrt{3}$. Substituindo $\operatorname{sen} x$ por y obtemos:

$4y^2 + 2y \leq 2\sqrt{3} \, y + \sqrt{3} \quad \Leftrightarrow \quad 2y \, (2y + 1) \leq \sqrt{3} \, (2y + 1) \Leftrightarrow$

$2y \, (2y + 1) - \sqrt{3} \, (2y + 1) \leq 0 \quad \Leftrightarrow \quad (2y + 1) \, (2y - \sqrt{3}) \leq 0$

$(2y + 1) \, (2y - \sqrt{3}) = 0 \quad \Leftrightarrow \quad y = -\dfrac{1}{2} \text{ v } y = \dfrac{\sqrt{3}}{2}$

$(2y + 1) \, (2y - \sqrt{3}) \leq 0 \Leftrightarrow \quad -\dfrac{1}{2} \leq y \leq \dfrac{\sqrt{3}}{2} \quad \Leftrightarrow$

$\Leftrightarrow \boxed{-\dfrac{1}{2} \leq \operatorname{sen} x \leq \dfrac{\sqrt{3}}{2}}$

Vamos sombrear no ciclo trigonométrico as extremidade dos arcos que satisfazem esta desigualdade e tirar daí a resposta.
Da solução sombreada tiramos:

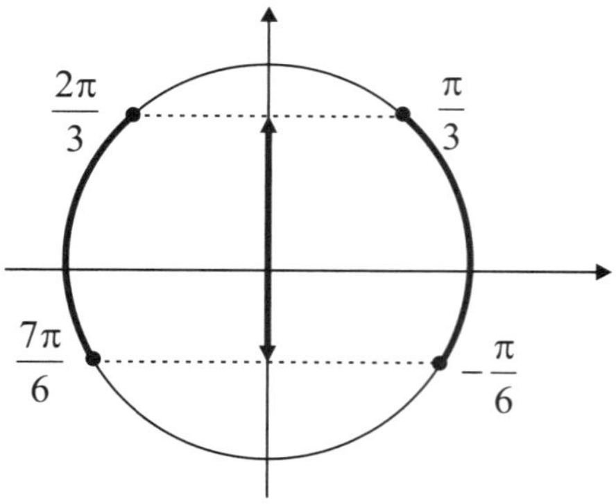

$$S = \left\{ x \in \mathbf{R} \mid -\dfrac{\pi}{6} + 2k\pi \leq x \leq \dfrac{\pi}{3} + 2k\pi \quad \text{v} \right.$$

$$\left. \dfrac{2\pi}{3} + 2k\pi \leq x \leq \dfrac{7\pi}{6} + 2k\pi \,, \, k \in Z \right\}$$

Exemplo 5: Resolver a inequação $|\cos x| > \dfrac{\sqrt{2}}{2}$. Então

Lembre-se de que $|\cos x| > \dfrac{\sqrt{2}}{2} \Leftrightarrow \cos x < -\dfrac{\sqrt{2}}{2} \text{ v } \cos x > \dfrac{\sqrt{2}}{2}$

Da solução sombreada tiramos:

$$S = \left\{ x \in \mathbf{R} \mid \dfrac{3\pi}{4} + k\pi < x < \dfrac{5\pi}{4} + k\pi \,, \, k \in Z \right\}$$

Podemos também escrever o conjunto-solução:

$$S = \left\{ x \in \mathbf{R} \mid -\dfrac{\pi}{4} + k\pi < x < \dfrac{\pi}{4} + k\pi \,, \, k \in Z \right\}$$

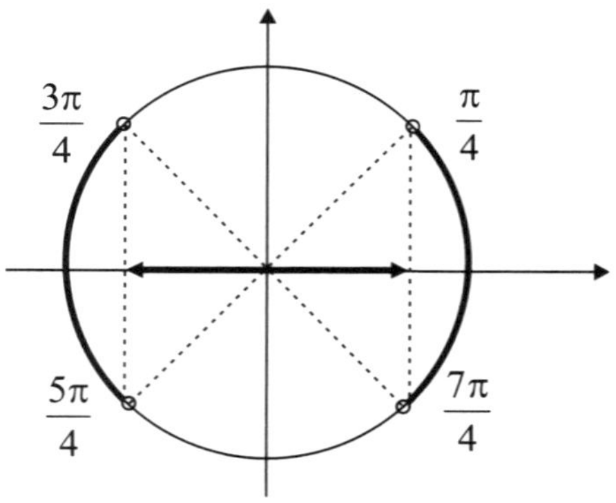

56 Determine sen 15°, cos 75°, cos 105°, sen 165°, sen 195°, cos 255°, cos 285° e sen 345°.

57 Determine:
a) cossec 75° b) tg 105° c) cotg 75°

58 Determine sen $(\alpha - \beta)$ nos caos:

a) $\text{sen }\alpha = \dfrac{4}{5}$, $\cos\beta = \dfrac{3}{5}$, $0 < \alpha < \dfrac{\pi}{2}$ e $\dfrac{3\pi}{2} < \beta < 2\pi$

b) $\cos\left(\dfrac{\pi}{2}-\alpha\right)=\dfrac{5}{13}$, $\text{sen}\left(\dfrac{\pi}{2}-\beta\right)=\dfrac{3}{5}$, $\dfrac{\pi}{2}<\alpha<\pi$ e $0<\beta<\dfrac{\pi}{2}$

59 Determine $\cos(x+y)$ nos casos:

a) $\text{sen }x = \dfrac{3}{5}$, $\text{sen }y = \dfrac{8}{17}$, $0 < x < \dfrac{\pi}{2}$ e $\dfrac{\pi}{2} < y < \pi$

b) $\text{sen}(90°-x) = \dfrac{4}{5}$, $\text{sen}(90-y) = \dfrac{15}{17}$, $0 < x < \dfrac{\pi}{2}$ e $\dfrac{3\pi}{2} < y < 2\pi$

60 Determine $\text{tg}(x-y)$ nos casos:

a) $\cot x = \dfrac{1}{4}$ e $\cot y = \dfrac{5}{6}$

b) $\cos\left(\dfrac{\pi}{2}-x\right)=-\dfrac{12}{13}$, $\text{sen}\left(\dfrac{\pi}{2}-y\right)=\dfrac{5}{13}$, $\dfrac{3\pi}{2}<x<2\pi$ e $0<y<\dfrac{\pi}{2}$

61 Determine:

a) $\text{sen}(30°-\alpha)$ sabendo que $\text{tg }\alpha = \dfrac{3}{4}$ e $180° < \alpha < 270°$

b) $\cos(30°-\alpha)$ sabendo que $\cot\alpha = \dfrac{\sqrt{7}}{3}$ e $180° < \alpha < 270°$

c) $\text{tg}(45°+\alpha)$ sabendo que $\cos\alpha = \dfrac{3}{5}$ e $\dfrac{3\pi}{2} < \alpha < 2\pi$

62 Determine:

a) $\cos\beta$ sabendo que $\cos\alpha = \dfrac{3}{5}$, $\cos(\alpha+\beta)=0$, $0° < \alpha < 90°$ e $180° < \beta < 270°$

b) $\text{sen }\beta$ sabendo que $\text{sen }\alpha = -\dfrac{7}{25}$, $\text{tg}(\alpha-\beta)=\dfrac{1}{2}$, $180° < \alpha < 270°$ e $90° < \beta < 180°$

63 Resolver:

a) Dois ângulos de um triângulo têm cossenos $\dfrac{21}{29}$ e $\dfrac{4}{5}$. Determine o seno do ângulo externo adjacente ao terceiro ângulo interno.

b) Dois ângulos de um triângulo têm senos $\dfrac{5}{13}$ e $\dfrac{99}{101}$. Determine o cosseno do terceiro ângulo desse triângulo.

Exemplo: Resolver a inequação $\tan x < \tan \dfrac{4\pi}{9}$

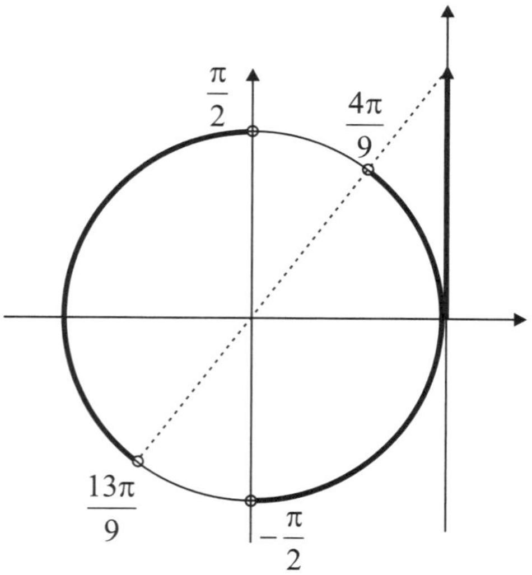

Como resposta podemos escolher qualquer uma das seguintes:

$$S = \left\{ x \in \mathbf{R} \mid \frac{\pi}{2} + k\pi < x < \frac{13\pi}{9} + k\pi \quad , \ k \in Z \right\}$$

$$S = \left\{ x \in \mathbf{R} \mid \frac{3\pi}{2} + k\pi < x < \frac{22\pi}{9} + k\pi \quad , \ k \in Z \right\}$$

$$S = \left\{ x \in \mathbf{R} \mid -\frac{\pi}{2} + k\pi < x < \frac{4\pi}{9} + k\pi \quad , \ k \in Z \right\}$$

Obs: Baseando-se nos casos anteriores pode-se obter as soluções das inequações $\cot x > \cot\alpha$, $\sec x > \sec\alpha$, etc .

Exemplo 1: Resolver a inequação $\dfrac{1}{2} < \operatorname{sen} x \leq \dfrac{\sqrt{3}}{2}$

Vamos primeiramente indicar a solução no ciclo trigonométrico.

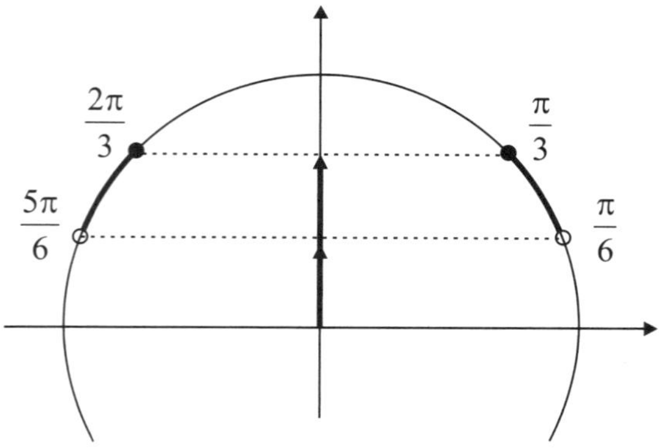

Solução em $[\, 0 \, , 2\pi \,]$:

$$S = \left\{ x \in \mathbf{R} \mid \frac{\pi}{6} < x \leq \frac{\pi}{3} \ \text{v} \ \frac{2\pi}{3} \leq x < \frac{5\pi}{6} \right\}$$

Solução em $\mathbf{R}$:

$$S = \left\{ x \in \mathbf{R} \mid \frac{\pi}{6} + 2k\pi < x \leq \frac{\pi}{3} + 2k\pi \ \text{v} \ \frac{2\pi}{3} + 2k\pi \leq x < \frac{5\pi}{6} + 2k\pi \, , \ k \in Z \right\}$$

Exemplo 2: Resolver o sistema $\begin{cases} \cos x < \dfrac{\sqrt{3}}{2} \\[2mm] -\dfrac{\sqrt{3}}{2} < \operatorname{sen} x \leq \dfrac{\sqrt{3}}{2} \end{cases}$

$$S = \left\{ x \in \mathbf{R} \mid \frac{\pi}{6} + 2k\pi < x \leq \frac{\pi}{3} + 2k\pi \ \text{v} \right.$$

$$\frac{2\pi}{3} + 2k\pi \leq x < \frac{4\pi}{3} + 2k\pi \ \text{v}$$

$$\left. \frac{5\pi}{3} + 2k\pi < x < \frac{11x}{6} + 2k\pi , k \in Z \right\}$$

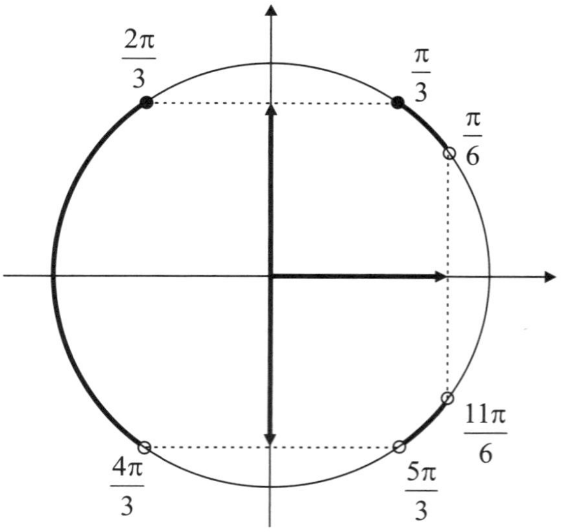

64 Determine:

a) $\dfrac{\cotg 78° - \cotg 303°}{1 - \tg 192° \cdot \cotg 237°}$

b) $\dfrac{\tg 225° - \cotg 81° \cdot \cotg 69°}{\cotg 261° + \tg 201°}$

65 Determine $\dfrac{\sen\dfrac{7\pi}{30}\cos\dfrac{4\pi}{15} + \cos\dfrac{7\pi}{30}\sen\dfrac{4\pi}{15}}{\sen\dfrac{7\pi}{12}\cos\dfrac{5\pi}{12} - \cos\dfrac{7\pi}{12}\sen\dfrac{5\pi}{12}}$

66 Determine:

a) $\dfrac{\left(\sen\dfrac{4\pi}{9}\cos\dfrac{\pi}{9} - \sen\dfrac{\pi}{18}\cos\dfrac{7\pi}{18}\right)\left(1 + \tg\dfrac{5\pi}{12}\tg\dfrac{\pi}{12}\right)}{\tg\dfrac{5\pi}{12} - \tg\dfrac{\pi}{12}}$

b) $\dfrac{\left(\cotg\dfrac{\pi}{8} - \tg\dfrac{\pi}{8}\right)\left(\cotg\dfrac{5\pi}{18} + \tg\dfrac{\pi}{9}\right)\left(1 - \tg\dfrac{\pi}{12}\right)}{\left(1 + \tg\dfrac{3\pi}{8}\tg\dfrac{\pi}{8}\right)\left(1 - \tg\dfrac{2\pi}{9}\tg\dfrac{\pi}{9}\right)\left(1 - \tg\dfrac{\pi}{12}\right)}$

67 Mostre que:

a) $\sen(\alpha + \beta + \gamma) = \sen\alpha \cdot \cos\beta \cdot \cos\gamma + \cos\alpha \cdot \sen\beta \cdot \cos\gamma + \cos\alpha \cdot \cos\beta \cdot \sen\gamma - \sen\alpha \cdot \sen\beta \cdot \sen\gamma$

b) $\cos(\alpha + \beta + \gamma) = \cos\alpha \cdot \cos\beta \cdot \cos\gamma - \sen\alpha \cdot \sen\beta \cdot \cos\gamma - \sen\alpha \cdot \cos\beta \cdot \sen\gamma - \cos\alpha \cdot \sen\beta \cdot \sen\gamma$

c) $\tg(\alpha + \beta + \gamma) = \dfrac{\tg\alpha + \tg\beta + \tg\gamma - \tg\alpha \cdot \tg\beta \cdot \tg\gamma}{1 - \tg\alpha \cdot \tg\beta - \tg\beta \cdot \tg\gamma - \tg\alpha \cdot \tg\gamma}$

68 Simplifique as expressões nos casos:

a) $\sen^2(30° - \alpha) + \sen^2(30° + \alpha) - \sen^2\alpha$

b) $\cos^2(30° - \alpha) + \cos^2(\alpha + 30°) + \sen^2\alpha$

c) $\cos^2(60° + \alpha) + \cos^2(\alpha - 60°) + \cos^2\alpha$

d) $\sen^2\alpha + \sen^2(120° + \alpha) + \sen^2(\alpha - 120°)$

e) $\tg\alpha \cdot \tg\beta + (\tg\alpha + \tg\beta)\cotg(\alpha + \beta)$

f) $\tg(45° + \alpha) - \dfrac{1 + \tg\alpha}{1 - \tg\alpha}$

g) $(\tg\alpha - \tg\beta)\cotg(\alpha - \beta) - \tg\alpha \cdot \tg\beta$

Resp: **56** $\sen 15° = \cos 75° = \sen 165° = \cos 285° = \dfrac{\sqrt{6} - \sqrt{2}}{4}$, $\cos 105° = \sen 195° = \cos 255° = \sen 345° = \dfrac{\sqrt{2} - \sqrt{6}}{4}$

57 a) $\sqrt{6} - \sqrt{2}$ b) $-\sqrt{3} - 2$ c) $2 - \sqrt{3}$ **58** a) $\dfrac{24}{25}$ b) $\dfrac{63}{65}$

59 a) $-\dfrac{84}{85}$ b) $\dfrac{84}{85}$ **60** a) $\dfrac{14}{29}$ b) $\dfrac{120}{119}$ **61** a) $\dfrac{3\sqrt{3} - 4}{10}$ b) $\dfrac{\sqrt{21} - 3}{8}$ c) $-\dfrac{1}{7}$

62 a) $-\dfrac{4}{5}$ b) $\dfrac{2\sqrt{5}}{25}$ **63** a) $\dfrac{143}{145}$ b) $\dfrac{255}{1313}$ ou $\dfrac{735}{1313}$

36

6) Inequação $\quad \text{tg } x > \text{tg } \alpha \quad$, com $\quad 0 < \alpha < \dfrac{\pi}{2}$

Para resolvermos esta inequação nos baseamos no fato de que a função tangente tem período π e que $\text{tg } \alpha = \text{tg }(\pi + \alpha)$.

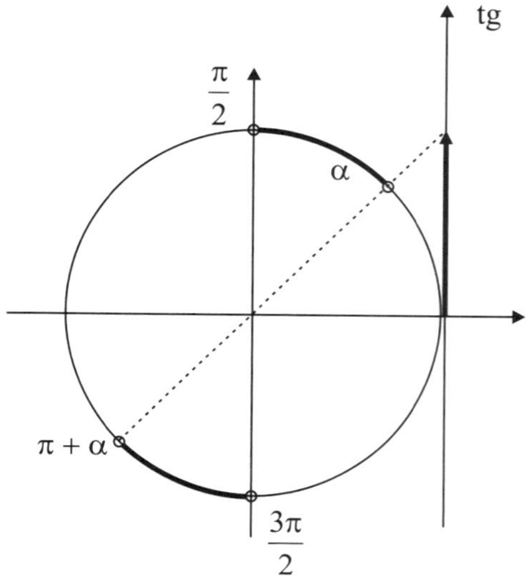

No intervalo $\left[0, \dfrac{\pi}{2}\right[$ temos:

$$\text{tg } x > \text{tg } \alpha \quad \Leftrightarrow \quad \alpha < x < \dfrac{\pi}{2}$$

O conjunto das soluções do intervalo $[0, 2\pi]$ é:

$$\left\{ x \in \mathbf{R} \mid \alpha < x < \dfrac{\pi}{2} \text{ v } \pi + \alpha < x < \dfrac{3\pi}{2}, k \in Z \right\}$$

Em $\mathbf{R}$ teremos:

$$\boxed{\text{tg } x > \text{tg } \alpha \quad \Leftrightarrow \quad \alpha + k\pi < x < \dfrac{\pi}{2} + k\pi}$$

Exemplo: Resolver a inequação $\quad \text{tg } x > \text{tg } \dfrac{2\pi}{5}$

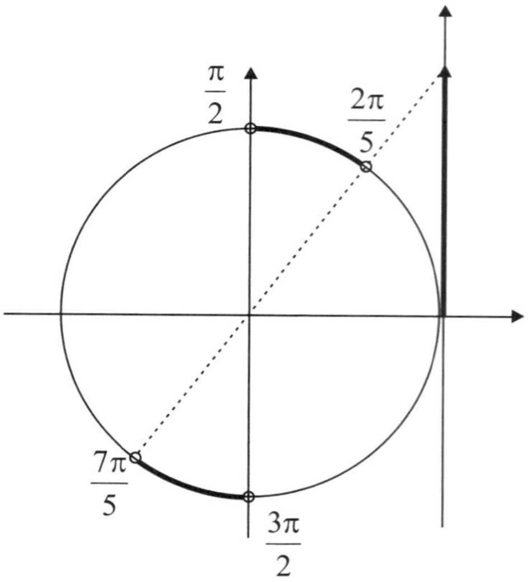

O conjunto das soluções, contido em $\left[0, \dfrac{\pi}{2}\right[$ é

$$\left\{ x \in \mathbf{R} \mid \dfrac{2\pi}{5} < x < \dfrac{\pi}{2} \right\}$$

O conjunto das soluções, contido em $[0, 2\pi]$ é

$$\left\{ x \in \mathbf{R} \mid \dfrac{2\pi}{5} < x < \dfrac{\pi}{2} \text{ v } \dfrac{7\pi}{5} < x < \dfrac{3\pi}{2} \right\}$$

Em $\mathbf{R}$ teremos:

$$S = \left\{ x \in \mathbf{R} \mid \dfrac{2\pi}{5} + k\pi < x < \dfrac{\pi}{2} + k\pi \ , \ k \in Z \right\}$$

7) Inequação $\quad \text{tg } x < \text{tg } \alpha \quad$, com $\quad 0 < \alpha < \dfrac{\pi}{2}$

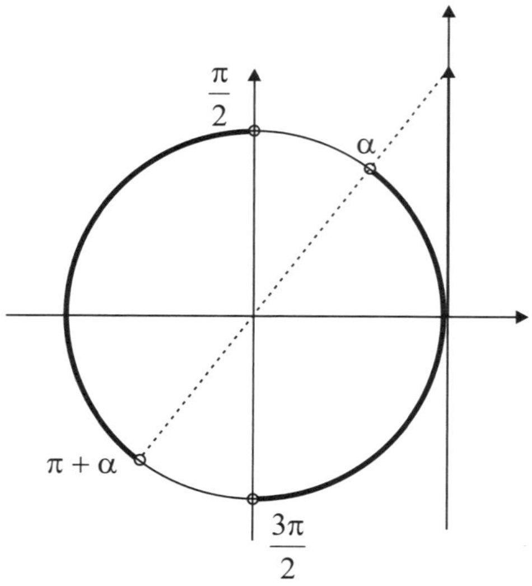

Podemos escrever o intervalo dos valores de x de vários modos, igualmente simples:

$$\text{tg } x < \text{tg } \alpha \quad \Leftrightarrow \quad \dfrac{\pi}{2} + k\pi < x < (\pi + \alpha) + k\pi$$

$$\text{tg } x < \text{tg } \alpha \quad \Leftrightarrow \quad \dfrac{3\pi}{2} + k\pi < x < (2\pi + \alpha) + k\pi$$

$$\boxed{\text{tg } x < \text{tg } \alpha \quad \Leftrightarrow \quad -\dfrac{\pi}{2} + k\pi < x < \alpha + k\pi}$$

69 Mostre que:

a) $\operatorname{sen} 15° + \operatorname{tg} 30° \cdot \cos 15° = \dfrac{\sqrt{6}}{3}$

b) $\cos \alpha + \sqrt{3}\, \operatorname{sen} \alpha = 2 \operatorname{sen}(30° + \alpha)$

c) $\operatorname{sen} x - \sqrt{3} \cos x = 2 \operatorname{sen}(x - 60°)$

d) $\cos x - \operatorname{sen} x = \sqrt{2} \cos(x + 45°)$

70 Mostre que:

a) $\operatorname{sen}(a+b) \operatorname{sen}(a-b) = \operatorname{sen}^2 a - \operatorname{sen}^2 b$

b) $\cos(a+b) \cos(a-b) = \cos^2 a - \operatorname{sen}^2 b$

c) $\operatorname{sen} 2a + \cos 2a \cdot \operatorname{cotg} a = \operatorname{cotg} a$

d) $\operatorname{sen} 2a - \cos 2a \cdot \operatorname{tg} a = \operatorname{tg} a$

e) $\dfrac{\operatorname{sen}(a+b)}{\cos a \cdot \cos b} = \operatorname{tg} a + \operatorname{tg} b$

f) $\dfrac{\operatorname{sen}(a-b)}{\cos a \cdot \cos b} = \operatorname{tg} a - \operatorname{tg} b$

g) $\dfrac{\operatorname{tg} a + \operatorname{cotg} b}{\operatorname{cotg} b - \operatorname{tg} a} = \dfrac{\cos(a-b)}{\cos(a+b)}$

h) $\dfrac{\cos(a+b)}{\cos a \cdot \cos b} = 1 - \operatorname{tg} a \cdot \operatorname{tg} b$

71 Deduzir as fórmulas de $\operatorname{sen} x$, $\cos x$ e $\operatorname{tg} x$ em função de $\operatorname{tg} \dfrac{x}{2}$

72 Dado $\cos a = \dfrac{3}{5}$ e $0° < a < 90°$, determine:

a) $\operatorname{sen} 2a$ b) $\cos 2a$ c) $\operatorname{tg} 2a$

73 Dado $\operatorname{tg} a = 1 - \sqrt{2}$, determine

a) $\operatorname{sen} 2a$ b) $\cos 2a$ c) $\operatorname{tg} 2a$

74 Se $\cos \dfrac{\alpha}{2} = -\dfrac{15}{17}$ e $\operatorname{sen} \dfrac{\alpha}{2} > 0$, determine

a) $\operatorname{sen} \alpha$ b) $\cos \alpha$ c) $\operatorname{tg} \alpha$

75 Se $\operatorname{tg} \dfrac{\alpha}{2} = -\dfrac{5}{12}$ determine $\operatorname{sen} \alpha$ e $\cos \alpha$

76 Determine:

a) $\dfrac{\operatorname{sen} a}{3 - 2\cos a}$ sabendo que $\operatorname{tg} \dfrac{a}{2} = 2$

b) $\dfrac{\operatorname{tg} a + \operatorname{sen} a}{\operatorname{tg} a - \operatorname{sen} a}$ sabendo que $\operatorname{tg} \dfrac{a}{2} = \dfrac{2}{15}$

c) $\operatorname{sen} 4a$ sabendo que $\operatorname{tg} a = 3$

d) $\cos 4a$ sabendo que $\operatorname{cotg} a = \dfrac{1}{2}$

77 Mostre que $\operatorname{sen} 10° \cdot \operatorname{sen} 50° \cdot \operatorname{sen} 70° = \dfrac{1}{8}$

Resp: **64** a) 1 b) $\sqrt{3}$ **65** 2   **66** a) $\dfrac{1}{2}$ b) 1

68 a) $\dfrac{1}{2}$ b) $\dfrac{3}{2}$ c) $\dfrac{3}{2}$ d) $\dfrac{3}{2}$ e) 1 f) 0 g) 1

Exemplo: Resolver a inequação $\cos x < \cos \dfrac{2\pi}{11}$

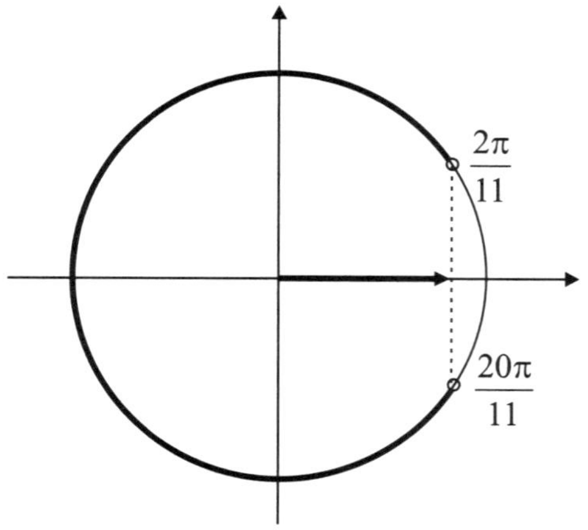

Note que $2\pi - \dfrac{2\pi}{11} = \dfrac{20\pi}{11}$

No intervalo $[\,0\,,2\pi\,]$ temos:

$$\cos x \;<\; \cos\dfrac{2\pi}{11} \quad\Leftrightarrow\quad \dfrac{2\pi}{11} \;<\; x \;<\; \dfrac{20\pi}{11}$$

Em $\mathbf{R}$ teremos:

$$\cos x \;<\; \cos\dfrac{2\pi}{11} \quad\Leftrightarrow\quad \dfrac{2\pi}{11}+2k\pi \;<\; x \;<\; \dfrac{20\pi}{11}+2k\pi$$

$$S=\left\{x\in \mathbf{R}\mid \dfrac{2\pi}{11}+2k\pi \;<\; x \;<\; \dfrac{20\pi}{11}+2k\pi \;,\;\; k\in Z\right\}$$

5) Inequação $\cos x > \cos \alpha$, com $0 < \alpha < \pi$

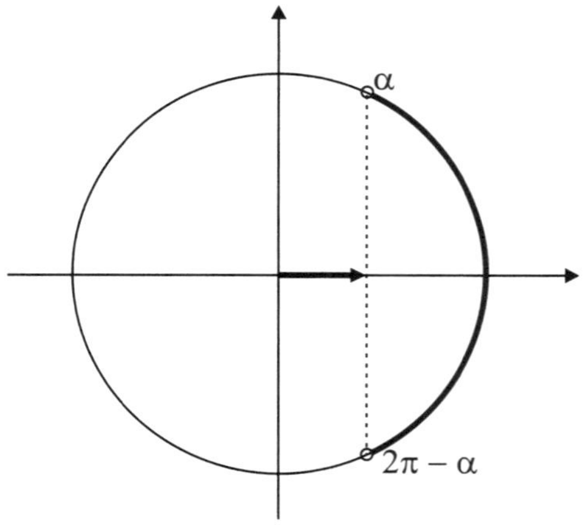

No intervalo $[\,0\,,2\pi\,]$ temos:

$$\cos x \;>\; \cos\alpha \quad\Leftrightarrow\quad 0<x<\alpha \quad \mathrm{v} \quad 2\pi-\alpha \;<\; x \leq 2\pi$$

Em $\mathbf{R}$ podemos fazer:

$$2k\pi \leq x \;<\; \alpha+2k\pi \quad \mathrm{v} \quad (2\pi-\alpha)+2k\pi \;<\; x \;<\; 2\pi+2k\pi$$

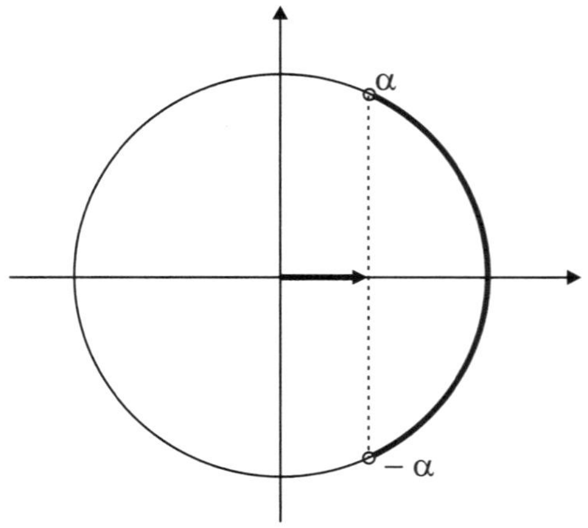

Mas é mais simples fazermos:

$$\boxed{\cos x \;>\; \cos\alpha \quad\Leftrightarrow\quad -\alpha+2k\pi \;<\; x \;<\; \alpha+2k\pi}$$

Exemplo: Resolver a inequação $\cos x \;>\; \cos\dfrac{3\pi}{7}$

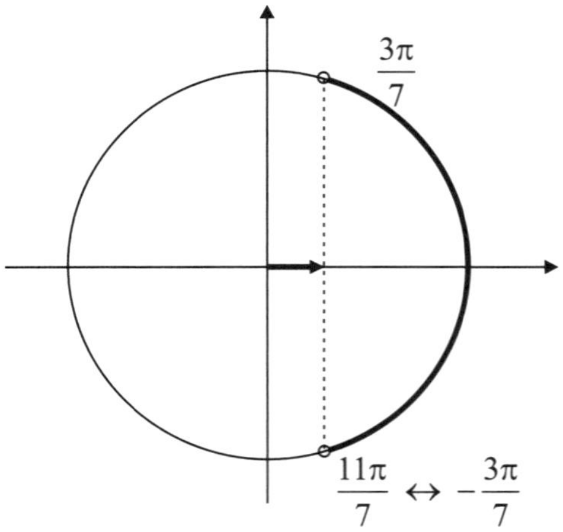

$$\cos x \;>\;\cos\dfrac{3\pi}{7} \quad\Leftrightarrow\quad -\dfrac{3\pi}{7}+2k\pi \;<\; x \;<\; \dfrac{3\pi}{7}+2k\pi$$

$$S=\left\{x\in\mathbf{R}\mid -\dfrac{3\pi}{7}+2k\pi \;<\; x \;<\; \dfrac{3\pi}{7}+2k\pi \;,\;\; k\in Z\right\}$$

Outra maneira de dar a resposta é :

$$S=\; x\in\mathbf{R}\mid 2k\pi \;\leq\; x \;<\; \dfrac{3\pi}{7}+2k\pi \quad \mathrm{v} \quad \dfrac{11\pi}{7}+2k\pi \;<\; x \;<\; 2\pi+2k\pi$$

78 Determine o valor de y nos casos:

a) y = tg 1° . tg 2° . tg 3° . . . tg 88° . tg 89°
b) y = cotg 15° . cotg 16° . . . cotg 74° . cotg 75°
c) y = sen 5° + sen 10° + sen 15° + . . . + sen 345° + sen 350° + sen 355°
d) y = cos 20° + cos 40° + cos 60° + . . . + cos 160° + cos 180°
e) y = tg 20° + tg 40° + tg 60° + . . . + tg 160° + tg 180°
f) y = cotg 195° + cotg 210° + cotg 225° + . . . + cotg 330° + cotg 345°
g) y = cos 1° . cos 2° . cos 3° . . . cos 178° . cos 179°
h) y = sen 90° . sen 91° . sen 92° . . . sen 269° . sen 270°

79 Simplifique a expressão nos casos:

a) $\dfrac{2\cos\left(\dfrac{\pi}{2}-\alpha\right)\mathrm{sen}\left(\dfrac{\pi}{2}+\alpha\right)\mathrm{tg}(\pi-\alpha)}{\mathrm{cotg}\left(\dfrac{\pi}{2}+\alpha\right)\mathrm{sen}(\pi-\alpha)}$

b) $\dfrac{\mathrm{sen}\left(\dfrac{3\pi}{2}+\alpha\right)\mathrm{tg}\left(\dfrac{\pi}{2}+\beta\right)}{\cos(\pi-\alpha)\mathrm{cotg}\left(\dfrac{3\pi}{2}-\beta\right)} - \dfrac{\mathrm{sen}\left(\dfrac{3\pi}{2}-\beta\right)\mathrm{cotg}\left(\dfrac{\pi}{2}+\alpha\right)}{\cos(2\pi-\beta)\cdot\mathrm{tg}(\pi-\alpha)}$

c) $\cos^2(a+b) + \cos^2(a-b) - \cos 2a \cdot \cos 2b$

80 Simplifique as expressões:

a) $\dfrac{\mathrm{sen}\,4a}{1+\cos 4a} \cdot \dfrac{\cos 2a}{1+\cos 2a}$

b) $\dfrac{\mathrm{sen}^2 2a - 4\,\mathrm{sen}^2 a}{\mathrm{sen}^2 2a + 4\,\mathrm{sen}^2 a - 4}$

c) $\dfrac{\mathrm{sen}(60°+a)}{4\,\mathrm{sen}\left(15°+\dfrac{a}{4}\right)\mathrm{sen}\left(75°-\dfrac{a}{4}\right)}$

Resp: **71** $\mathrm{sen}\,x = \dfrac{2\,\mathrm{tg}\dfrac{x}{2}}{1+\mathrm{tg}^2\dfrac{x}{2}}$, $\cos x = \dfrac{1-\mathrm{tg}^2\dfrac{x}{2}}{1+\mathrm{tg}^2\dfrac{x}{2}}$, $\mathrm{tg}\,x = \dfrac{2\,\mathrm{tg}\dfrac{x}{2}}{1-\mathrm{tg}^2\dfrac{x}{2}}$

72 a) $\dfrac{24}{25}$ b) $-\dfrac{7}{25}$ c) $-\dfrac{24}{7}$ **73** a) $-\dfrac{\sqrt{2}}{2}$ b) $\dfrac{\sqrt{2}}{2}$ c) -1

74 a) $-\dfrac{240}{289}$ b) $\dfrac{161}{289}$ c) $-\dfrac{240}{161}$ **75** $-\dfrac{120}{169}, \dfrac{119}{169}$

76 a) $\dfrac{4}{21}$ b) $\dfrac{225}{4}$ c) $-\dfrac{24}{25}$ d) $-\dfrac{7}{25}$

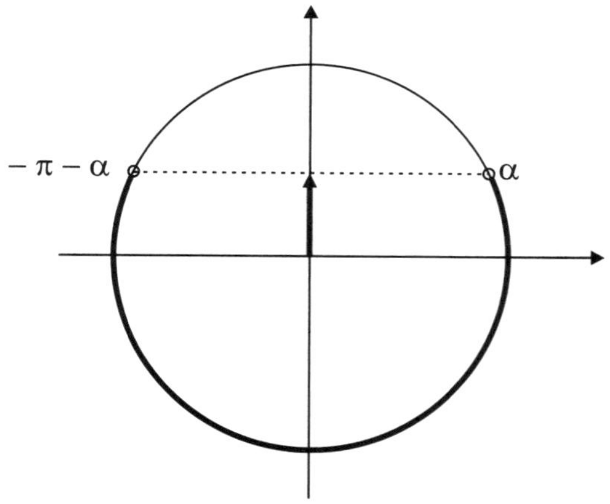

Com $(\pi - \alpha) - 2\pi = -\pi - \alpha$, teremos:

$$\boxed{\operatorname{sen} x < \operatorname{sen} \alpha \iff (-\pi - \alpha) + 2k\pi < x < \alpha + 2k\pi}$$

Exemplo: Resolver a inequação $\operatorname{sen} x < \operatorname{sen} \dfrac{\pi}{7}$

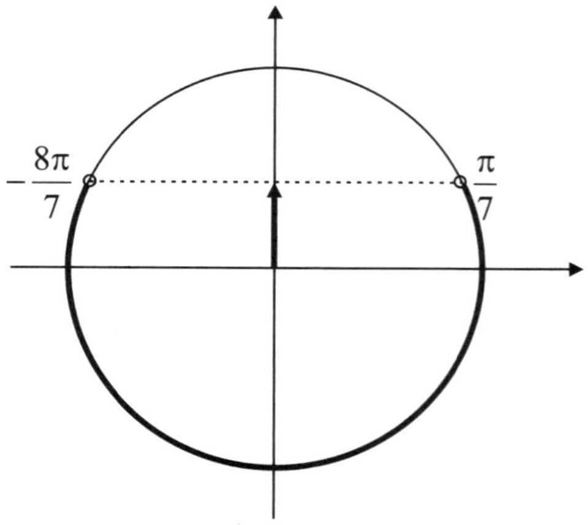

Note que $\left(\pi - \dfrac{\pi}{7}\right) - 2\pi = \dfrac{6\pi}{7} - 2\pi = -\dfrac{8\pi}{7}$

$\operatorname{sen} x < \operatorname{sen} \dfrac{\pi}{7} \iff$

$-\dfrac{8\pi}{7} + 2k\pi < x < \dfrac{\pi}{7} + 2k\pi$

$S = \left\{ x \in \mathbf{R} \mid -\dfrac{8\pi}{7} + 2k\pi < x < \dfrac{\pi}{7} + 2k\pi \quad , k \in Z \right\}$

Outra maneira de dar a resposta é:

$$S = \left\{ x \in \mathbf{R} \mid 2k\pi \leq x < \dfrac{\pi}{7} + 2k\pi \quad \mathrm{v} \quad \dfrac{6\pi}{7} + 2k\pi < x < 2\pi + 2k\pi \right\}$$

4) Inequação $\cos x < \cos \alpha$, com $0 < \alpha < \pi$

Para resolvermos esta inequação nos baseamos no fato de que a função cosseno tem período 2π e que $\cos(\alpha) = \cos(-\alpha) = \cos(2\pi - \alpha)$

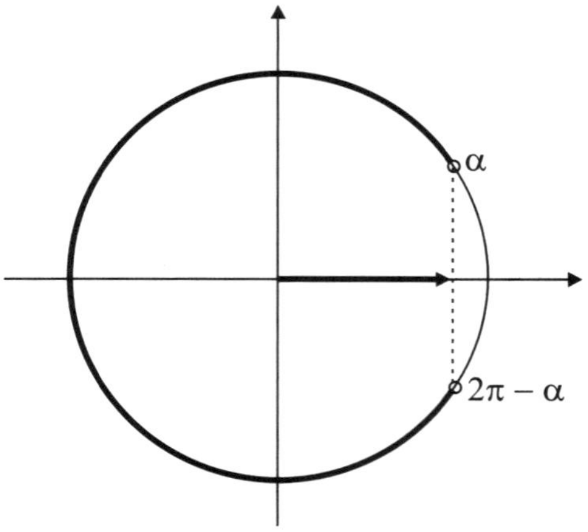

No intervamo $[\,0\,, 2\pi\,]$ temos:

$\cos x < \cos x \iff \alpha < x < 2\pi - \alpha$

Em $\mathbf{R}$ teremos:

$$\boxed{\cos x < \cos \alpha \iff \alpha + 2k\pi < x < 2\pi - \alpha + 2k\pi}$$

133

81) Determine $\cos\dfrac{\pi}{65}\cdot\cos\dfrac{2\pi}{65}\cdot\cos\dfrac{4\pi}{65}\cdot\cos\dfrac{8\pi}{65}\cdot\cos\dfrac{16\pi}{65}\cdot\cos\dfrac{32\pi}{65}$

82) Determine $\operatorname{tg}\dfrac{a}{4}$ sabendo que $\cos a = -0{,}6$ e $\pi < a < \dfrac{3\pi}{2}$

83) Mostre as seguintes identidades:

a) $\operatorname{sen}^6 x + \cos^6 x = 1 - \dfrac{3}{4}\operatorname{sen}^2 2x$

b) $\cos^2\alpha + \cos^2(\alpha+\beta) - 2\cos\alpha\cdot\cos\beta\cos(\alpha+\beta) = \operatorname{sen}^2\beta$

c) $\operatorname{tg} x + \operatorname{tg} 2x - \operatorname{tg} 3x = -\operatorname{tg} x\cdot\operatorname{tg} 2x\cdot\operatorname{tg} 3x$

84) Demonstrar que se $3\operatorname{sen}\beta = \operatorname{sen}(2\alpha+\beta)$, então $\operatorname{tg}(\alpha+\beta) = 2\operatorname{tg}\alpha$

85) Demonstrar que se $\operatorname{sen}\alpha = A\cdot\operatorname{sen}(\alpha+\beta)$, então $\operatorname{tg}(\alpha+\beta) = \dfrac{\operatorname{sen}\beta}{\cos\beta - A}$

86) Demonstrar que se $\cos x\cdot\cos y\cdot\cos z \neq 0$, então

$\cos(x+y+z) = \cos x\cdot\cos y\cdot\cos z\,(1 - \operatorname{tg} x\cdot\operatorname{tg} y - \operatorname{tg} y\cdot\operatorname{tg} z - \operatorname{tg} x\cdot\operatorname{tg} z)$

87) Demonstrar que se α, β e γ são ângulos de um triângulo, então $\operatorname{tg}\dfrac{\alpha}{2}\cdot\operatorname{tg}\dfrac{\beta}{2} + \operatorname{tg}\dfrac{\alpha}{2}\operatorname{tg}\dfrac{\gamma}{2} + \operatorname{tg}\dfrac{\beta}{2}\operatorname{tg}\dfrac{\gamma}{2} = 1$

88) Sabendo que $x + y + z = \dfrac{k\pi}{2}$, para quais valores inteiros de k a soma $\operatorname{tg} x\cdot\operatorname{tg} y + \operatorname{tg} x\cdot\operatorname{tg} z + \operatorname{tg} y\cdot\operatorname{tg} z$ não depende de x, y e z ?

89) Determine $\operatorname{sen}^4\dfrac{\pi}{16} + \operatorname{sen}^4\dfrac{3\pi}{16} + \operatorname{sen}^4\dfrac{5\pi}{16} + \operatorname{sen}^4\dfrac{7\pi}{16}$

90) Prove que se $\operatorname{tg}\alpha = \dfrac{1}{7}$ e $\operatorname{sen}\beta = \dfrac{\sqrt{10}}{10}$, $0 < \alpha < \dfrac{\pi}{2}$ e $0 < \beta < \dfrac{\pi}{2}$, então $\alpha + 2\beta = \dfrac{\pi}{4}$

Resp: **78** a) 1   b) 1   c) 0   d) –1   e) 0   f) 0   g) 0   h) 0

79 a) $2\cos\alpha$ b) $1 - \operatorname{cotg}^2\beta$ c) 1   **80** a) $\operatorname{tg} a$ b) $\operatorname{tg}^4 a$ c) $\cos\left(30° + \dfrac{a}{2}\right)$

IV INEQUAÇÕES TRIGONOMÉTRICAS

1) Introdução

Inequações trigonométricas são inequações que podem ser reduzidas às inequações $\operatorname{sen} x > \operatorname{sen} \alpha$, $\operatorname{sen} x < \operatorname{sen} \alpha$, $\cos x < \cos \alpha$, etc. Neste capítulo vamos ver como resolver as inequações fundamentais e consequentemente também as outras que se reduzem a elas.

2) Inequações $\operatorname{sen} x > \operatorname{sen} \alpha$, com $0 < \alpha < \dfrac{\pi}{2}$

Para resolvermos esta inequação nos baseamos no fato de que a função seno tem período 2π e que $\operatorname{sen}(\pi - \alpha) = \operatorname{sen} \alpha$.

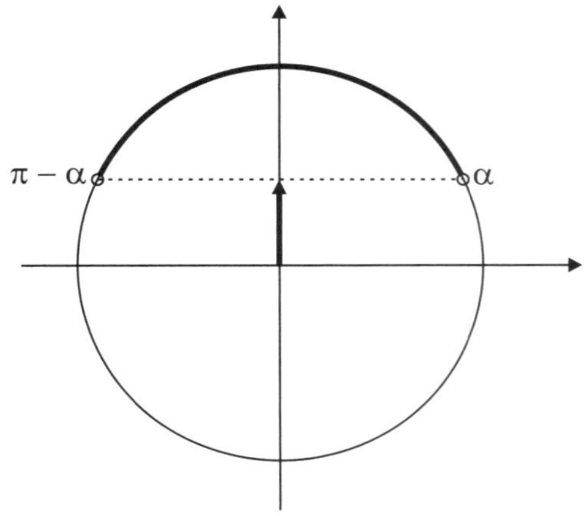

No intervalo $[0, 2\pi]$ temos:

$\operatorname{sen} x > \operatorname{sen} \alpha \Leftrightarrow \alpha < x < \pi - \alpha$

Em **R** teremos:

$$\operatorname{sen} x > \operatorname{sen} \alpha \Leftrightarrow \alpha + 2k\pi < x < \pi - \alpha + 2k\pi$$

Exemplo: Resolver a inequação $\operatorname{sen} x > \operatorname{sen} \dfrac{\pi}{5}$

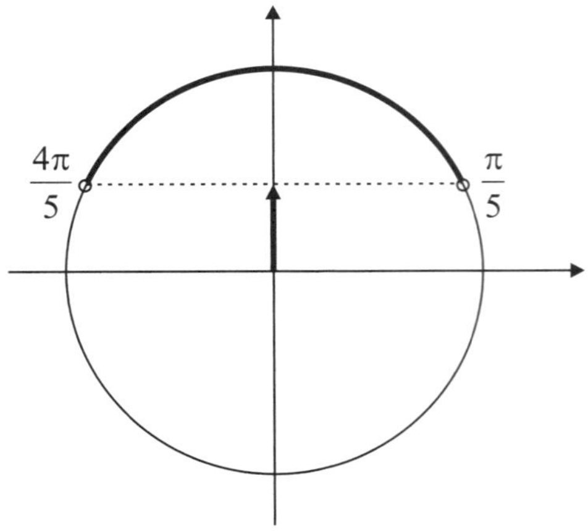

No intervalo $[0, 2\pi]$ temos:

$$\operatorname{sen} x > \operatorname{sen} \frac{\pi}{5} \Leftrightarrow \frac{\pi}{5} < x < \frac{4\pi}{5}$$

Em **R** teremos:

$$\operatorname{sen} x > \operatorname{sen} \frac{\pi}{5} \Leftrightarrow \frac{\pi}{5} + 2k\pi < x < \frac{4\pi}{5} + 2k\pi \quad , \quad k \in Z$$

$$S = \left\{ x \in \mathbf{R} \mid \frac{\pi}{5} + 2k\pi < x < \frac{4\pi}{5} + 2k\pi \quad , \quad k \in Z \right\}$$

3) Inequação $\operatorname{sen} x < \operatorname{sen} \alpha$, com $0 < \alpha < \dfrac{\pi}{2}$

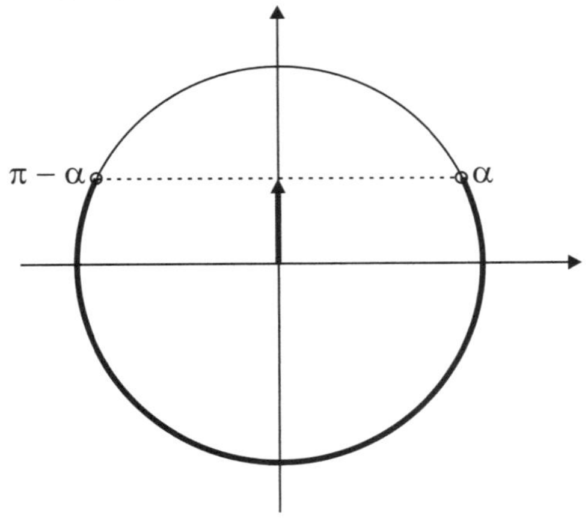

No intervalo $[0, 2\pi]$ temos:

$$\operatorname{sen} x < \operatorname{sen} \alpha \Leftrightarrow 0 \leq x < \alpha \quad \vee \quad \pi - \alpha < x \leq 2\pi$$

Em **R** podemos fazer:

$$2k\pi \leq x < \alpha + 2k\pi \quad \vee \quad \pi - \alpha + 2k\pi < x < (2k + 2)\pi$$

Mas é mais simples fazermos:

132

Resp: 81) $\dfrac{1}{64}$ 82) $\dfrac{\sqrt{5}+1}{2}$

84) Faça $\beta = (\alpha + \beta) - \alpha$ e $2\alpha + \beta = (\alpha + \beta) + \alpha$ e substitua esses valores na relação dada.

85) Faça sen α = sen $[(\alpha + \beta) - \beta]$ na relação dada, desenvolva e divida ambos os membros por cos $(\alpha + \beta)$

86) Desenvolva cos $(x + y + z)$

87) Note que $\dfrac{\alpha}{2} + \dfrac{\beta}{2} + \dfrac{\gamma}{2} = \dfrac{\pi}{2}$. Faça $\operatorname{tg}\left(\dfrac{\alpha}{2} + \dfrac{\beta}{2}\right) = \operatorname{tg}\left(\dfrac{\pi}{2} - \dfrac{\gamma}{2}\right)$

Outro modo é usar a identidade do exercício anterior

88) Use o resultado do problema 86. Como resposta, obterá que k deve ser ímpar

89) Aplique em todas as parcelas da soma a fórmula $\operatorname{sen}^2 x = \dfrac{1 - \cos 2x}{2}$ (que vem de $\cos 2x = 1 - 2\operatorname{sen}^2 x$) e depois a fórmula $\dfrac{1 + \cos 2x}{2}$ (que vem da $\cos 2x = 2\cos^2 x - 1$) e obterá para resposta: $\dfrac{3}{2}$

$\boxed{258}$ Resolver as equações:

a) $\cos 7x - \text{sen } 5x = \sqrt{3} \ (\cos 5x - \text{sen } 7x)$

b) $2 - (7 + \text{sen } 2x) . \text{sen}^2x + (7 + \text{sen } 2x). \text{sen}^4x = 0$

c) $32 \cos^6x - \cos 6x = 1$

d) $8 \text{ sen}^6x + 3 \cos 2x + 2 \cos 4x + 1 = 0$

e) $\cos 3x . \cos^3x + \text{sen } 3x . \text{sen}^3x = 0$

Resp: $\boxed{253}$ a) $x = -\dfrac{\pi}{66} + \dfrac{k\pi}{11}$ v $x = \dfrac{\pi}{36} + \dfrac{(2k+1)\pi}{12}$ b) $x = -\dfrac{\pi}{4} + k\pi$ v $x = \pm\dfrac{\pi}{3} + k\pi$

c) $x = 2k\pi$ v $x = \dfrac{\pi}{2} + 2k\pi$ d) $x = \dfrac{\pi}{4} + \dfrac{k\pi}{2}$

$\boxed{254}$ a) $\left\{ 0, \pi, \dfrac{\pi}{2}, \dfrac{3\pi}{2}, \dfrac{2\pi}{3}, \dfrac{4\pi}{3}, \dfrac{5\pi}{3} \right\}$ b) $\left\{ 0, \pi, \dfrac{\pi}{4}, \dfrac{\pi}{2}, \dfrac{3\pi}{4}, \dfrac{5\pi}{4}, \dfrac{3\pi}{2}, \dfrac{7\pi}{4} \right\}$

c) $\left\{ \dfrac{\pi}{12}, \dfrac{5\pi}{12}, \dfrac{3\pi}{4}, \dfrac{13\pi}{12}, \dfrac{17\pi}{12}, \dfrac{7\pi}{4} \right\}$ d) $\left\{ 0, \pi, \dfrac{\pi}{2}, \dfrac{\pi}{3}, \dfrac{2\pi}{3}, \dfrac{4\pi}{3}, \dfrac{5\pi}{3}, \dfrac{3\pi}{2} \right\}$

$\boxed{255}$ a) $\{1 ; 2\}$ b) $\left\{ \dfrac{\sqrt{2}+1}{3} \right\}$ c) $\left\{ \text{sen}\dfrac{1}{2} \right\}$ d) $\left\{ \text{tg}\dfrac{2\pi}{5} \right\}$

e) $\{0\}$ f) $\left\{ \dfrac{\sqrt{3}-1}{2} \right\}$ g) 0 h) $\left\{ \dfrac{1}{2} \right\}$

$\boxed{256}$ a) $x = -\dfrac{\pi}{4} + k\pi$ b) $x = -\text{arc tg}\dfrac{1}{3} + k\pi$ c) $x = \pm\dfrac{\pi}{2} + \dfrac{3k\pi}{2}$

d) $x = k\pi$ v $x = \pm\dfrac{1}{2}\arccos\dfrac{1}{4} + k\pi$ e) $x = k\pi$ v $x = \dfrac{\pi}{4} + k\pi$

f) $x = -\dfrac{\pi}{4} + k\pi$ g) $x = \dfrac{k\pi}{4} + (-1)^k \dfrac{\pi}{24}$ h) $x = \dfrac{k\pi}{3}$

i) $x = -90° + 360° . k$ v $x = 90° + 720°k$

$\boxed{257}$ a) $x = \dfrac{\pi}{2} + 2k\pi$ b) $x = \dfrac{\pi}{8} + \dfrac{k\pi}{2}$ v $x = \dfrac{3\pi}{4} + k\pi$ c) $x = \pi + 2k\pi$ v $x = \dfrac{\pi}{2} + 2k\pi$

d) $x = -\dfrac{\pi}{2} + 2k\pi$ e) $x = \dfrac{\pi}{4} + k\pi$ v $x = -\dfrac{\pi}{2} + 2k\pi$ f) $x = k\pi$

$\boxed{258}$ a) $x = \dfrac{\pi}{12} + k\pi$ v $x = \dfrac{\pi}{24} + \dfrac{k\pi}{6}$ b) $x = \dfrac{\pi}{4} + k\pi$

c) $x = \dfrac{\pi}{2} + k\pi$ v $x = \pm\dfrac{1}{2}\arccos\left(-\dfrac{1}{4}\right) + k\pi$ d) $x = \dfrac{\pi}{4} + \dfrac{k\pi}{2}$

e) $x = \dfrac{\pi}{4} + \dfrac{k\pi}{2}$

II TRANSFORMAÇÃO EM PRODUTO

1) Introdução

As fórmulas que vamos obter neste capítulo são conseqüências simples e imediatas das fórmulas do capítulo anterior (adição de arcos).

O que vamos estabelecer é como transformar em produto, ou seja, como fatoramos expressões do tipo

$$\text{sen } x + \text{sen } y \;,\; \text{sen } x - \text{sen } y \;,\; \cos x + \cos y \text{ etc.}$$

Note que se uma expressão **f** é a soma de dois produtos e outra **g** é a diferença desses dois produtos, veja como é simples fatorarmos a soma e a diferença dessas duas expressões.

$$\begin{cases} f = ab + cd \\ g = ab - cd \end{cases}$$

- $f + g = (ab + cd) + (ab - cd) \Rightarrow \boxed{f + g = 2ab}$

- $f - g = (ab + cd) - (ab - cd) \Rightarrow \boxed{f - g = 2cd}$

Se, por exemplo:

$$\begin{cases} f = \text{sen}(a+b) = \text{sen } a \cdot \cos b + \text{sen } b \cdot \cos a \\ g = \text{sen}(a-b) = \text{sen } a \cdot \cos b - \text{sen } b \cdot \cos a \end{cases} \text{, note que}$$

$f + g = 2 \text{ sen } a \cdot \cos b$ e $f - g = 2 \text{ sen } b \cdot \cos a$ ou
sen $(a + b)$ + sen $(a - b) = 2$ sen $a \cdot \cos b$ e sen $(a + b)$ - sen $(a - b) = 2$ sen $b \cdot \cos a$

2) Soma e diferença de dois números

Dada a soma **S** e a diferença **D** de dois números a e b, isto é, $a + b = S$ e $a - b = D$, veja como achar esses dois números:

$$\begin{cases} S = a+b \\ D = a-b \end{cases} \Rightarrow \begin{cases} S+D = (a+b)+(a-b) \\ S-D = (a+b)-(a-b) \end{cases} \Rightarrow \begin{cases} S+D = 2a \\ S-D = 2b \end{cases} \Rightarrow \begin{cases} a = \dfrac{S+D}{2} \\ b = \dfrac{S-D}{2} \end{cases}$$

Então, dada a soma $a + b$ e a diferença $a - b$, note que

$$\boxed{\dfrac{(a+b)+(a-b)}{2} = a \quad \text{e} \quad \dfrac{(a+b)-(a-b)}{2} = b}$$

$\boxed{253}$ Resolver as equações:

a) $2 \operatorname{sen} 17x + \sqrt{3} \cos 5x + \operatorname{sen} 5x = 0$

b) $\operatorname{sen}^2x \, (\operatorname{tg} x + 1) = 3 \operatorname{sen} x \, (\cos x - \operatorname{sen} x) + 3$

c) $\operatorname{sen}^3x + \cos^3x = 1 - \dfrac{1}{2} \operatorname{sen} 2x$

d) $\dfrac{1}{\operatorname{sen}^2x} - \dfrac{1}{\cos^2 x} - \dfrac{1}{\operatorname{tg}^2x} - \dfrac{1}{\operatorname{cotg}^2x} - \dfrac{1}{\sec^2 x} - \dfrac{1}{\operatorname{cossec}^2x} = -3$

$\boxed{254}$ Resolver no intervalo $[0, 2\pi[$ as equações:

a) $\operatorname{sen} 4x + \operatorname{sen} 2x = 0$
b) $\cos 5x - \cos 3x = 0$

c) $\operatorname{sen} 2x \cdot \cos x + \operatorname{sen} 2x \cdot \operatorname{sen} x + \cos 2x \cdot \operatorname{sen} x - \cos 2x \cdot \cos x = 0$

d) $\operatorname{sen} 5x \cdot \cos 3x + \cos 3x \cdot \operatorname{sen} x - \cos 5x \cdot \operatorname{sen} 3x + \operatorname{sen} 3x \cdot \cos x = 0$

$\boxed{255}$ Resolver:

a) $4 \operatorname{arc tg} (x^2 - 3x + 3) = \dfrac{\pi}{4}$
b) $\operatorname{arc tg} 3x - \operatorname{arc cotg} 3x = \dfrac{\pi}{4}$

c) $2 \operatorname{arc sen}^2x - 5 \operatorname{arc sen} x + 2 = 0$
d) $4 \operatorname{arc tg} x - 6 \operatorname{arc cotg} x = \pi$

e) $\operatorname{arc sen} x + \operatorname{arc cos} (1 - x) = \operatorname{arc sen} (-x)$
f) $2 \operatorname{arc sen} x = \operatorname{arc cos} 2x$

g) $\operatorname{arc sen} \dfrac{x}{2} + \operatorname{arc cos} \left(x + \dfrac{\sqrt{3}}{2} \right) = \dfrac{\pi}{6}$
h) $3 \operatorname{arc cos} x - \pi x - \dfrac{\pi}{2} = 0$

$\boxed{256}$ Resolver as equações:

a) $\operatorname{sen} 2x + 5 \operatorname{sen} x + 5 \cos x + 1 = 0$
b) $\operatorname{sen} x - \cos x - 4 \cos^2x \cdot \operatorname{sen} x = 4 \operatorname{sen}^3x$

c) $\operatorname{sen}^4 \dfrac{x}{3} + \cos^4 \dfrac{x}{3} = \dfrac{5}{8}$
d) $3 \operatorname{tg} 2x - 4 \operatorname{tg} 3x = \operatorname{tg}^2 3x \cdot \operatorname{tg} 2x$

e) $\sec^2x - \operatorname{tg}^2x + \operatorname{cotg} \left(\dfrac{\pi}{2} + x \right) = \cos 2x \cdot \sec^2x$
f) $\operatorname{sen}^3x \, (1 + \operatorname{cotg} x) + \cos^3x \, (1 + \operatorname{tg} x) = \cos 2x$

g) $\operatorname{sen}^3x \cdot \cos 3x + \operatorname{sen} 3x \cdot \cos^3x = 0{,}375$
h) $\operatorname{tg} x + \operatorname{tg} 2x = \operatorname{tg} 3x$

i) $1 + \operatorname{sen} x + \cos x = 2 \cos \left(\dfrac{x}{2} + 45° \right)$

$\boxed{257}$ Resolver:

a) $2 + \cos x = 2 \operatorname{tg} \dfrac{x}{2}$
b) $\operatorname{cotg} x - 2 \operatorname{sen} 2x = 1$

c) $\operatorname{sen} 2x - 12 (\operatorname{sen} x \ \cos x) + 12 = 0$
d) $1 + 2 \operatorname{cossec} x = - \dfrac{\sec^2 \dfrac{x}{2}}{2}$

e) $\operatorname{cotg}^2 x = \dfrac{1 + \operatorname{sen} x}{1 + \cos x}$
f) $2 \operatorname{tg} 3x - 3 \operatorname{tg} 2x = \operatorname{tg}^2 2x \cdot \operatorname{tg} 3x$

Resp: $\boxed{252}$ a) $x = -\dfrac{\pi}{8} + \dfrac{k\pi}{2}$ b) $x = k\pi$ c) $x = -\dfrac{\pi}{4} + k\pi \quad v \quad x = \pm \dfrac{2\pi}{3} + 2k\pi$

d) $x = k\pi \quad v \quad x = (-1)^{k+1} \dfrac{\pi}{6} + k\pi \quad v \quad x = \pm \dfrac{\pi}{3} + 2k\pi$ e) $x = \dfrac{7\pi}{12} + k\pi$

130

Exemplo: Sendo 10 a soma e 4 a diferença de dois números, temos:

$$a = \frac{10+4}{2} = 7 \quad e \quad b = \frac{10-4}{2} = 3$$

Os números são 7 e 3
Note que 7 + 3 = 10 e 7 − 3 = 4

3) Transformação em soma

1º) 2 sen x . cos y

Somando membro a membro as igualdades, obtemos:

$$\begin{cases} \operatorname{sen}(a+b) = \operatorname{sen} a \cdot \cos b + \operatorname{sen} b \cdot \cos a \\ \operatorname{sen}(a-b) = \operatorname{sen} a \cdot \cos b - \operatorname{sen} b \cdot \cos a \end{cases}$$

sen (a + b) + sen (a − b) = 2 sen a . cos b $\Rightarrow$ $\boxed{2 \operatorname{sen} a \cdot \cos b = \operatorname{sen}(a+b) + \operatorname{sen}(a-b)}$

Subtraindo membro a membro as igualdades, obtemos:

$$\begin{cases} \operatorname{sen}(a+b) = \operatorname{sen} a \cdot \cos b + \operatorname{sen} b \cdot \cos a \\ \operatorname{sen}(a-b) = \operatorname{sen} a \cdot \cos b - \operatorname{sen} b \cdot \cos a \end{cases}$$

sen (a + b) − sen (a − b) = 2 sen b . cos a $\Rightarrow$ 2 sen b . cos a = sen (a + b) − sen (a − b) $\Rightarrow$

2 sen b . cos a = sen (a + b) + sen (b −a) $\Rightarrow$ $\boxed{2 \operatorname{sen} b \cdot \cos a = \operatorname{sen}(b+a) + \operatorname{sen}(b-a)}$

Então: $\boxed{2 \operatorname{sen} x \cdot \cos y = \operatorname{sen}(x+y) + \operatorname{sen}(x-y)}$

Exemplos:
1) 2 sen 75º . cos 15º = sen (75º + 15º) + sen (75º − 15º) = sen 90º + sen 60º
2) 2 sen 5x . cos 3x = sen 8x + sen 2x
3) 2 sen 2x . cos 7x = sen (2x + 7x) + sen (2x − 7x) = sen 9x + sen (− 5x) =
4) sen 6x . cos 2x = $\frac{1}{2}$ (2 sen 6x . cos 2x) = $\frac{1}{2}$ (sen 8x + sen 4x)

2) 2 cos x . cos y

Somando membro a membro as igualdades, obtemos:

$$\cos(a+b) = \cos a \cdot \cos b - \operatorname{sen} a \cdot \operatorname{sen} b$$
$$\cos(a-b) = \cos a \cdot \cos b + \operatorname{sen} a \cdot \operatorname{sen} b$$

cos (a + b) + cos (a − b) = 2 cos a. cos b $\Rightarrow$ $\boxed{2 \cos a \cdot \cos b = \cos(a+b) + \cos(a-b)}$

Então: $\boxed{2 \cos x \cdot \cos y = \cos(x+y) + \cos(x-y)}$

$\boxed{252}$ Resolver as equações:

a) $sen^3x \cdot cos\, x - sen\, x \cdot cos^3 x = \dfrac{1}{4}$

b) $\dfrac{1 - tg\, x}{1 + tg\, x} = 1 + sen\, 2x$

c) $1 + sen\, x + cos\, x + sen\, 2x + cos\, 2x = 0$

d) $1 + sen\, x + cos\, 3x = cos\, x + sen\, 2x + cos\, 2x$

e) $(sen\, 2x + \sqrt{3}\, cos\, 2x)^2 - 5 = cos\left(\dfrac{\pi}{6} - 2x\right)$

Resp: $\boxed{247}$ a) $S = \left\{ x \in \mathbb{R} \mid x = \dfrac{\pi}{2} + 2k\pi, \ k \in \mathbb{Z} \right\}$. Para simplificar vamos considerar que k é sempre um número inteiro e

vamos nas respostas colocar apenas os valores de x. Resposta do item a) $x = \dfrac{\pi}{2} + 2k\pi$

b) $x = 2k\pi$ \qquad c) $x = \dfrac{3\pi}{2} + 2k\pi$ \qquad d) $x = \pi + 2k\pi$ \qquad e) $x = k\pi$ \qquad f) $x = \dfrac{\pi}{2} + k\pi$

g) $x = k\pi$ \qquad h) $x = \dfrac{\pi}{2} + k\pi$ \qquad i) $x = 2k\pi$ \qquad j) $x = \dfrac{\pi}{2} + 2k\pi$ \qquad k) $x = \pi + 2k\pi$

l) $x = \dfrac{3\pi}{2} + 2k\pi$ \qquad $\boxed{248}$ a) $\varnothing$ \qquad b) $\varnothing$ \qquad c) $x = \dfrac{k\pi}{3}$ \qquad d) $x = \dfrac{k\pi}{2}$

e) $x = \dfrac{\pi}{2} + 2k\pi$ \qquad f) $x = 2k\pi$ \qquad g) $x = \dfrac{\pi}{6} + \dfrac{2k\pi}{3}$ \qquad h) $x = \pm\dfrac{\pi}{3} + k\pi$ \ v \ $x = -\dfrac{\pi}{4} + k\pi$

$\boxed{249}$ a) $x = \dfrac{\pi}{4} + \dfrac{k\pi}{2}$ \ v \ $x = -\dfrac{\pi}{2} + 2k\pi$ \qquad b) $x = \dfrac{\pi}{6} + 2k\pi$ \ v \ $x = \dfrac{5\pi}{6} + 2k\pi$ (esta resposta pode ser escrita

$x = (-1)^k \dfrac{\pi}{6} + k\pi$) \qquad c) $x = \dfrac{\pi}{4} + \dfrac{k\pi}{2}$ \qquad d) $x = k\pi$ \ v \ $x = (-1)^k \dfrac{\pi}{6} + k\pi$ \qquad e) $x = \pm\dfrac{3\pi}{4} + 2k\pi$

f) $x = 2k\pi$ \ v \ $x = \dfrac{\pi}{6} + \dfrac{2k}{3}$ \qquad g) $x = \dfrac{\pi}{12} + \dfrac{2k\pi}{3}$ \ v \ $x = -\dfrac{\pi}{4} + 2k\pi$

h) $x = \dfrac{\pi}{10} + \dfrac{2k\pi}{5}$ \qquad i) $x = \dfrac{\pi}{40} + \dfrac{k\pi}{10}$ \ v \ $x = \dfrac{\pi}{20} + \dfrac{k\pi}{5}$

j) $x = \dfrac{\pi}{2} + 2k\pi$ \ v \ $x = (-1)^{k+1} \dfrac{\pi}{6} + 2k\pi$ \quad k) $x = \dfrac{\pi}{4} + \dfrac{k\pi}{2}$ \qquad l) $x = \pm\dfrac{\pi}{6} + k\pi$

$\boxed{250}$ a) $x = \dfrac{\pi}{4} + k\pi$ \ v \ $x = -arc\, tg\, 2 + k\pi$ \qquad b) $x = \dfrac{\pi}{4} + k\pi$ \ v \ $x = arc\, tg\, 3 + k\pi$

c) $x = arc\, tg\,(-1 \pm \sqrt{3}) + k\pi$ \qquad d) $x = arc\, tg\, \dfrac{3 \pm \sqrt{17}}{4} + k\pi$ \qquad e) $x = \dfrac{k\pi}{4}$ \ v \ $x = \dfrac{\pi}{24} + \dfrac{k\pi}{12}$

f) $x = \dfrac{k\pi}{3}$ \ v \ $x = \dfrac{\pi}{2} + k\pi$ \qquad g) $x = \pm\dfrac{\pi}{6} + \dfrac{k\pi}{2}$ \qquad h) $x = \dfrac{\pi}{7} + \dfrac{2k\pi}{7}$ \ v \ $x = \dfrac{\pi}{3} + \dfrac{2k\pi}{3}$

$\boxed{251}$ a) $x = \dfrac{k\pi}{2}$ \ v \ $x = \pm\dfrac{2\pi}{3} + 2k\pi$ \qquad b) $x = \dfrac{\pi}{2} + k\pi$ \ v \ $x = -\dfrac{\pi}{8} + \dfrac{k\pi}{2}$

c) $x = \dfrac{7\pi}{24} + k\pi$ \ v \ $x = \dfrac{\pi}{24} + k\pi$ \qquad d) $x = \dfrac{\pi}{6} + k\pi$ \ v \ $x = \dfrac{\pi}{12} + \dfrac{k\pi}{4}$

e) $x = \dfrac{\pi}{3} + \dfrac{k\pi}{2}$ \qquad f) $x = -\dfrac{\pi}{32} + \dfrac{k\pi}{4}$ \ v \ $x = \dfrac{\pi}{72} + \dfrac{k\pi}{9}$

g) $x = \dfrac{\pi}{2} + k\pi$ \ v \ $x = arc\, tg\, \dfrac{3}{2} + k\pi$ \qquad h) $x = k\pi$ \ v \ $x = \dfrac{\pi}{4} + k\pi$

i) $x = \dfrac{\pi}{2} + k\pi$ \ v \ $x = arc\, tg\, 7 + k\pi$ \ v \ $x = arc\, tg\, 3 + k\pi$

3°) 2 sen x . sen y

Subtraindo membro a membro as igualdades, obtemos:

$\begin{cases} \cos(a+b) = \cos a . \cos b - \operatorname{sen} a . \operatorname{sen} b \\ \cos(a-b) = \cos a . \cos b + \operatorname{sen} a . \operatorname{sen} b \end{cases}$

$\cos(a+b) - \cos(a-b) = -2 \operatorname{sen} a . \operatorname{sen} b \Rightarrow \boxed{2 \operatorname{sen} a . \operatorname{sen} b = \cos(a-b) - \cos(a+b)}$

Então: $\boxed{2 \operatorname{sen} x . \operatorname{sen} y = \cos(x-y) - \cos(x+y)}$

Exemplos: 1) $2 \cos 105° . \cos 45° = \cos(105° + 45°) + \cos(105° - 45°) = \cos 150° + \cos 60°$

2) $2 \cos 5x . \cos 2x = \cos 7x + \cos 3x$

3) $\cos 3x . \cos 9x = \dfrac{1}{2}(2 \cos 9x . \cos 3x) = \dfrac{1}{2}(\cos 12x + \cos 6x)$

4) $2 \operatorname{sen} 45° . \operatorname{sen} 15° = \cos(45° - 15°) - \cos(45° + 15°) = \cos 30° - \cos 60°$

5) $2 \operatorname{sen} 3x . \operatorname{sen} 5x = \cos(5x - 3x) - \cos(5x + 3x) = \cos 2x - \cos 8x$

6) $\operatorname{sen} 9x . \operatorname{sen} 2x = \dfrac{1}{2}(2 \operatorname{sen} 9x . \operatorname{sen} 2x) = \dfrac{1}{2}(\cos 7x - \cos 11x)$

4) Transformação em produto

Vamos fazer aqui o mesmo que fizemos no item anterior
1°) Soma de senos
Somando membro a membro as igualdades, obtemos:

$\begin{cases} \operatorname{sen}(a+b) = \operatorname{sen} a . \cos b + \operatorname{sen} b . \cos a \\ \operatorname{sen}(a-b) = \operatorname{sen} a . \cos b - \operatorname{sen} b . \cos a \end{cases}$

$\operatorname{sen}(a+b) + \operatorname{sen}(a-b) = 2 \operatorname{sen} a . \cos b$

Lembrando de que $\dfrac{(a+b)+(a-b)}{2} = a$ e $\dfrac{(a+b)-(a-b)}{2} = b$, temos

$\operatorname{sen}(a+b) + \operatorname{sen}(a-b) = 2 \operatorname{sen} \dfrac{(a+b)+(a-b)}{2} . \cos \dfrac{(a+b)-(a-b)}{2}$

Fazendo $a + b = x$ e $a - b = y$ obtemos:

$$\boxed{\operatorname{sen} x + \operatorname{sen} y = 2 \operatorname{sen} \dfrac{x+y}{2} . \cos \dfrac{x-y}{2}}$$

Exemplos: 1) $\operatorname{sen} 75° + \operatorname{sen} 15° = 2 \operatorname{sen} \dfrac{75° + 15°}{2} . \cos \dfrac{75° - 15°}{2} = 2 \operatorname{sen} 45° . \cos 30°$

2) $\operatorname{sen} 5x + \operatorname{sen} 3x = 2 . \operatorname{sen} \dfrac{5x + 3x}{2} . \cos \dfrac{5x - 3x}{2} = 2 \operatorname{sen} 4x . \cos x$

3) $\operatorname{sen} 7x - \operatorname{sen} 3x = \operatorname{sen} 7x + \operatorname{sen}(-3x) = 2 \operatorname{sen} \dfrac{7x+(-3x)}{2} . \cos \dfrac{7x-(-3x)}{2} = 2 \operatorname{sen} 2x . \cos 5x$

Obs: Embora possamos transformar a diferença de senos em soma, comoo no exemplo (3) , vamos obter uma fórmula específica para a diferença de senos.

$\boxed{247}$ Resolver as seguintes equações:

a) sen x = 1

b) cos x = 1

c) sen x = - 1

d) cos x = - 1

e) sen x = 0

f) cos x = 0

g) tg x = 0

h) cotg x = 0

i) sec x = 1

j) cossec x = 1

k) sec x = - 1

l) cossec x = -1

$\boxed{248}$ Resolver as equações:

a) $\dfrac{\cos x}{1 + \cos 2x} = 0$

b) $\dfrac{\text{sen } x + \cos x}{\cos 2x} = 0$

c) $\cos x \cdot \text{tg } 3x = 0$

d) sen 4x . cos x . tg 2x = 0

e) $(1 + \cos x)\left(\dfrac{1}{\text{sen } x} - 1\right) = 0$

f) $(1 + \cos x) \cdot \text{tg } \dfrac{x}{2} = 0$

g) $\text{sen}^2\, 3x - 5 \text{ sen } x \cdot 3x + 4 = 0$

h) $\text{tg }^3 x + \text{tg}^2 x - 3 \text{ tg } x = 3$

$\boxed{249}$ Resolver:

a) $2 \text{ sen}^3\, x - \cos 2x - \text{sen } x = 0$

b) $2 \cos^2 x + 5 \text{ sen } x - 4 = 0$

c) $3 \text{ sen}^2\, 2x + 7 \cos 2x - 3 = 0$

d) $2 \cos^2 x + \text{sen } x - 2 = 0$

e) $\sqrt{2} \text{ sen}^2 x + \cos x = 0$

f) sen 2x + cos 2x = sen x + cos x

g) $\sqrt{2} \cos 2x = \cos x + \text{sen } x$

h) sen 3x = cos 2x

i) cos 5x = sen 15x

j) sen (5π - x) = cos (2x + 7 π)

k) $4 \text{ sen}^2 x + \text{sen}^2\, 2x = 3$

l) $4 \cos^2 2x + 8 \cos^2 x = 7$

$\boxed{250}$ Resolver:

a) $3 \text{ sen}^2 x + 3 \text{ sen } x \cdot \cos x \quad 6 \cos^2 x = 0$

b) $\text{sen}^2 x + 3 \cos^2 x - 2 \text{ sen } 2x = 0$

c) $3 \text{ sen}^2 x + 2 \text{ sen } x \cdot \cos x = 2$

d) $2 \cos^2 x - 3 \text{ sen } x \cdot \cos x + 5 \text{ sen }^2 x = 3$

e) sen 5x . cos 3x = sen 9x . cos 7x

f) sen 6x . cos 2x = sen 5x . cos 3x - sen 2x

g) $\text{sen}^6 x + \cos^6 x = \dfrac{7}{16}$

h) $2 \cos^2 x + \cos 5x = 1$

$\boxed{251}$ Resolver as seguintes equações:

a) sen x + sen 2x + sen 3x = 0

b) sen x + sen 3x + cos x + cos 3x = 0

c) $\sqrt{3} \text{ sen } 2x + \cos 2x = \sqrt{2}$

d) $\dfrac{1}{2} \text{ sen } 3x + \dfrac{\sqrt{3}}{2} \cos 3x = \text{sen } 5x$

e) $2 \cos 3x + \sqrt{3} \text{ sen } x + \cos x = 0$

f) $\text{sen } 5x + \cos 5x = \sqrt{2} \cos 13x$

g) $\text{sen}^2\, x - \cos 2x = 2 - \text{sen } 2x$

h) $\text{sen }^6 x + \text{sen}^4 x \cdot \cos^2 x = \text{sen}^2 x \cdot \cos^3 x + \text{sen } x \cdot \cos^5 x$

i) $\text{sen}^2 x \cdot \cos^2 x - 10 \text{ sen } x \cdot \cos^3 x + 21 \cos^4 x = 0$

Resp: $\boxed{246}$ a) $x = 2k\pi \quad \vee \quad x = \dfrac{\pi}{2} + 2k\pi$

b) $x = \dfrac{k\pi}{2} \quad \vee \quad x = \dfrac{k\pi}{5}$

c) $x = \dfrac{2k\pi}{3} \quad \vee \quad x = \dfrac{3\pi}{5} + \dfrac{6k\pi}{5} \quad \vee \quad x = \dfrac{3k\pi}{2}$

2º) Diferença de senos

Subtraindo membro a membro as igualdades, obtemos:

$$\begin{cases} \operatorname{sen}(a+b) = \operatorname{sen} a . \cos b + \operatorname{sen} b . \cos a \\ \operatorname{sen}(a-b) = \operatorname{sen} a . \cos b - \operatorname{sen} b . \cos a \end{cases}$$

$\overline{\operatorname{sen}(a+b) - \operatorname{sen}(a-b) = 2 \operatorname{sen} b . \cos a} \Rightarrow$

$\operatorname{sen}(a+b) - \operatorname{sen}(a-b) = 2 \operatorname{sen} \dfrac{(a+b)-(a-b)}{2} . \cos \dfrac{(a+b)+(a-b)}{2} \Rightarrow$

$$\boxed{\operatorname{sen} x - \operatorname{sen} y = 2 \operatorname{sen} \dfrac{x-y}{2} . \cos \dfrac{x+y}{2}}$$

Exemplos: 1) $\operatorname{sen} 105° - \operatorname{sen} 15° = 2 \operatorname{sen} \dfrac{105° - 15°}{2} . \cos \dfrac{105° + 15°}{2} = 2 \operatorname{sen} 45° . \cos 60°$

2) $\operatorname{sen} 9x - \operatorname{sen} 3x = 2 \operatorname{sen} \dfrac{6x}{2} . \cos \dfrac{12x}{2} = 2 \operatorname{sen} 3x . \cos 6x$

3) $\operatorname{sen} x - \operatorname{sen} 5x = 2 \operatorname{sen} \dfrac{x-5x}{2} . \cos \dfrac{x+5x}{2} = 2 \operatorname{sen}(-2x) \cos 3x = -2 \operatorname{sen} 2x . \cos 3x$

ou

$\operatorname{sen} x - \operatorname{sen} 5x = -(\operatorname{sen} 5x - \operatorname{sen} x) = -\left(2 \operatorname{sen} \dfrac{4x}{2} . \cos \dfrac{6x}{2}\right) = -2 \operatorname{sen} 2x . \cos 3x$

3º) Soma de cossenos

Somando membro a membro as igualdades, obtemos:

$$\begin{cases} \cos(a+b) = \cos a . \cos b - \operatorname{sen} a . \operatorname{sen} b \\ \cos(a-b) = \cos a . \cos b + \operatorname{sen} a . \operatorname{sen} b \end{cases}$$

$\overline{\cos(a+b) + \cos(a-b) = 2 \cos a . \cos b} \Rightarrow$

$\cos(a+b) + \cos(a-b) = 2 \cos \dfrac{(a+b)+(a-b)}{2} . \cos \dfrac{(a+b)-(a-b)}{2} \Rightarrow$

$$\boxed{\cos x + \cos y = 2 \cos \dfrac{x+y}{2} . \cos \dfrac{x-y}{2}}$$

Exemplos: 1) $\cos 75° + \cos 15° = 2 \cos \dfrac{75° + 15°}{2} . \cos \dfrac{75° - 15°}{2} = 2 \cos 45° . \cos 30$

2) $\cos 5x + \cos 3x = 2 \cos \dfrac{8x}{2} . \cos \dfrac{2x}{2} = 2 \cos 4x . \cos x$

4) Diferença de cossenos

Subtraindo membro a membro as igualdades, obtemos:

$\boxed{246}$ Resolver as equações:

a) $\cos x + \operatorname{tg} \dfrac{x}{2} = 1$

b) $\operatorname{sen}^2 x + \operatorname{sen}^2 2x = \operatorname{sen}^2 3x + \operatorname{sen}^2 4x$

c) $\cos \dfrac{4x}{3} + \operatorname{sen}^2 \dfrac{3x}{2} + 2\operatorname{sen}^2 \dfrac{5x}{6} = \cos^2 \dfrac{3x}{2}$

Resp: $\boxed{244}$ a) $x = \dfrac{\pi}{3} + k\pi$ v $x = k\pi$ b) $x = \dfrac{\pi}{10} + \dfrac{k\pi}{5}$ v $x = k\pi$

c) $x = \dfrac{k\pi}{13}$ v $x = k\pi$ (Como a família $\dfrac{k\pi}{13}$ contém a $k\pi$, podemos simplificar o conj. solução para

$S = \left\{ x \in \mathbf{R} \mid x = \dfrac{k\pi}{13} \right\}$)

$\boxed{245}$ $x = \pi + 2k\pi$ v $x = \pm \dfrac{\pi}{3} + 2k\pi$

$$\begin{cases} \cos(a+b) = \cos a . \cos b - \sen a . \sen b \\ \cos(a-b) = \cos a . \cos b + \sen a . \sen b \end{cases}$$

$\cos(a+b) - \cos(a-b) = -2 . \sen a . \sen b \Rightarrow$

$\cos(a+b) - \cos(a-b) = -2 . \sen \dfrac{(a+b)+(a-b)}{2} . \sen \dfrac{(a+b)-(a-b)}{2} \Rightarrow$

Mais uma vez fazendo $a+b = x$ e $a-b = y$, obtemos:

$$\boxed{\cos x - \cos y = -2 . \sen \dfrac{x+y}{2} . \sen \dfrac{x-y}{2}}$$

Exemplos: 1) $\cos 105° - \cos 15° = -2 . \sen \dfrac{105° + 15°}{2} . \sen \dfrac{105° - 15°}{2} = -2 . \sen 60° . \sen 45°$

2) $\cos 7x - \cos x = -2 \sen \dfrac{7x + x}{2} . \sen \dfrac{7x - x}{2} = -2 . \sen 4x . \sen 3x$

3) $\cos 2x - \cos 6x = -2 . \sen \dfrac{2x - 6x}{2} . \sen \dfrac{2x + 6x}{2} = -2 . \sen(-2x) \sen 4x = 2 \sen 2x . \sen 4x$

ou

$\cos 2x - \cos 6x = -(\cos 6x - \cos 2x) = -(-2 \sen 4x . \sen 2x) = 2 \sen 4x . \sen 2x$

5°) Soma e diferença de tangentes

$\tg a + \tg b = \dfrac{\sen a}{\cos a} + \dfrac{\sen b}{\cos b} = \dfrac{\sen a . \cos b + \sen b . \cos a}{\cos a . \cos b} = \dfrac{\sen(a+b)}{\cos a . \cos b}$

Então: $\boxed{\tg a + \tg b = \dfrac{\sen(a+b)}{\cos a . \cos b}}$

Da mesma forma obtemos: $\boxed{\tg a - \tg b = \dfrac{\sen(a-b)}{\cos a . \cos b}}$

Exemplo 1: Fatore a expressão $y = \sen 7x + \sen 5x + \sen 3x + \sen x$

1° Modo: $y = (\sen 7x + \sen 5x) + (\sen 3x + \sen x)$

$y = \left[2 \sen \dfrac{7x + 5x}{2} . \cos \dfrac{7x - 5x}{2} \right] + \left[2 \sen \dfrac{3x + x}{2} . \cos \dfrac{3x - x}{2} \right]$

$y = 2 \sen 6x . \cos x + 2 . \sen 2x . \cos x = 2 \cos x (\sen 6x + \sen 2x)$

$y = 2 \cos x \left[2 \sen \dfrac{6x + 2x}{2} . \cos \dfrac{6x - 2x}{2} \right] \Rightarrow y = 4 \sen 4x . \cos 2x . \cos x$

$\boxed{244}$ Resolver as equações:

a) $\cos 2x + \sqrt{3}\ \text{sen } 2x = 1$

b) $\text{sen } 2x \cdot \cos 4x - \text{sen } x \cdot \cos 3x = 0$

c) $\cos 4x \cdot \cos 8x - \cos 5x \cdot \cos 9x = 0$

$\boxed{245}$ Resolver a equação $\qquad 1 + \dfrac{1}{\cos x} = \text{cotg}^2 \dfrac{x}{2}$

Resp: $\boxed{242}$ a) $x = \dfrac{\pi}{10} + \dfrac{k\pi}{5}$ v $x = \dfrac{7\pi}{24} + \dfrac{k\pi}{2}$ v $x = \dfrac{11\pi}{24} + \dfrac{k\pi}{2}$

            b) $x = \dfrac{\pi}{4} + \dfrac{k\pi}{2}$ v $x = \dfrac{\pi}{18} + \dfrac{2k\pi}{3}$ v $x = \dfrac{5\pi}{18} + \dfrac{2k\pi}{3}$

$\boxed{243}$ $x = -\dfrac{\pi}{4} + k\pi$ v $x = 2k\pi$ v $x = \dfrac{\pi}{2} + 2k\pi$

2º Modo: $y = (\text{sen } 7x + \text{sen } x) + (\text{sen } 5x + \text{sen } 3x)$

$$y = \left[2\text{sen}\frac{7x+x}{2}\cdot\cos\frac{7x-x}{2}\right] + \left[2\text{sen}\frac{5x+3x}{2}\cdot\cos\frac{5x-3x}{2}\right]$$

$$y = 2 \text{ sen } 4x \cdot \cos 3x + 2 \text{ sen } 4x \cdot \cos x$$

$$y = 2 \text{ sen } 4x (\cos 3x + \cos x) = 2 \text{ sen } 4x \cdot \left[2\cos\frac{3x+x}{2}\cdot\cos\frac{3x-x}{2}\right]$$

$$\boxed{y = 4 \cdot \text{sen } 4x \cdot \cos 2x \cdot \cos x}$$

Exemplo 2: Transforme em produto a expressão, nos casos:

a) $1 + \text{sen } x$

$$1 + \text{sen } x = \text{sen }\frac{\pi}{2} + \text{sen } x = 2 \text{ sen }\frac{\frac{\pi}{2}+x}{2}\cdot\cos\frac{\frac{\pi}{2}-x}{2} \Rightarrow$$

$$1 + \text{sen } x = 2 \text{ sen}\left(\frac{\pi}{4}+\frac{x}{2}\right)\cos\left(\frac{\pi}{4}-\frac{x}{2}\right)$$

como $\cos\left(\frac{\pi}{4}-x\right)=\text{sen}\left(\frac{\pi}{4}+x\right)$, podemos escrever

$$1 + \text{sen } x = 2 \text{ sen}\left(\frac{\pi}{4}+\frac{x}{2}\right)\cdot\text{sen}\left(\frac{\pi}{4}+\frac{x}{2}\right) = 2 \text{ sen}^2\left(\frac{\pi}{4}+\frac{x}{2}\right)$$

b) $\text{sen } x + \cos x$

$$\text{sen } x + \cos x = \text{sen } x + \text{sen}\left(\frac{\pi}{2}-x\right) = 2\text{sen}\frac{x+\left(\frac{\pi}{2}-x\right)}{2}\cdot\cos\frac{x-\left(\frac{\pi}{2}-x\right)}{2} \Rightarrow$$

$$\text{sen } x + \cos x = 2 \text{ sen}\frac{\pi}{4}\cos\left(x-\frac{\pi}{4}\right) = 2\frac{\sqrt{2}}{2}\cos\left(x-\frac{\pi}{4}\right) = \sqrt{2}\cos\left(x-\frac{\pi}{4}\right)$$

Exemplo 3: Transforme $\text{sen}^2 x$ em uma soma com potência do 1º grau

1º Modo: Usando $\cos 2x = 1 - 2 \text{ sen}^2 x$

$$\cos 2x = 1 - 2 \text{ sen}^2 x \Rightarrow 2 \text{ sen}^2 x = 1 - \cos 2x \Rightarrow \text{sen}^2 x = \frac{1}{2} - \frac{1}{2}\cos 2x$$

2º Modo: Usando $2 \text{ sen } x \cdot \text{sen } y = \cos(x-y) - \cos(x+y)$

$$\text{sen}^2 x = \frac{1}{2}(2\text{sen } x \cdot \text{sen } x) = \frac{1}{2}[\cos(x-x)-\cos(x+x)] = \frac{1}{2}(\cos 0 - \cos 2x)$$

$$\text{sen}^2 x = \frac{1}{2} - \frac{1}{2}\cos 2x$$

$\boxed{242}$ Resolver as equações:

a) $\operatorname{sen} 9x + \cos 5x = \operatorname{sen} x$

b) $\operatorname{sen} 5x + \operatorname{sen} x + 2 \operatorname{sen}^2 x = 1$

$\boxed{243}$ Resolver a equação $\quad \operatorname{sen} x + \cos x = 1 + \operatorname{sen} 2x$

Resp: $\boxed{239}$ $\quad x = -\dfrac{\pi}{6} + k\pi$

$\boxed{240}$ $\quad$ a) $x = \dfrac{\pi}{2} + k\pi \quad$ v $\quad x = \dfrac{3\pi}{4} + k\pi$

b) $x = \dfrac{\pi}{24} + \dfrac{k\pi}{2} \quad$ v $\quad x = \dfrac{5\pi}{24} + \dfrac{k\pi}{2}$

$\boxed{241}$ $\quad x = \dfrac{\pi}{8} + \dfrac{k\pi}{4} \quad$ v $\quad x = \dfrac{\pi}{18} + \dfrac{2k\pi}{3} \quad$ v $\quad x = \dfrac{5\pi}{18} + \dfrac{2k\pi}{3}$

Exemplo 4 : Mostre que   sen 47° + sen 61° − sen 11° − sen 25° = cos 7°

Vamos agrupar convenientemente e transformar em produto

$$(\operatorname{sen} 61° + \operatorname{sen} 47°) - (\operatorname{sen} 25° + \operatorname{sen} 11°) = 2\operatorname{sen}\frac{61° + 47°}{2}\cdot\cos\frac{61° - 47°}{2} - 2\operatorname{sen}\frac{25° + 11°}{2}\cdot\cos\frac{25° - 11}{2}$$

$$= 2\cos 54°\cdot\cos 7° - 2\operatorname{sen} 18°\cdot\cos 7° = 2\cos 7°\,(\operatorname{sen} 54° - \operatorname{sen} 18°) =$$

$$= 2\cos 7°\left(2\operatorname{sen}\frac{54° - 18°}{2}\cdot\cos\frac{54° + 18°}{2}\right) = 2\cos 7°\cdot 2\operatorname{sen} 18°\cdot\cos 36° =$$

$$= 2\cos 7°\,\frac{(2\operatorname{sen} 18°\cdot\cos 18°)\cos 36°}{\cos 18°} = 2\cos 7°\cdot\frac{\operatorname{sen} 36°\cdot\cos 36°}{\cos 18°} = \cos 7°\cdot\frac{(2\operatorname{sen} 36°\cdot\cos 36°)}{\cos 18°} =$$

$$= \cos 7°\cdot\frac{\operatorname{sen} 72°}{\cos 18°} = \cos 7°\cdot\frac{\cos 18°}{\cos 18°} = \cos 7°$$

Exemplo 5: Prove que se   sen α + sen β = 2 sen (α + β) , com α + β ≠ kπ , então $\operatorname{tg}\frac{\alpha}{2}\cdot\operatorname{tg}\frac{\beta}{2} = \frac{1}{3}$

1°) Transformando em produto o 1° membro e arco duplo no 2° obtemos:

$$\operatorname{sen}\alpha + \operatorname{sen}\beta = 2\operatorname{sen}(\alpha+\beta) \Rightarrow 2\operatorname{sen}\frac{\alpha+\beta}{2}\cdot\cos\frac{\alpha-\beta}{2} = 2\cdot\left[2\operatorname{sen}\frac{\alpha+\beta}{2}\cdot\cos\frac{\alpha+\beta}{2}\right]$$

como $\frac{\alpha+\beta}{2} \neq \frac{k\pi}{2}$, temos que $\operatorname{sen}\frac{\alpha+\beta}{2}$ e $\cos\frac{\alpha+\beta}{2}$ são diferentes de zero. Então:

$$2\operatorname{sen}\frac{\alpha+\beta}{2}\cdot\cos\frac{\alpha-\beta}{2} = 4\operatorname{sen}\frac{\alpha+\beta}{2}\cdot\cos\frac{\alpha+\beta}{2} \Rightarrow \boxed{\cos\frac{\alpha-\beta}{2} = 2\cos\frac{\alpha+\beta}{2}}$$

2°) $\operatorname{tg}\dfrac{\alpha}{2}\cdot\operatorname{tg}\dfrac{\beta}{2} = \dfrac{\operatorname{sen}\dfrac{\alpha}{2}\cdot\operatorname{sen}\dfrac{\beta}{2}}{\cos\dfrac{\alpha}{2}\cdot\cos\dfrac{\beta}{2}}$

Transformando em soma o numerador e o denominador , obtemos:

$$\operatorname{tg}\frac{\alpha}{2}\cdot\operatorname{tg}\frac{\beta}{2} = \frac{\cos\dfrac{\alpha-\beta}{2} - \cos\dfrac{\alpha+\beta}{2}}{\cos\dfrac{\alpha+\beta}{2} + \cos\dfrac{\alpha-\beta}{2}}$$

Como $\cos\dfrac{\alpha-\beta}{2} = 2\cos\dfrac{\alpha+\beta}{2}$ (obtido em 1°) , substituindo obtemos:

$$\operatorname{tg}\frac{\alpha}{2}\cdot\operatorname{tg}\frac{\beta}{2} = \frac{2\cos\dfrac{\alpha+\beta}{2} - \cos\dfrac{\alpha+\beta}{2}}{\cos\dfrac{\alpha+\beta}{2} + 2\cos\dfrac{\alpha+\beta}{2}} = \frac{\cos\dfrac{\alpha+\beta}{2}}{3\cos\dfrac{\alpha+\beta}{2}} = \frac{1}{3}$$

$\boxed{239}$ Resolver a equação $\sqrt{3}$ sen x + cos x = 0

1º Modo: Dividindo por cos x

2º Modo: Dividindo por 2 e usando adição de arcos

$\boxed{240}$ Resolver as equações:

a) sen 2x + 2 cos² x = 0

b) sen x . cos x . cos 2x = $\dfrac{1}{8}$

$\boxed{241}$ Resolver a equação sen 7x – cos 4x – sen x = 0

Resp: $\boxed{238}$ a) $x = 2k\pi$ v $x = \pm\dfrac{2\pi}{3} + 2k\pi$

b) $x = \dfrac{\pi}{6} + 2k\pi$ v $x = \dfrac{5\pi}{6} + 2k\pi$ v $x = \dfrac{3\pi}{2} + 2k\pi$

c) $x = \dfrac{\pi}{4} + k\pi$ v $x = -\text{arc tg}\dfrac{2}{5} + k\pi$

124

EXERCÍCIOS

91 Dados $x = ab + cd$ e $y = ab - cd$ determine:

a) $x + y$

b) $x - y$

92 Dados a soma $S = a + b$ e a diferença $D = a - b$, determine:

a) $S + D$

b) $S - D$

93 Dados $a + b = S$ e $a - b = D$ determine a e b em função de S e D.

94 Simplifique as expressões:

a) $\dfrac{(a+b)+(a-b)}{2}$

b) $\dfrac{(a+b)-(a-b)}{2}$

95 Expressar x e y em função de $x + y$ e $x - y$

96 Dadas a soma $S = a + b$ e a diferença $D = a - b$, determine **a** e **b** nos casos:

a) $S = 10$ e $D = 2$

b) $S = 15$ e $D = 21$

c) $S = 9x$ e $D = 3x$

d) $S = 5x$ e $D = 11x$

97 Escreva as fórmulas de sen (a + b) e sen (a – b) e some membro a membro as igualdades para obter que
2 sen a . cos b = sen (a + b) + sen (a – b)

$\begin{cases} \text{sen}(a+b) = \\ \text{sen}(a-b) = \end{cases}$

$\boxed{238}$ Resolver as equações:

a) $2 \operatorname{sen}^2 x + \cos x - 1 = 0$

b) $2 \cos^2 x - \operatorname{sen} x - 1 = 0$

c) $5 \operatorname{sen}^2 x - 3 \operatorname{sen} x \cdot \cos x - 2 \cos^2 x = 0$

Resp: $\boxed{236}$ a) $x = \dfrac{\pi}{8} + \dfrac{k\pi}{2}$ b) $x = \dfrac{\pi}{6} + \dfrac{k\pi}{3}$ c) $x = \dfrac{\pi}{10} + \dfrac{k\pi}{3}$ d) $x = \dfrac{k\pi}{2}$, k é par

$\boxed{237}$ a) $x = \dfrac{\pi}{6} + 2k\pi$ v $x = \dfrac{5\pi}{6} + 2k\pi$ b) $x = \operatorname{arc sen} \dfrac{1}{5} + 2k\pi$ v $x = \pi - \operatorname{arc sen} \dfrac{1}{5} + 2k\pi$

c) $x = \pm \dfrac{5\pi}{6} + 2k\pi$ d) $x = \pm \operatorname{arc cos}\left(-\dfrac{1}{4}\right) + 2k\pi$ e) $x = \dfrac{2\pi}{3} + k\pi$ f) $x = \operatorname{arc tg} 3 + k\pi$

98 Tranformar em soma as expressões nos casos:

a) 2 sen 9x . cos 4x

b) 2 sen 8a . cos 2a

c) 2 sen 40° . cos 10°

d) 2 sen 3x . cos 5x

e) sen 5a . cos 3a

f) 3 sen 6x . cos 9x

99 Escreva as fórmulas de cos (a + b) e cos (a − b) e some membro a membro as igualdades para obter que 2 cos a . cos b = cos (a + b) + cos (a − b)

$$\begin{cases} \cos(a+b) = \\ \cos(a-b) = \end{cases}$$

100 Transforme em soma as expressões nos casos:

a) 2 cos 8x . cos 3x

b) 4 cos 5a . cos a

c) 2 cos 70° . cos 10°

d) cos 4x . cos x

101 Escrever as fórmulas de cos (a − b) e cos (a + b) e subtrair membro a membro as igualdades para obter 2 sen a . sen b = cos (a − b) − cos (a + b)

$$\begin{cases} \cos(a-b) = \\ \cos(a+b) = \end{cases}$$

Resp: **91** a) 2 ab   b) 2 cd   **92** a) 2a   b) 2b   **93** $a = \dfrac{S+D}{2}$, $b = \dfrac{S-D}{2}$

94 a) a   b) b   **95** $x = \dfrac{(x+y)+(x-y)}{2}$, $y = \dfrac{(x+y)-(x-y)}{2}$ **96** a) a = 6, b = 4

b) a = 18, b = −3   c) a = 6x, b = 3x   d) a = 8x, b = −3x

$\boxed{236}$ Sabendo que $\operatorname{tg} x = \operatorname{tg} \alpha \Leftrightarrow x = \alpha + k\pi$, resolver as equações:

a) $\operatorname{tg} 3x = \operatorname{tg}\left(x + \dfrac{\pi}{4}\right)$

b) $\operatorname{tg} 2x = \operatorname{tg}\left(\dfrac{\pi}{2} - x\right)$

c) $\operatorname{tg} 3x = \operatorname{cotg} \dfrac{\pi}{5}$

d) $\operatorname{tg} 3x = \operatorname{tg} x$

$\boxed{237}$ Resolver as equações:

a) $\operatorname{sen} x = \dfrac{1}{2}$

b) $\operatorname{sen} x = \dfrac{1}{5}$

c) $\cos x = -\dfrac{\sqrt{3}}{2}$

d) $\cos x = -\dfrac{1}{4}$

e) $\operatorname{tg} x = -\sqrt{3}$

f) $\operatorname{tg} x = 3$

Resp: Nas respostas dos exercícios, k é um número inteiro

$\boxed{234}$ a) $x = \dfrac{\pi}{20} + \dfrac{k}{2}$ v $x = \dfrac{\pi}{10} + \dfrac{k\pi}{4}$

b) $x = \dfrac{\pi}{12} + \dfrac{k\pi}{3}$ v $x = \dfrac{\pi}{4} + k\pi$

c) $x = \dfrac{\pi}{16} + \dfrac{k\pi}{4}$ v $x = \dfrac{\pi}{4} + k\pi$

d) $x = \dfrac{7\pi}{40} + \dfrac{k\pi}{2}$ v $x = \dfrac{13\pi}{40} + \dfrac{k\pi}{2}$

$\boxed{235}$ a) $x = -\dfrac{\pi}{12} + k\pi$ v $x = \dfrac{\pi}{24} + \dfrac{k\pi}{2}$

b) $x = \dfrac{\pi}{18} + 2\dfrac{k\pi}{9}$ v $x = -\dfrac{\pi}{2} + 2k\pi$

c) $x = \dfrac{\pi}{12} + \dfrac{k\pi}{3}$ v $x = -\dfrac{\pi}{4} + k\pi$

d) $x = \dfrac{8\pi}{45} + \dfrac{2k\pi}{3}$ v $x = \dfrac{2\pi}{45} + \dfrac{2k\pi}{3}$

102 Transforme em soma as expressões nos casos:

a) 2 sen 7x . sen 2x

b) 4 sen 70° . sen 10°

c) 3 sen $\dfrac{3x}{2}$. sen $\dfrac{x}{2}$

d) sen 2a . sen 6a

103 Transforme em soma as seguintes expressões:

a) 2 sen x . cos y =

b) 2 cos x . cos y =

c) 2 sen x . sen y =

d) 2 sen 7x . cos 2x =

e) 6 cos 4a . cos 6a =

f) 8 sen 8x . sen 7x =

g) cos 6x . cos x =

h) sen 10a . sen 5a =

i) sen 2x . cos 5x =

104 Escrever as fórmulas de sen (a + b) e sen (a − b) para mostrar que sen (a + b) + sen (a − b) = 2 sen a . cos b

$\begin{cases} \text{sen}(a=b) = \\ \text{sen}(a-b) = \end{cases}$

105 Fazendo a + b = x e a − b = y reescreva a fórmula sen (a + b) + sen (a − b) = 2 sen a . cos b em função de x e y

---

Resp: **98** a) sen 13x + sen 5x   b) sen 10a + sen 6a   c) sen 50° + $\dfrac{1}{2}$ d) sen 8x − sen 2x

e) $\dfrac{1}{2}$ sen 8a + $\dfrac{1}{2}$ sen 2a   f) $\dfrac{3}{2}$ sen 15x − $\dfrac{3}{2}$ sen 3x   **100** a) cos 11x + cos 5x   b) 2 cos 6a + 2 cos 4a

c) cos 80° + $\dfrac{1}{2}$ d) $\dfrac{1}{2}$ cos 5x + $\dfrac{1}{2}$ cos 3x

50

EXERCÍCIOS

234 Sabendo que $\operatorname{sen} x = \operatorname{sen} \alpha \Leftrightarrow x = \alpha + 2k\pi$ ou $x = \pi - \alpha + 2k\pi$, $k \in Z$, resolver as equações:

a) $\operatorname{sen} 6x = \operatorname{sen}\left(2x + \dfrac{\pi}{5}\right)$

b) $\operatorname{sen} 4x = \operatorname{sen}\left(\dfrac{\pi}{2} - 2x\right)$

c) $\operatorname{sen} 5x = \cos 3x$

d) $\operatorname{cossec}\left(4x - \dfrac{\pi}{2}\right) = \operatorname{cossec} \dfrac{\pi}{5}$

235 Sabendo que $\cos x = \cos \alpha \Leftrightarrow x = \pm \alpha + 2k\pi$, $k \in Z$, resolver as equações:

a) $\cos 3x = \cos\left(x - \dfrac{\pi}{6}\right)$

b) $\cos 5x = \cos\left(\dfrac{\pi}{2} - 4x\right)$

c) $\cos 4x = \operatorname{sen} 2x$

d) $\sec\left(3x - \dfrac{\pi}{3}\right) = \sec \dfrac{\pi}{5}$

121

106 Transforme em produto as seguintes expressões:

a) sen 9x + sen 5x

b) sen 6x + sen 2x

c) $\sen\left(\dfrac{\pi}{3}+x\right)+\sen\left(\dfrac{\pi}{3}-x\right)$

d) sen 7x − sen 3x = sen 7x + sen (− 3x)

107 Escrever as fórmulas de sen (a + b) e sen (a − b) para mostrar que sen (a + b) − sen (a − b) = 2 sen b . cos a e fazendo a + b = x e a − b = y, reescrever a fórmula em função de x e y.

$\begin{cases}\sen(a+b)=\\ \sen(a-b)=\end{cases}$

108 Transforme em produto as seguintes expressões:

a) sen 9x − sen 5x

b) sen 10x − sen 2x

c) $\sen\left(\dfrac{\pi}{6}+2x\right)-\sen\left(\dfrac{\pi}{6}-2x\right)$

d) sen 3x − sen 7x

109 Escreva as fórmulas de cos (a + b) e cos (a − b) para mostrar que cos (a + b) + cos (a − b) = 2 cos a . cos b e fazendo a + b = x e a − b = y, reescreva a fórmula em função de x e y.

$\begin{cases}\cos(a+b)=\\ \cos(a-b)=\end{cases}$

Resp: **102** a) cos 5x − cos 9x   b) 1 − 2 cos 80°   c) $\dfrac{3}{2}\cos x - \dfrac{3}{2}\cos 2x$ d) $\dfrac{1}{2}\cos 4a - \dfrac{1}{2}\cos 8a$

103 a) sen (x + y) + sen (x − y)   b) cos (x + y) + cos (x − y)   c) cos (x − y) − cos (x + y)   d) sen 9x + sen 5x

e) 3 cos 10a + 3 cos 2a   f) 4 cos x − 4 cos 15 x   g) $\dfrac{1}{2}\cos 7x + \dfrac{1}{2}\cos 5x$ h) $\dfrac{1}{2}\cos 5a - \dfrac{1}{2}\cos 15a$

i) $\dfrac{1}{2}\sen 7x - \dfrac{1}{2}\sen 3x$ **105** sen x + sen y = 2 sen $\dfrac{x+y}{2}\cdot\cos\dfrac{x-y}{2}$

51

$$12u^2 - 2u - 2 = 0 \qquad \Leftrightarrow \qquad 6u^2 - u - 1 = 0$$

$$\Delta = 1 + 24 = 25 \implies u = \frac{1 \pm 5}{12} \Leftrightarrow u = \frac{1}{2} \quad v \quad u = -\frac{1}{3}$$

Então: $\operatorname{tg} \dfrac{x}{2} = \dfrac{1}{2} \quad v \quad \operatorname{tg} \dfrac{x}{2} = -\dfrac{1}{3}$

$$\frac{x}{2} = \operatorname{arc\,tg} \frac{1}{2} + k\pi \quad v \quad \frac{x}{2} = \operatorname{arc\,tg}\left(-\frac{1}{3}\right) + k\pi$$

$$x = 2 \operatorname{arc\,tg} \frac{1}{2} + 2k\pi \quad v \quad x = 2\operatorname{arc\,tg}\left(-\frac{1}{3}\right) + 2k\pi$$

Como $\operatorname{arc\,tg}\left(-\dfrac{1}{3}\right) = -\operatorname{arc\,tg}\left(\dfrac{1}{3}\right)$, obtemos:

$$x = 2 \operatorname{arc\,tg} \frac{1}{2} + 2k\pi \quad v \quad x = -2\operatorname{arc\,tg}\frac{1}{3} + 2k\pi \quad , \quad k \in Z$$

Exemplo 10: Resolver a equação $\quad \operatorname{sen}^2 2x + \operatorname{sen}^2 3x + \operatorname{sen}^2 4x + \operatorname{sen}^2 9x = 2$

Note que: $\quad \cos 2x = 2\cos^2 x - 1 \implies \cos^2 x = \dfrac{1 + \cos 2x}{2}$

$$\cos 2x = 1 - 2\operatorname{sen}^2 x \implies \operatorname{sen}^2 x = \frac{1 - \cos 2x}{2} \ . \ \text{Então:}$$

$$\frac{1 - \cos 4x}{2} + \frac{1 - \cos 6x}{2} + \frac{1 - \cos 8x}{2} + \frac{1 - \cos 18x}{2} = 2 \quad \Leftrightarrow$$

$(\cos 18x + \cos 4x) + (\cos 8x + \cos 6x) = 0 \Leftrightarrow$

$2 \cos 11x \cdot \cos 7x + 2 \cos 7x \cdot \cos x = 0 \Leftrightarrow$

$\cos 7x (\cos 11x + \cos x) = 0 \Leftrightarrow$

$\cos 7x (2 \cos 6x \cdot \cos 5x) = 0 \Leftrightarrow$

$\cos 7x = 0 \qquad v \qquad \cos 6x = 0 \qquad v \qquad \cos 5x = 0$

$7x = \dfrac{\pi}{2} + k\pi \quad v \quad 6x = \dfrac{\pi}{2} + k\pi \quad v \quad 5x = \dfrac{\pi}{2} + k\pi$

$x = \dfrac{\pi}{14} + \dfrac{k\pi}{7} \quad v \quad x = \dfrac{\pi}{12} + \dfrac{k\pi}{6} \quad v \quad x = \dfrac{\pi}{10} + \dfrac{k\pi}{5} \quad , \ k \in Z$

110 Transforme em produto as seguintes expressões:

a) $\cos 9x + \cos 7x$

b) $\cos 3x + \cos 2x$

c) $\cos\left(\dfrac{\pi}{4} + x\right) + \cos\left(\dfrac{\pi}{4} - x\right)$

d) $\cos\left(\dfrac{\pi}{3} - 2x\right) + \cos 2x$

111 Escreva as fórmulas de $\cos(a+b)$ e $\cos(a-b)$ para mostrar que $\cos(a+b) - \cos(a-b) = -2\operatorname{sen} a \cdot \operatorname{sen} b$ e fazendo $a+b = x$ e $a-b = y$, reescreva a fórmula em função de x e y.

$\begin{cases} \cos(a+b) = \\ \cos(a-b) = \end{cases}$

112 Tranforme em produto as seguintes expressões:

a) $\cos 7x - \cos 3x$

b) $\cos 8x - \cos 4x$

c) $\cos 2x - \cos 6x$

d) $\cos\left(\dfrac{\pi}{3} - 2x\right) - \cos\left(\dfrac{\pi}{3} + 2x\right)$

113 Mostre que $\operatorname{tg} x + \operatorname{tg} y = \dfrac{\operatorname{sen}(x+y)}{\cos x \cdot \cos y}$ e $\operatorname{tg} x - \operatorname{tg} y = \dfrac{\operatorname{sen}(x-y)}{\cos x \cdot \cos y}$

Resp: **106** a) $2\operatorname{sen} 7x \cdot \cos 2x$ b) $2\operatorname{sen} 4x \cdot \cos 2x$ c) $\sqrt{3}\cos x$ d) $2\operatorname{sen} 2x \cdot \cos 5x$

107 $\operatorname{sen} x - \operatorname{sen} y = 2\operatorname{sen} \dfrac{x-y}{2} \cos \dfrac{x+y}{2}$ **108** a) $2\operatorname{sen} 2x \cdot \cos 7x$ b) $2\operatorname{sen} 4x \cdot \cos 6x$

c) $\sqrt{3}\operatorname{sen} 2x$ d) $-2\operatorname{sen} 2x \cdot \cos 5x$ **109** $\cos x + \cos y = 2\cos \dfrac{x+y}{2} \cos \dfrac{x-y}{2}$

52

Exemplo 7: Resolver a equação $\cos 2x - \operatorname{sen} 3x - \operatorname{sen} 7x = 0$

Vamos usar **transformação em produto**

$\cos 2x - (\operatorname{sen} 7x + \operatorname{sen} 3x) = 0 \iff \cos 2x - 2 \operatorname{sen} 5x \cdot \cos 2x = 0$

$\iff \cos 2x (1 - 2 \operatorname{sen} 5x) = 0 \iff$
$\cos 2x = 0 \quad \vee \quad 1 - 2 \operatorname{sen} 5x = 0$

$\cos 2x = 0 \quad \vee \quad \operatorname{sen} 5x = \dfrac{1}{2} = \operatorname{sen} \dfrac{\pi}{6}$

$2x = \dfrac{\pi}{2} + k\pi \quad \vee \quad 5x = \dfrac{\pi}{6} + 2k\pi \quad \vee \quad 5x = \pi - \dfrac{\pi}{6} + 2k\pi$

$x = \dfrac{\pi}{4} + \dfrac{k\pi}{2} \quad \vee \quad x = \dfrac{\pi}{30} + \dfrac{2k\pi}{5} \quad \vee \quad x = \dfrac{\pi}{6} + \dfrac{2k\pi}{5} \quad , \quad k \in Z$

Exemplo 8: Resolver a equação $\operatorname{sen} 7x \cdot \cos x - \operatorname{sen} 6x \cdot \cos 2x = 0$

Vamos usar **transformção em soma**

$(\operatorname{sen} 7x \cdot \cos x) - (\operatorname{sen} 6x \cdot \cos 2x) = 0$
$(2 \operatorname{sen} 7x \cdot \cos x) - (2 \operatorname{sen} 6x \cdot \cos 2x) = 0$
$(\operatorname{sen} 8x + \operatorname{sen} 6x) - (\operatorname{sen} 8x + \operatorname{sen} 4x) = 0$
1º Modo: $\operatorname{sen} 6x = \operatorname{sen} 4x \implies 6x = 4x + 2k\pi \quad \vee \quad 6x = \pi - 4x + 2k\pi$

$$x = k\pi \quad \vee \quad x = \dfrac{\pi}{10} + \dfrac{k\pi}{5} \quad , \quad k \in Z$$

2º Modo: $\operatorname{sen} 6x - \operatorname{sen} 4x = 0 \iff 2 \operatorname{sen} x \cdot \cos 5x = 0 \iff$

$\operatorname{sen} x = 0 \quad \vee \quad \cos 5x = 0 \iff x = k\pi \quad \vee \quad 5x = \dfrac{\pi}{2} + k\pi \iff$

$$x = k\pi \quad \vee \quad x = \dfrac{\pi}{10} + \dfrac{k\pi}{5} \quad , \quad k \in Z$$

Exemplo 9: Resolver a equação $\operatorname{sen} x + 7 \cos x = 5$

Muitas vezes são importantes as substituições:

$$\operatorname{sen} x = \dfrac{2 \operatorname{tg} \dfrac{x}{2}}{1 + \operatorname{tg}^2 \dfrac{x}{2}} \quad , \quad \cos x = \dfrac{1 - \operatorname{tg}^2 \dfrac{x}{2}}{1 + \operatorname{tg}^2 \dfrac{x}{2}} \quad \text{e} \quad \operatorname{tg} x = \dfrac{2 \operatorname{tg} \dfrac{x}{2}}{1 - \operatorname{tg}^2 \dfrac{x}{2}}$$

Fazendo $\operatorname{tg} \dfrac{x}{2} = u$ obtemos: $\operatorname{sen} x = \dfrac{2u}{1 + u^2}$, $\cos x = \dfrac{1 - u^2}{1 + u^2}$, $\operatorname{tg} x = \dfrac{2u}{1 - u^2}$

Então: $\operatorname{sen} x + 7 \cos x = 5 \iff$

$$\dfrac{2u}{1 + u^2} + 7 \dfrac{1 - u^2}{1 + u^2} = 5 \iff 2u + 7 - 7u^2 = 5 + 5u^2 \iff$$

114 Mostre que $\cot x - \tg y = \dfrac{\cos(x+y)}{\sen x \cdot \cos y}$

115 Usando as fórmulas
(I) $2 \sen x \cdot \cos y = \sen(x+y) + \sen(x-y)$
(II) $2 \cos x \cdot \cos y = \cos(x+y) + \cos(x-y)$
(III) $2 \sen x \cdot \sen y = \cos(x-y) - \cos(x+y)$, transforme em soma:

a) $2 \sen 32° \cdot \cos 3°$

b) $2 \cos 13° \cdot \cos 7°$

c) $2 \sen 21° \cdot \sen 10°$

d) $\cos 42° \cdot \cos 12°$

e) $\cos 20° \cdot \sen 13°$

f) $\sen 10° \cdot \sen 22°$

g) $5 \cos 13a \cdot \cos 3a$

h) $7 \sen 5x \cdot \cos 12x$

i) $10 \sen 7x \cdot \sen 13x$

116 Determine o valor de y nos casos:

a) $y = 2 \sen 75° \cdot \cos 15°$

b) $y = 2 \sen 105° \cdot \sen 15°$

c) $y = \tg 135° + \tg 15°$

d) $y = \tg 45° - \tg 15°$

e) $y = \sen 52°30' \cdot \cos 7°30'$

Resp: **110** a) $2 \cos 8x \cdot \cos x$ b) $2 \cos \dfrac{5x}{2} \cos \dfrac{x}{2}$ c) $\sqrt{2} \cos x$ d) $\sqrt{3} \cos\left(\dfrac{\pi}{6} - 2x\right)$

111 $\cos x - \cos y = -2 \sen \dfrac{x+y}{2} \cdot \sen \dfrac{x-y}{2} = 2 \sen \dfrac{x+y}{2} \cdot \sen \dfrac{y-x}{2}$

112 a) $-2 \sen 5x \cdot \sen 2x$ b) $-2 \sen 6x \cdot \sen 2x$ c) $2 \sen 2x \cdot \sen 4x$ d) $\sqrt{3} \sen 2x$

$k = 0 \Rightarrow x = \pm \dfrac{\pi}{6} \quad \left(-\dfrac{\pi}{6} \notin [0, 2\pi[\right)$

$k = 1 \Rightarrow x = \dfrac{\pi}{6} + \pi \quad v \quad x = -\dfrac{\pi}{6} + \pi \Rightarrow x = \dfrac{7\pi}{6} \quad v \quad x = \dfrac{5\pi}{6}$

$k = 2 \Rightarrow x = \left(\dfrac{\pi}{6} + 2\pi\right) \notin [0, 2\pi[\quad v \quad x = -\dfrac{\pi}{6} + 2\pi = \dfrac{11\pi}{6}$

Então: $\quad S = \left\{\dfrac{\pi}{6}, \dfrac{5\pi}{6}, \dfrac{7\pi}{6}, \dfrac{11\pi}{6}\right\}$

Exemplo 6: Resolver a equação:

$$3 \operatorname{sen}^2 3x + 3 \operatorname{sen} 3x \cdot \cos 3x - \sqrt{3} \operatorname{sen} 3x \cdot \cos 3x - \sqrt{3} \cos^2 3x = 0$$
sendo x em graus   e $0° \leq x < 360°$

Dividindo por $\cos^2 3x$, que é diferente de zero, obtemos:

$3 \operatorname{tg}^2 3x + 3 \operatorname{tg} 3x - \sqrt{3} \operatorname{tg} 3x - \sqrt{3} = 0$

$3y^2 + 3y - \sqrt{3} y - \sqrt{3} = 0$

$3y (y + 1) - \sqrt{3} (y + 1) = 0$

$(y + 1) (3y - \sqrt{3}) = 0$

$y = 1 \quad v \quad y = \dfrac{\sqrt{3}}{3} \Rightarrow \operatorname{tg} 3x = -1 \quad v \operatorname{tg} 3x = \dfrac{\sqrt{3}}{3} \Rightarrow$

$\operatorname{tg} 3x = \operatorname{tg} 135°$	v	$\operatorname{tg} 3x = \operatorname{tg} 30°$
$3x = 135° + k \cdot 180°$	v	$3x = 30° + k \cdot 180°$
$x = 45° + 60°k$	v	$x = 10° + 60°k$

$k = 0 \Rightarrow x = 45° \quad v \quad x = 10°$
$k = 1 \Rightarrow x = 105° \quad v \quad x = 70°$
$k = 2 \Rightarrow x = 165° \quad v \quad x = 130°$
$k = 3 \Rightarrow x = 225° \quad v \quad x = 190° \quad$ etc

Então: $\quad S = \{10°, 45°, 70°, 105°, 130°, 165°, 190°, 225°, 285°, 310°, 345°\}$

Obs: 1) Para resolvermos a equação $4 \operatorname{sen}^2 2x - \operatorname{sen} 2x \cdot \cos 2x + \cos^2 2x = 2$ dividimos por $\cos^2 2x$,

não esquecendo que $\dfrac{2}{\cos^2 2x} = 2 \sec^2 2x = 2(1 + \operatorname{tg}^2 2x)$

2) Para resolvermos a equação $3 \operatorname{sen} 5x - \sqrt{3} \cos 5x = 0$ dividimos por $\cos 5x$ e obtemos

$$3 \dfrac{\operatorname{sen} 5x}{\cos 5x} - \sqrt{3} = 0 \iff 3 \operatorname{tg} 5x - \sqrt{3} = 0 \iff \operatorname{tg} 5x = \dfrac{\sqrt{3}}{3} = \operatorname{tg} \dfrac{\pi}{6}$$

117 Usando as fórmulas

(I) $\text{sen } x + \text{sen } y = 2 \text{ sen } \dfrac{x+y}{2} \cdot \cos \dfrac{x-y}{2}$ 　　(II) $\text{sen } x - \text{sen } y = 2 \text{ sen } \dfrac{x-y}{2} \cdot \cos \dfrac{x+y}{2}$

(III) $\cos x + \cos y = 2 \cos \dfrac{x+y}{2} \cdot \cos \dfrac{x-y}{2}$ 　　(IV) $\cos x - \cos y = -2 \text{ sen } \dfrac{x+y}{2} \cdot \text{sen } \dfrac{x-y}{2}$

transforme em produto:

a) sen 55° + sen 15° =

b) sen 70° − sen 20° =

c) cos 50° + cos 12° =

d) cos 35° − cos 5° =

e) cos 5x + cos 7x =

f) sen 9x − sen x =

g) sen 11a + sen 3a =

h) cos 7x − cos 11x =

i) sen 3x − sen 9x =

j) cos 3a − cos 5a =

118 Transformar em produto

a) sen 10x + sen 4x + sen 8x + sen 2x

b) sen 9x − sen x + sen 7x + sen x

c) cos 7x − cos 5x − cos 3x + cos x

Resp: **115** a) sen 35° + sen 29°　　b) cos 20° + cos 6°　　c) cos 11° − cos 31°　　d) (cos 54° + cos 30°)

e) $\dfrac{1}{2}$ (sen 33° − sen 7°)　　f) $\dfrac{1}{2}$ (cos 12° − cos 32°)　　g) $\dfrac{5}{2}$ (cos 16a + cos 10a)　　h) $\dfrac{7}{2}$ (sen 17x − sen 7x)

i) 5 (cos 6x − cos 20x)　　**116** a) $\dfrac{\sqrt{3}+2}{2}$　　b) $\dfrac{1}{2}$　　c) $1-\sqrt{3}$　　d) $\sqrt{3}-1$　　e) $\dfrac{\sqrt{3}+\sqrt{2}}{4}$

54

2º Modo: Vendo no ciclo trigonométrico onde estão as extremidades dos arcos que têm seno $\frac{1}{2}$.

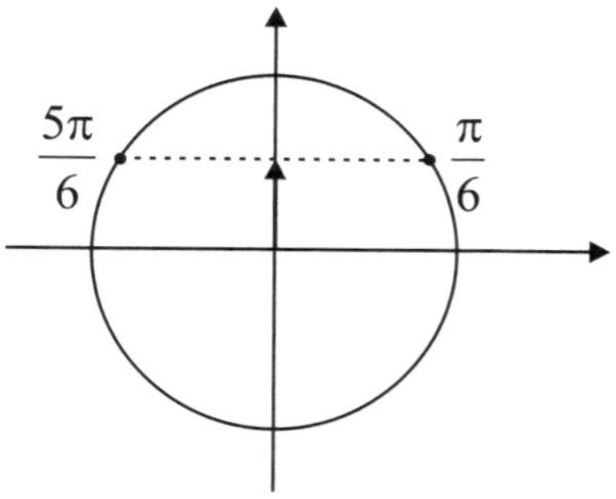

$$3x = \frac{\pi}{6} + 2k\pi \quad \text{v} \quad 3x = \frac{5\pi}{6} + 2k\pi$$

$$x = \frac{\pi}{18} + \frac{2k\pi}{3} \quad \text{v} \quad x = \frac{5\pi}{18} + \frac{2k\pi}{3}$$

$$S = \left\{ x \in IR \mid x = \frac{\pi}{18} + \frac{2k\pi}{3} \quad \text{v} \quad x = \frac{5\pi}{18} + \frac{2k\pi}{3} \quad , \quad k \in Z \right\}$$

Exemplo 3: Resolver as equações:

$$1°) \text{ sen } 3x = \frac{1}{3} \qquad 2°) \cos 2x = \frac{1}{5} \qquad 3°) \text{ tg } 3x = \frac{3}{7}$$

Como os valores dados não são valores notáveis, temos

$1°) \text{ sen } 3x = \frac{1}{3} \iff \text{ sen } 3x = \text{sen} \left(\text{arc sen} \frac{1}{3} \right) \iff$

$3x = \text{arc sen} \frac{1}{3} + 2k\pi \quad \text{v} \quad 3x = \pi - \text{arc sen} \frac{1}{3} + 2k\pi \iff$

$x = \frac{1}{3} \text{arc sen} \frac{1}{3} + \frac{2k\pi}{3} \quad \text{v} \quad x = \frac{1}{3} \left(\pi - \text{arc sen} \frac{1}{3} \right) + \frac{2k\pi}{3} \quad , \quad k \in Z$

$2°) \cos 2x = \cos \text{ arc cos } \frac{1}{5} \iff 2x = \pm \text{arc cos} \frac{1}{5} + 2k\pi \Rightarrow$

$$x = \pm \frac{1}{2} \text{arc cos} \frac{1}{5} + k\pi \ , \quad k \in Z$$

$3°) \text{ tg } 3x = \text{tg arc tg } \frac{3}{7} \iff 3x = \text{arc tg} \frac{3}{7} + k\pi \iff x = \frac{1}{3} \text{arc tg} \frac{3}{7} + \frac{k\pi}{3} \ , \quad k \in Z$

Exemplo 4: Resolver a equação $\text{ sen } 3x = \cos 2x$

Como $\cos 2x = \text{sen} \left(\frac{\pi}{2} - 2x \right)$,temos:

$\text{sen } 3x = \text{sen} \left(\frac{\pi}{2} - 2x \right) \iff 3x = \frac{\pi}{2} - 2x + 2k\pi \quad \text{v}$

$3x = \pi - \left(\frac{\pi}{2} - 2x \right) + 2k\pi \iff x = \frac{\pi}{10} + \frac{2k\pi}{5} \quad \text{v} \quad x = \frac{\pi}{2} + 2k\pi \ , \quad k \in Z$

Exemplo 5: Resolver no conjunto universo $U = [\, 0 \, , 2\pi \, [$ a equação $\cos^2 2x + 7 \cos 2x \quad 4 = 0$

Fazendo $\cos 2x = y$ obtemos:
$2y^2 + 7y \quad 4 = 0$

$\Delta = 49 + 32 = 81 \Rightarrow y = \frac{-7 \pm 9}{4} \Rightarrow y = -4 \quad \text{v} \quad y = \frac{1}{2} \Rightarrow$

$\cos 2x = \frac{1}{2} \Rightarrow 2x = \pm \frac{\pi}{3} + 2k\pi \Rightarrow x = \pm \frac{\pi}{6} + k\pi$

117

119 Transformar em produto:
a) sen 8x + sen 6x + sen 2x
b) sen 8x − sen 2x − sen 6x

120 Transformar em produto:
a) sen 70° + cos 40°
b) cos 20° + sen 80°

c) sen 80° + cos 100°
d) cos 55° − sen 105°

121 Transformar em produto:

a) $\operatorname{sen} 5x - \cos\left(\dfrac{\pi}{2} - x\right)$
b) $\cos 6x + \operatorname{sen}\left(\dfrac{\pi}{2} + 2x\right)$

c) $\operatorname{sen} x - \operatorname{sen}\left(\dfrac{\pi}{2} - x\right)$
d) $\cos x + \cos\left(\dfrac{\pi}{2} - x\right)$

Resp: **117** a) 2 sen 35° . cos 20°   b) √2 sen 25°   c) 2 cos 31° . cos 19°   d) − 2 sen 20° . sen 15°
e) 2 cos 6x . cos x   f) 2 sen 4x . cos 5x   g) 2 sen 7a . cos 4a   h) 2 sen 2x . sen 9x
i) − 2 sen 3x . cos 6x   j) 2 sen a . sen 4a   **118** a) 4 cos x . cos 3x . sen 6x
b) 4 cos x . sen 4x . cos 4x   c) − 4 sen x . sen 2x . cos 4x

55

Exemplos 1: Resolver as equações:

$$1°)\ \text{sen } 3x = \text{sen } \frac{\pi}{5}\ ,\ 2°)\ \cos 2x = \cos\left(x - \frac{\pi}{6}\right)\ ,\ 3°)\ \text{tg } 4x = \text{tg } \frac{3\pi}{7}$$

$1°)\ \text{sen } 3x = \text{sen } \dfrac{\pi}{5}$

Como $\text{sen } x = \text{sen } \alpha \iff x = \alpha + 2k\pi \ \lor \ x = \pi \quad \alpha = 2k\pi$, $k \in Z$, temos:

$$3x = \frac{\pi}{5} + 2k\pi \quad \text{ou} \quad 3x = \pi - \frac{\pi}{5} + 2k\pi \iff x = \frac{\pi}{15} + \frac{2k\pi}{3} \ \lor \ x = \frac{4\pi}{15} + \frac{2k\pi}{3}$$

$$S = \left\{ x \in IR \mid x = \frac{\pi}{15} + \frac{2k\pi}{3} \ \lor \ x = \frac{4\pi}{15} + \frac{2k\pi}{3} \ ,\ k \in Z \right\}$$

$2°)\ \cos 2x = \cos\left(x - \dfrac{\pi}{6}\right)$

Como $\cos x = \cos \alpha \iff x = \ \pm\alpha + 2k\pi$, $k \in Z$, temos:

$$2x = \pm\left(x - \frac{\pi}{6}\right) + 2k\pi \iff 2x = x - \frac{\pi}{6} + 2k\pi \ \lor \ 2x = -x + \frac{\pi}{6} + 2k\pi \iff$$

$$\iff \ x = -\frac{\pi}{6} + 2k\pi \ \lor \ x = \frac{\pi}{18} + \frac{2k\pi}{3}$$

$$S = \left\{ x \in IR \mid x = -\frac{\pi}{6} + 2k\pi \ \lor \ x = \frac{\pi}{18} + \frac{2k\pi}{3} \ ,\ k \in Z \right\}$$

$3°)\ \text{tg } 4x = \text{tg } \dfrac{3\pi}{7}$

Como $\text{tg } x = \text{tg } \alpha \iff x = \alpha + k\pi$, $k \in Z$, temos:

$$4x = \frac{3\pi}{7} + k\pi \iff x = \frac{3\pi}{28} + \frac{k\pi}{4}$$

$$S = \left\{ x \in IR \mid x = \frac{3\pi}{28} + \frac{k\pi}{4} \ ,\ k \in Z \right\}$$

Exemplo 2: Resolver a equação $\text{sen } 3x = \dfrac{1}{2}$

1° Modo: Escolhendo uma 1ª determinação positiva α tal que $\text{sen } \alpha = \dfrac{1}{2}$ $\left(\text{sen } \dfrac{\pi}{6} = \dfrac{1}{2}\right)$ e como

$\text{sen } 3x = \dfrac{1}{2}$, fazemos:

$$\text{sen } 3x = \text{sen } \frac{\pi}{6} \iff 3x = \frac{\pi}{6} + 2k\pi \quad \text{ou} \quad 3x = \pi - \frac{\pi}{6} + 2k\pi \implies$$

$$x = \frac{\pi}{18} + \frac{2k\pi}{3} \ \lor \ x = \frac{5\pi}{18} + \frac{2k\pi}{3} \ ,\ k \in Z$$

116

122 Transformar em produto:

a) sen x + cos x

b) cos x − sen x

c) $\cos^2 3x - \cos^2 x$

d) $\text{sen}^2 4x - 2\,\text{sen}\,2x \cdot \text{sen}\,4x + \text{sen}^2 2x$

e) cos 5x . sen 3x + cos 5x . sen x + cos x . sen 3x + cos x . sen x

f) sen 4x . cos 3x + sen 6x . cos 3x + sen 2x . cos 3x + cos x . sen 4x + cos x . sen 6x + cos x . sen 2x

g) 1 + cos x

1º Modo: $1 + \cos\left[2 \cdot \dfrac{x}{2}\right] = 1 + \left(2\cos^2 \dfrac{x}{2} - 1\right) = 2\cos^2 \dfrac{x}{2}$

2º Modo:

Resp: **119** a) 4 sen 4x . cos 3x . cos x   b) −4 sen x . sen 3x . sen 4x   **120** a) $\sqrt{3}\cos 10°$ b) 2 cos 15° . cos 5°

c) $\sqrt{2}\,\text{sen}\,35°$ d) −2 sen 35° . sen 20°   **121** a) 2 sen 2x . cos 3x   b) 2 cos 4x . cos 2x

c) $\sqrt{2}\,\text{sen}\left(x - \dfrac{\pi}{4}\right)$ d) $\sqrt{2}\,\cos\left(x - \dfrac{\pi}{4}\right)$

4) Equação $\text{tg}\, x = \text{tg}\, \alpha$

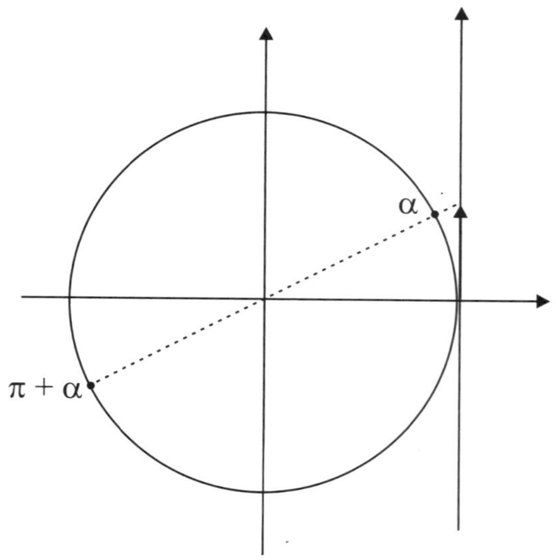

Como:

$\text{tg}\, \alpha = \text{tg}\, (\pi + \alpha)$

$\text{tg}\, \alpha = \text{tg}\, (\alpha + 2k\pi)\ ,\ k \in Z$

$\text{tg}\, (\pi + \alpha) = \text{tg}\, (\pi + \alpha + 2k\pi) = \text{tg}\, [\alpha + (2k + 1)\,\pi]\ ,\ k \in Z$

obtemos:

$$\boxed{\ \text{tg}\, x = \text{tg}\, \alpha \quad \Leftrightarrow \quad x = \alpha + k\pi\ ,\ k \in Z\ }$$

5) Equações $\cot g\, x = \cot g\, \alpha$, $\sec x = \sec \alpha$ e $\operatorname{cossec} x = \operatorname{cossec} \alpha$

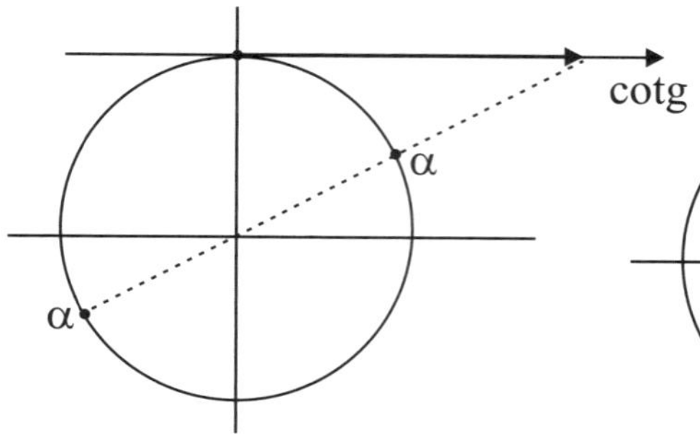

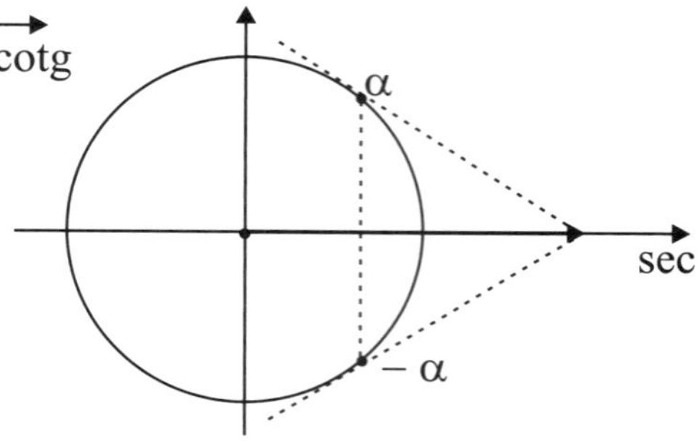

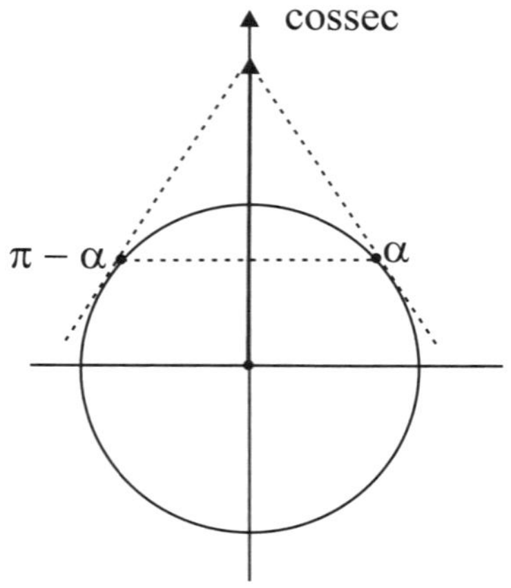

Da mesma forma que nos casos anteriores, como

$\cot g\, \alpha = \cot g\, (\pi + \alpha)$, $\sec \alpha = \operatorname{sen}\,(-\alpha)$ e $\operatorname{cossec} \alpha = \operatorname{cossec}\,(\pi - \alpha)$, obtemos:

$$\boxed{\begin{array}{l} \cot g\, x = \cot g\, \alpha \quad \Leftrightarrow \quad x = \alpha + k\pi\ ,\ k \in Z \\[2mm] \sec x = \sec \alpha \quad \Leftrightarrow \quad x = \pm\,\alpha + 2k\pi\ ,\ k \in Z \\[2mm] \operatorname{cossec} x = \operatorname{cossec} \alpha \Leftrightarrow \quad x = \alpha + 2k\pi \quad \text{ou} \quad x = \pi - \alpha + 2k\pi\ ,\ k \in Z \end{array}}$$

Mas na maioria das vezes, para resolvermos essas equações, é mais conveniente fazermos as seguintes substituições:

$$\cot g\, x = \frac{1}{\text{tg}\, x}\quad ,\quad \sec x = \frac{1}{\cos x}\quad \text{e}\quad \operatorname{cossec} x = \frac{1}{\operatorname{sen} x}\qquad \text{e}$$

desta forma caímos nas três primeiras fundamentais

115

123 Simplifique as seguintes expressões:

a) $\dfrac{\operatorname{sen} 6x + \operatorname{sen} 2x}{\cos 6x + \cos 2x}$

b) $\dfrac{\operatorname{sen} 7x + \operatorname{sen} x}{\cos x - \cos 7x}$

c) $\dfrac{\operatorname{sen} 8x - \operatorname{sen} 2x}{\cos 8x + \cos 2x}$

d) $\dfrac{\operatorname{sen} 3x + \operatorname{sen} x}{\operatorname{sen} 5x + \operatorname{sen} 3x}$

e) $\dfrac{\cos 4x + \cos 2x}{\operatorname{sen} 5x - \operatorname{sen} x}$

124 Determine o valor de:

a) $2 \operatorname{sen} \dfrac{7\pi}{12} \cos \dfrac{\pi}{12}$

b) $\operatorname{sen} \dfrac{5\pi}{12} \operatorname{sen} \dfrac{\pi}{12}$

c) $3 \cos \dfrac{5\pi}{12} \cos \dfrac{\pi}{12}$

d) $\operatorname{sen} \dfrac{\pi}{12} \cos \dfrac{7\pi}{12}$

125 Transformar em soma a expressão $4 \cos \dfrac{x}{2} \cos \dfrac{x}{3} \cos \dfrac{x}{4}$

Resp: **122** a) $\sqrt{2} \cos\left(x - \dfrac{\pi}{4}\right)$ b) $\sqrt{2} \operatorname{sen}\left(\dfrac{\pi}{4} - x\right)$ c) $-4 \operatorname{sen} x . \cos x . \operatorname{sen} 2x . \cos 2x$

d) $4 \operatorname{sen}^2 x . \cos^2 3x$ e) $4 \operatorname{sen} 2x . \cos x . \cos 2x . \cos 3x$ f) $8 \operatorname{sen} 3x . \cos^2 x . \cos^2 2x$

V EQUAÇÕES TRIGONOMÉTRICAS

1) Introdução

Equações trigonométricas são equações cuja incógnita vem submetida a funções trigonométricas.
Exemplos:

$$2 \operatorname{sen} x = \sqrt{3} \qquad , \qquad \operatorname{sen} \left(3x - \frac{\pi}{4} \right) = \cos \left(x - \frac{\pi}{3} \right) \quad ,$$

$$\operatorname{tg}^2 x - \operatorname{tg} x - \sqrt{3} \operatorname{tg} x - \sqrt{3} = 0 \quad \text{etc}$$

Para resolvermos uma equação trigonométrica, na maioria das vezes, a transformamos em uma equação equivalente a ela, ditas equações fundamentais , que já foram estudadas no caderno 1 mas que vamos recordar agora.

As equações fundamentais são baseadas nas seguintes identidades

$$\operatorname{sen} \alpha = \operatorname{sen} (\pi - \alpha) \quad , \cos \alpha = \cos (-\alpha) \quad e \quad \operatorname{tg} \alpha = \operatorname{tg} (\pi + \alpha)$$

2) Equação $\quad \operatorname{sen} x = \operatorname{sen} \alpha$

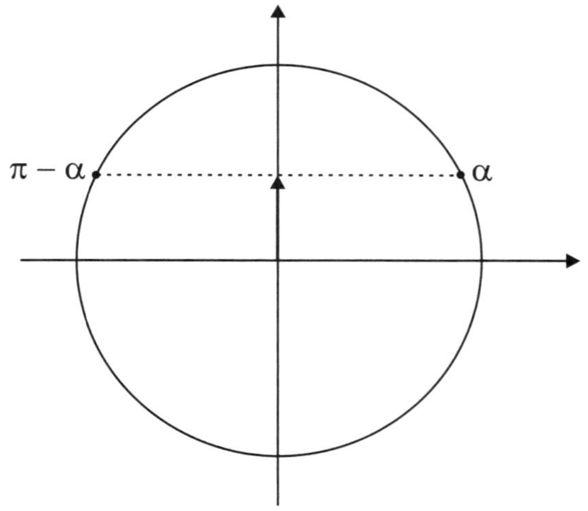

Como:

$\operatorname{sen} \alpha = \operatorname{sen} (\pi - \alpha)$,

$\operatorname{sen} \alpha = \operatorname{sen} (\alpha + 2k\pi)$, $k \in Z$

$\operatorname{sen} (\pi - \alpha) = \operatorname{sen} [(\pi - \alpha) + 2k\pi]$, $k \in Z$

$$\operatorname{sen} x = \operatorname{sen} \alpha \iff \begin{cases} x = \alpha + 2k\pi \quad , k \in Z \\ ou \\ x = \pi - \alpha + 2k\pi \quad , k \in Z \end{cases}$$

3) Equação $\quad \cos x = \cos \alpha$

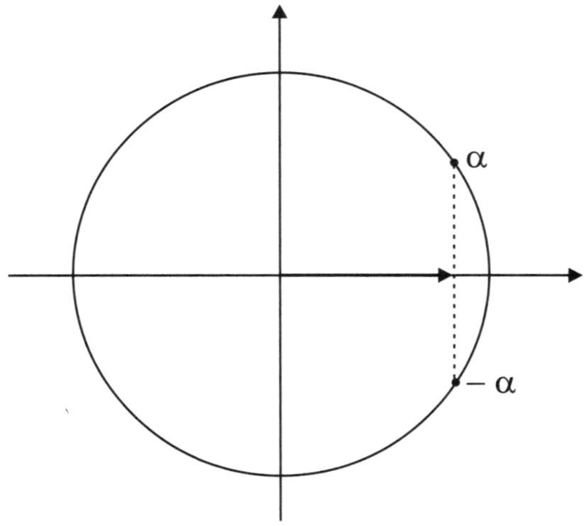

Como:

$\cos \alpha = \cos (-\alpha)$,

$\cos \alpha = \cos (\alpha + 2k\pi)$, $k \in Z$

$\cos (-\alpha) = \cos (-\alpha + 2 k\pi)$,

obtemos:

$$\cos x = \cos \alpha \iff x = \pm \alpha + 2k\pi \quad , k \in Z$$

114

126 Demonstre a identidade $4 \operatorname{sen} x \cdot \operatorname{sen}(60° - x) \operatorname{sen}(60° + x) = \operatorname{sen} 3x$

127 Se $\cos \alpha = \dfrac{3}{4}$, determine $16 \operatorname{sen} \dfrac{\alpha}{2} \operatorname{sen} \dfrac{3\alpha}{2}$

128 Mostre que $\cos \dfrac{\pi}{5} + \cos \dfrac{3\pi}{5} = \dfrac{1}{2}$

129 Simplificar as expressões:

a) $\dfrac{\operatorname{sen} x + \operatorname{sen} 3x + \operatorname{sen} 5x}{\cos x + \cos 3x + \cos 5x}$

b) $\dfrac{\operatorname{sen} x + \operatorname{sen} 3x + \operatorname{sen} 5x + \operatorname{sen} 7x}{\cos x + \cos 3x + \cos 5x + \cos 7x}$

Resp: **123** a) tg 4x   b) cotg 3x   c) tg 3x   d) $\dfrac{1}{2}$ sec 2x   e) $\dfrac{1}{2}$ cossec x

124 a) $\dfrac{1}{2}(\sqrt{3} + 2)$ b) $\dfrac{1}{4}$ c) $\dfrac{3}{4}$ d) $\dfrac{1}{4}(\sqrt{3} - 2)$

125 $\cos \dfrac{x}{12} + \cos \dfrac{5x}{12} + \cos \dfrac{7x}{12} + \cos \dfrac{13x}{12}$

231 Mostre que:

a) $\cos(\text{arc cos } x + \text{arc cos } y) = xy \quad \sqrt{1-x^2}\ \sqrt{1-y^2}$

b) $\text{sen}(\text{arc cos } x + \text{arc sen } y) = xy + \sqrt{1-x^2}\ \sqrt{1-y^2}$

c) $\text{tg}(\text{arc tg } x + \text{arc tg } y) = \dfrac{x+y}{1-xy}$

d) $\text{tg}(\text{arc sen } x + \text{arc sen } y) = \dfrac{x\sqrt{1-y^2} + y\sqrt{1-x^2}}{\sqrt{1-x^2}\ \sqrt{1-y^2} - xy}$

232 Mostre que:

a) $\text{sen}(2\ \text{arc sen } x) = 2x\ \sqrt{1-x^2}$

b) $\text{tg}(2\ \text{arc tg } x) = \dfrac{2x}{1-x^2}$

c) $\cos(2\ \text{arc tg } x) = \dfrac{1-x^2}{1+x^2}$

d) $\text{sen}(2\ \text{arc cotg } x) = \dfrac{2x}{1+x^2}$

e) $\cos(2\ \text{arc cotg } x) = \dfrac{x^2-1}{x^2+1}$

f) $\cos\left(\dfrac{1}{2}\ \text{arc cos } x\right) = \sqrt{\dfrac{1+x}{2}}$

g) $\text{tg}\left(\dfrac{1}{2}\ \text{arc tg } x\right) = \dfrac{-1+\sqrt{1+x^2}}{x}$

233 Mostre que:

a) $\text{arc tg } \dfrac{2}{3} + \text{arc tg }\dfrac{1}{5} = \dfrac{\pi}{5}$

b) $\text{arc cotg } \dfrac{1}{9} + \text{arc cot g }\dfrac{4}{5} = \dfrac{3\pi}{4}$

c) $\text{arc cotg } \dfrac{1}{7} + 2\ \text{arc cot }\dfrac{1}{3} = \dfrac{5\pi}{4}$

d) $\text{arc sen } \dfrac{4}{5} - \text{arc cos }\dfrac{2}{\sqrt{5}} = \text{arc tg }\dfrac{1}{2}$

e) $\text{arc sen } \dfrac{7}{25} + \dfrac{1}{2}\ \text{arc cos }\dfrac{7}{25} = \text{arc cos }\dfrac{3}{5}$

f) $\text{arc tg } \dfrac{\sqrt{2}}{2} + \text{arc sen }\dfrac{\sqrt{2}}{2} = \text{arc tg }(3 + 2\sqrt{2})$

g) $\text{arc tg } \dfrac{1}{3} + \text{arc tg }\dfrac{1}{4} + \text{arc tg }\dfrac{2}{9} = \dfrac{\pi}{4}$

Resp: 226   f) $\dfrac{4\sqrt{6}}{25}$ g) $\dfrac{24}{25}$ h) $\dfrac{24}{25}$

227   a) $\dfrac{2\sqrt{2}+\sqrt{3}}{6}$ b) 1   c) $-\dfrac{119}{120}$ d) $\dfrac{1}{2}$

229   a) $A = \dfrac{a}{2b}$ b) $B = \dfrac{a^2-1}{a}$

113

130 Simplificar a expressão

$$\frac{\operatorname{sen} x + \operatorname{sen} 3x + \operatorname{sen} 5x + ... + \operatorname{sen}(2n-1)x}{\cos x + \cos 3x + \cos 5x + ... + \cos(2n-1)x}$$

131 Simplificar $\dfrac{\sqrt{2} - \operatorname{sen} x - \cos x}{\operatorname{sen} x - \cos x}$

132 Simplificar as expressões

a) $\operatorname{sen}^2\left(\dfrac{\pi}{8} + \dfrac{x}{2}\right) - \operatorname{sen}^2\left(\dfrac{\pi}{8} - \dfrac{x}{2}\right)$

b) $\dfrac{1 - 4\operatorname{sen}10°\cdot\operatorname{sen}70°}{2\operatorname{sen}10°}$

Resp: **127** 5   **129** a) tg 3x   b) tg 4x

f) $\operatorname{sen}\left(2\arccos\dfrac{1}{5}\right)$

g) $\cos\left(2\operatorname{arc\,tg}\dfrac{1}{7}\right)$

h) $\operatorname{sen}\left(4\operatorname{arc\,tg}\dfrac{1}{3}\right)$

227 Calcule:

a) $\operatorname{sen}\left(\arccos\dfrac{1}{2}+\arccos\dfrac{1}{3}\right)$

b) $\operatorname{sen}\left(\operatorname{arc\,sen}\dfrac{12}{13}+\operatorname{arc\,sen}\dfrac{5}{13}\right)$

c) $\operatorname{tg}\left(2\operatorname{arc\,sen}\dfrac{\sqrt{26}}{26}-\arccos\dfrac{5}{13}\right)$

d) $\operatorname{sen}^2\left(\operatorname{arc\,tg}2-\operatorname{arc\,cotg}\left(-\dfrac{1}{3}\right)\right)$

228 Mostre que:

a) $\operatorname{sen}(\operatorname{arc\,cotg}x)=\dfrac{1}{\sqrt{1+x^2}}$

b) $\operatorname{tg}(\arccos x)=\dfrac{\sqrt{1-x^2}}{x}$

c) $\cos(\operatorname{arc\,cotg}x)=\dfrac{x}{\sqrt{1+x^2}}$

d) $\operatorname{cotg}(\operatorname{arc\,sen}x)=\dfrac{\sqrt{1-x^2}}{x}$

e) $\operatorname{cotg}(\arccos x)=\dfrac{x}{\sqrt{1-x^2}}$

229 Simplifique a expressão nos casos:

a) $A=\cos\left(\dfrac{\pi}{4}+\dfrac{1}{2}\arccos\dfrac{a}{b}\right)\cdot\cos\left(\dfrac{\pi}{4}-\dfrac{1}{2}\arccos\dfrac{a}{b}\right)$

b) $B=2\operatorname{tg}\left[\arccos\dfrac{1}{\sqrt{1-a^2}}-\arccos\dfrac{a}{\sqrt{1+a^2}}\right]$

230 Mostre que:

a) $\operatorname{arc\,sen}\dfrac{5}{13}+\operatorname{arc\,sen}\dfrac{12}{13}=\dfrac{\pi}{2}$

b) $\operatorname{arc\,sen}\dfrac{4}{5}+\operatorname{arc\,sen}\dfrac{5}{13}+\operatorname{arc\,sen}\dfrac{16}{65}=\dfrac{\pi}{2}$

c) $\operatorname{arc\,sen}\dfrac{77}{85}-\operatorname{arc\,sen}\dfrac{8}{17}=\dfrac{\pi}{2}-\arccos\dfrac{3}{5}$

d) $\operatorname{arc\,tg}\dfrac{1}{3}+\operatorname{arc\,tg}\dfrac{1}{5}+\operatorname{arc\,tg}\dfrac{1}{7}+\operatorname{arc\,tg}\dfrac{1}{8}=\dfrac{\pi}{4}$

Resp: **222** a) $\dfrac{\pi}{4}$ b) $\dfrac{2\pi}{3}$ c) $\dfrac{2\pi}{3}$ d) $-\dfrac{\pi}{3}$ e) $-\dfrac{\pi}{4}$ f) $\dfrac{2\pi}{3}$ g) $\dfrac{5\pi}{6}$ h) $-\dfrac{\pi}{6}$

223 a) $\dfrac{\pi}{3}$ b) 0 c) $-\pi$ d) $\dfrac{\pi}{2}$ e) $\dfrac{\pi}{2}$ f) 2π

224 a) $\dfrac{19\pi}{36}$ b) $\dfrac{\pi}{2}$ c) π d) 0 e) 0 f) π

225 a) $\dfrac{3\pi}{5}$ b) $-\dfrac{\pi}{3}$ c) $\dfrac{\pi}{4}$ d) $-\dfrac{2\pi}{3}$ e) $\dfrac{6\pi}{7}$ f) π

226 a) $\dfrac{4}{5}$ b) $\dfrac{3}{5}$ c) -1 d) $-\dfrac{\sqrt{3}}{2}$ e) $\dfrac{2\sqrt{5}}{5}$

133 Mostre que $\cos 24° + \cos 48° - \cos 84° - \cos 12° = \dfrac{1}{2}$

134 Mostre que $\cos \dfrac{2\pi}{7} + \cos \dfrac{4\pi}{7} + \cos \dfrac{6\pi}{7} = -\dfrac{1}{2}$

135 Transformar em produto:

a) $\cos x + \dfrac{1}{2}$

b) $\operatorname{sen} x + \dfrac{\sqrt{2}}{2}$

c) $\dfrac{\sqrt{3}}{2} - \cos x$

d) $\operatorname{sen} 2x - \dfrac{1}{2}$

Resp: **130** $\operatorname{tg} nx$ **131** $\operatorname{tg}\left(\dfrac{x}{2} - \dfrac{\pi}{8}\right)$ **132** a) $\dfrac{\sqrt{2}}{2} \operatorname{sen} x$ b) 1

60

$\boxed{222}$ Determine:

a) arc sen $\dfrac{\sqrt{2}}{2}$

b) arc cos $\left(-\dfrac{1}{2}\right)$

c) arc sec (2)

d) arc tg $(-\sqrt{3})$

e) arc cossec $(-\sqrt{2})$

f) arc cotg $\left(-\dfrac{\sqrt{3}}{3}\right)$

g) arc cos $\left(-\dfrac{\sqrt{3}}{2}\right)$

h) arc sen $\left(-\dfrac{1}{2}\right)$

$\boxed{223}$ Determine:

a) arc cos 1 $+ 2$ arc sen $\dfrac{1}{2}$

b) arc cotg 1 $- \dfrac{\pi}{4}$

c) arc tg (-1) $\dfrac{3\pi}{4}$

d) arc sen $\dfrac{1}{2}$ $+$ arc cos $\dfrac{1}{2}$

e) arc cos $\left(-\dfrac{1}{2}\right)- \text{arc}\cos\dfrac{\sqrt{3}}{2}$

f) arc cos (1) $+ \pi$

$\boxed{224}$ Determine:

a) $\dfrac{1}{3}\text{arc tg }\sqrt{3} + \dfrac{1}{2}\text{arc cotg}\,(-\sqrt{3})$

b) $\text{arcsen}\left(-\dfrac{\sqrt{3}}{2}\right)+ \text{arccos}\left(-\dfrac{\sqrt{3}}{2}\right)$

c) arc cos x $+$ arc cos $(-x)$

d) arc sen $(-x)$ $+$ arc sen x

e) arc tg x $+$ arc tg $(-x)$

f) arc cotg x $+$ arc cotg $(-x)$

$\boxed{225}$ Determine:

a) $\text{arc cos}\left(\cos\left(-\dfrac{17\pi}{5}\right)\right)$

b) $\text{arc sen}\left(-\text{sen}\dfrac{7\pi}{3}\right)$

c) $\text{arc cos}\left(-\cos\dfrac{3\pi}{4}\right)$

d) $\text{arc tg}\left(-\text{tg}\dfrac{2\pi}{3}\right)$

e) $\text{arc sen}\left(\text{sen}\dfrac{33\pi}{7}\right)+ \text{arccos}\left(\cos\dfrac{46\pi}{7}\right)$

f) $\text{arc tg}\left(-\text{tg}\dfrac{13\pi}{8}\right)+ \text{arccotg}\left(\cotg\left(-\dfrac{19\pi}{8}\right)\right)$

$\boxed{226}$ Calcule:

a) $\text{sen}\left(\text{arccos}\dfrac{3}{5}\right)$

b) $\cos\left(\text{arcsen}\left(-\dfrac{4}{5}\right)\right)$

c) $\text{tg}\left(\text{arcsen}\left(-\dfrac{\sqrt{2}}{2}\right)\right)$

d) $\text{sen}\left(2\text{arcsen}\left(-\dfrac{1}{2}\right)\right)$

e) $\text{sen}\left(\dfrac{1}{2}\text{arccotg}\left(-\dfrac{3}{4}\right)\right)$

Resp: $\boxed{220}$ a) $\left\{x \in \mathbf{R} \mid x \neq \dfrac{5\pi}{18} + \dfrac{k\pi}{3}, k \in Z\right\}$

b) $\left\{x \in \mathbf{R} \mid x \neq -\dfrac{\pi}{8} + \dfrac{k\pi}{2}, k \in Z\right\}$

c) $\left\{x \in \mathbf{R} \mid x \neq \dfrac{\pi}{4} + \dfrac{k\pi}{4}, k \in Z\right\}$

d) $\left\{x \in \mathbf{R} \mid x \neq -\dfrac{\pi}{12} + \dfrac{k\pi}{2}, k \in Z\right\}$

$\boxed{221}$ a) $[1,2]$ b) $[2,3]$

c) $\{x \in \mathbf{R} \mid x \leq 3 \text{ v } x \geq 4\}$

d) $\left\{x \in \mathbf{R} \mid x \leq 1 \text{ v } x \geq \dfrac{5}{3}\right\}$

e) $\mathbf{R}$ f) $\mathbf{R}$ g) $\{x \in \mathbf{R} \mid x \leq -2 \text{ v } x \geq 2\}$

h) $\{x \in \mathbf{R} \mid x \leq -3 \text{ v } x \geq -1\}$

136 Transformar em produto:

a) $2\sqrt{3}\cos x + 3$

b) $\sqrt{2}\,\text{sen}\,x + 1$

c) $2\cos x - 1$

d) $\sqrt{3}\,\text{sen}\,x - \dfrac{3}{2}$

137 Determine $\text{sen}\dfrac{\alpha+\beta}{2}$ e $\cos\dfrac{\alpha+\beta}{2}$, sabendo que $\text{sen}\,\alpha + \text{sen}\,\beta = -\dfrac{21}{65}$, $\cos\alpha + \cos\beta = -\dfrac{27}{65}$ e $\pi < \alpha - \beta < 3\pi$

Resp: **135** a) $2\cos\left(\dfrac{x}{2}+\dfrac{\pi}{6}\right)\cos\left(\dfrac{x}{2}-\dfrac{\pi}{6}\right)$ b) $2\,\text{sen}\left(\dfrac{x}{2}+\dfrac{\pi}{8}\right)\cos\left(\dfrac{x}{2}-\dfrac{\pi}{8}\right)$

c) $2\,\text{sen}\left(\dfrac{x}{2}+\dfrac{\pi}{12}\right)\text{sen}\left(\dfrac{x}{2}-\dfrac{\pi}{12}\right)$ d) $2\,\text{sen}\left(x-\dfrac{\pi}{12}\right)\cos\left(x+\dfrac{\pi}{12}\right)$

$\boxed{220}$ Determine o domínio das seguintes funções:

a) $f(x) = tg\left(3x - \dfrac{\pi}{3}\right)$

b) $f(x) = cotg\left(2x + \dfrac{\pi}{4}\right)$

c) $f(x) = sec\left(4x - \dfrac{\pi}{2}\right)$

d) $f(x) = cossec\left(2x - \dfrac{\pi}{6}\right)$

$\boxed{221}$ Determine o domínio das seguintes funções:

a) $f(x) = arc\ sen\ (2x - 3)$

b) $f(x) = arc\ cos\ (5 - 2x)$

c) $f(x) = arc\ sec\ (2x - 7)$ d) $f(x) = arc\ cossec\ (4 - 3x)$

e) $f(x) = arc\ tg\ (2x - 9)$ f) $f(x) = arc\ cotg\ (3x - 7)$

g) $f(x) = arc\ cotg\ \sqrt{x^2 - 4}$

h) $f(x) = arc\ sen\ \dfrac{1}{x + 2}$

110

138 Demonstrar que $\cos(\alpha+\beta)=0$, então $\operatorname{sen}(\alpha+2\beta)=\operatorname{sen}\alpha$

139 Transformar em produto $\operatorname{cotg}^2 2x - \operatorname{tg}^2 2x - 8\cos 4x \cdot \operatorname{cotg} 4x$

140 Transformar em produto $\operatorname{sen}^2\alpha + \operatorname{sen}^2\beta + \operatorname{sen}^2\gamma + 2\cos\alpha \cdot \cos\beta \cdot \cos\gamma - 2$

Resp: **136** a) $4\sqrt{3}\cos\left(\dfrac{x}{2}+\dfrac{\pi}{12}\right)\cos\left(\dfrac{x}{2}-\dfrac{\pi}{12}\right)$ b) $2\sqrt{2}\operatorname{sen}\left(\dfrac{x}{2}+\dfrac{\pi}{8}\right)\cos\left(\dfrac{x}{2}-\dfrac{\pi}{8}\right)$

c) $4\operatorname{sen}\left(\dfrac{\pi}{6}+\dfrac{x}{2}\right)\operatorname{sen}\left(\dfrac{\pi}{6}-\dfrac{x}{2}\right)$ d) $2\sqrt{3}\operatorname{sen}\left(\dfrac{x}{2}-\dfrac{\pi}{6}\right)\cos\left(\dfrac{x}{2}+\dfrac{\pi}{6}\right)$

137 $\operatorname{sen}\dfrac{\alpha+\beta}{2}=\dfrac{7\sqrt{130}}{130}$, $\cos\dfrac{\alpha+\beta}{2}=\dfrac{9\sqrt{130}}{130}$

$\boxed{218}$ Mostre que

a) $\cos (\arctan x) = \dfrac{1}{\sqrt{1 + x^2}}$

b) $\operatorname{sen} (\arctan x) = \dfrac{x}{\sqrt{1 + x^2}}$

c) $\operatorname{sen} (\operatorname{arc\,sen} x + \operatorname{arc\,sen} y) = x \sqrt{1 - y^2} + y\sqrt{1 - x^2}$

$\boxed{219}$ Mostre que

a) $\operatorname{arc\,sen} x + \arccos x = \dfrac{\pi}{2}$

b) $\arctan x + \operatorname{arc\,cotg} x = \dfrac{\pi}{2}$

Resp: $\boxed{216}$ Veja o exemplo 1 deste capítulo $\boxed{217}$ a) Veja o exemplo 3

b) Use o item a

141. Demonstrar a identidade

$$\operatorname{sen} \alpha + \operatorname{sen} \beta + \operatorname{sen} \gamma - \operatorname{sen}(\alpha + \beta + \gamma) = 4 \operatorname{sen} \frac{\alpha+\beta}{2} \operatorname{sen} \frac{\alpha+\gamma}{2} \operatorname{sen} \frac{\beta+\gamma}{2}$$

142. Demonstrar que se $\alpha + \beta + \gamma = \pi$, então $\operatorname{sen} \alpha + \operatorname{sen} \beta + \operatorname{sen} \gamma = 4 \cos\frac{\alpha}{2} \cos\frac{\beta}{2} \cos\frac{\gamma}{2}$

143. Demonstrar que se **n** é inteiro e $\alpha + \beta + \gamma = \pi$, então:
$$\operatorname{sen} 2n\alpha + \operatorname{sen} 2n\beta + \operatorname{sen} 2n\gamma = (-1)^{n+1} \, 4 \operatorname{sen} n\alpha \cdot \operatorname{sen} n\beta \cdot \operatorname{sen} n\gamma$$

Resp: **138** Multiplicar ambos os membros da igualdade dada por $2 \operatorname{sen} \beta$ **139** Fatore primeiro $\operatorname{cotg}^2 2x - \operatorname{tg}^2 2x$ e

transforme em $(8 \cos 4x \cdot \operatorname{sen}^2 \left(\frac{\pi}{4} - 4x\right) \operatorname{cossec}^2 4x$ **140** Faça: $\operatorname{sen}^2 \alpha = \frac{1 - \cos 2\alpha}{2}$,

$\operatorname{sen}^2 \beta = \frac{1-\cos 2\beta}{2}$, $\operatorname{sen}^2 \gamma = 1 - \cos^2 \gamma$, e $2 \cos \alpha \cdot \cos \beta = \cos(\alpha + \beta) + \cos(\alpha - \beta)$ e transforme em:

$$4 \operatorname{sen}\frac{\alpha+\beta+\gamma}{2} \operatorname{sen}\frac{\alpha+\beta-\gamma}{2} \operatorname{sen}\frac{\alpha-\beta+\gamma}{2} \operatorname{sen}\frac{\beta+\gamma-\alpha}{2}$$

$\boxed{216}$ Mostre que

a) arc sen $(-x) = -$ arc sen x

b) arc cos $(-x) = \pi -$ arc cos x

c) arc tg $(-x) = -$ arc tg x

d) arc cotg $(-x) = \pi -$ arc cotg x

e) arc sec $(-x) = \pi -$ arc sec x

f) arc cossec $(-x) = -$ arc cossec x

$\boxed{217}$ Mostre que

a) $\cos(\text{arc sen } x) = \sqrt{1 - x^2}$ (Temos também: sen (arc cos x) $= \sqrt{1 - x^2}$)

b) $\text{tg (arc sen } x) = \dfrac{x}{\sqrt{1 - x^2}}$

Resp: $\boxed{215}$ a) 0   b) 1   c) $\dfrac{\sqrt{5} - 2\sqrt{3}}{6}$ d) $\dfrac{11\sqrt{5}}{25}$

144 Transformar em soma os seguintes produtos:

a) $2 \operatorname{sen} 12° \cdot \cos 2°$ b) $2 \operatorname{sen} 22° \cdot \cos 32°$ c) $2 \cos 17° \cdot \cos 3°$ d) $2 \cos 5° \cos 13°$

e) $2 \operatorname{sen} 14° \cdot \operatorname{sen} 4°$ f) $2 \operatorname{sen} 11° \cdot \operatorname{sen} 2°$ g) $2 \operatorname{sen} 21° \cos 5°$ h) $2 \operatorname{sen} 2° \cdot \operatorname{sen} 31°$

i) $\operatorname{sen} 20° \cdot \operatorname{sen} 3°$ j) $\cos 34° \cdot \cos 5°$ k) $\operatorname{sen} 20° \cdot \cos 7°$ l) $\operatorname{sen} 5° \cdot \cos 16°$

145 Transformar em produto:

a) $\operatorname{sen} 20° + \operatorname{sen} 2°$ b) $\operatorname{sen} 42° - \operatorname{sen} 10°$ c) $\cos 20° + \cos 10°$ d) $\cos 10° - \cos 16°$

e) $\cos 23° + \cos 9°$ f) $\cos 14° - \cos 8°$ g) $\operatorname{sen} 48° - \operatorname{sen} 2°$ h) $\operatorname{sen} 37° + \operatorname{sen} 7°$

146 Simplificar:

a) $\operatorname{sen} 40° + \operatorname{sen} 20°$ b) $\operatorname{sen} 24° - \operatorname{sen} 36°$ c) $\operatorname{sen} 110° - \operatorname{sen} 130°$ d) $\cos 70° + \cos 50°$

e) $-\cos 80° - \cos 40°$ f) $\cos 100° + \operatorname{sen} 10°$ g) $\operatorname{sen} 25° + \cos 65°$ h) $\operatorname{sen} 100° + \cos 130°$

147 Transformar em produto:

a) $\operatorname{sen} 28° + \operatorname{sen} 8° + \operatorname{sen} 20°$ b) $\operatorname{sen} 70° - \operatorname{sen} 20° + \operatorname{sen} 50°$

c) $\cos 46° - \cos 22° - 2\cos 78°$ d) $\operatorname{sen} 54° - \operatorname{sen} 40° + \operatorname{sen} 14°$

148 Transformar em produto:

a) $1 - \cos \alpha + \cos 2\alpha$ b) $1 - 2\cos \alpha + \cos 2\alpha$ c) $1 - \operatorname{sen} \alpha - \cos \alpha$

149 Transformar em produto:

a) $\operatorname{sen} \alpha + 2 \operatorname{sen} 2\alpha + \operatorname{sen} 3\alpha$ b) $\cos 2\alpha + \cos 3\alpha + \cos 4\alpha$

c) $\operatorname{sen} \alpha + \operatorname{sen} \beta + \operatorname{sen}(\alpha + \beta)$ d) $\operatorname{sen}(3\alpha + \beta) + \operatorname{sen}(\alpha + \beta) + \operatorname{sen} 2\alpha$

150 Transformar em produto:

a) $\sqrt{1 + \cos\alpha} + \sqrt{1 - \cos\alpha}$, $90° < \alpha < 180°$ b) $\sqrt{1 - \cos\alpha} + \sqrt{1 + \cos\alpha}$, $180° < \alpha < 360°$

b) $\sqrt{2 + 2\operatorname{sen} 2\alpha} - \sqrt{2 - 2\operatorname{sen} 2\alpha}$, $45° < \alpha < 135°$ d) $\sqrt{1 - \operatorname{sen} 2\alpha} + \sqrt{1 + \operatorname{sen} 2\alpha}$, $-45° < \alpha < 45°$

151 Transformar em produto:

a) $\dfrac{\operatorname{tg}(15° + \alpha) + \operatorname{tg}(15° - \alpha)}{\operatorname{tg}(15° + \alpha) - \operatorname{tg}(15° - \alpha)}$

b) $\dfrac{\operatorname{cotg}(45° + \alpha) + \operatorname{cotg}(45° - \alpha)}{\operatorname{tg}(45° + \alpha) - \operatorname{tg}(45° - \alpha)}$

c) $\dfrac{\operatorname{cotg} 2\alpha - \operatorname{tg} \alpha}{\operatorname{cotg} 2\alpha + \operatorname{tg} \alpha}$

d) $\dfrac{1}{\operatorname{tg}\alpha - \operatorname{tg} 2\alpha} - \dfrac{1}{\operatorname{cotg}\alpha - \operatorname{cotg} 2\alpha}$

Resp: **141** Transforme em produto $\operatorname{sen} \alpha + \operatorname{sen} \beta$ e $\operatorname{sen} \gamma - \operatorname{sen}(\alpha + \beta + \gamma)$
142 Usar a identidade do ex. - 141   **143** Usar o ex. - 141

215 Determine:

a) $\operatorname{sen}\left(\operatorname{arcsen}\dfrac{3}{5} + \operatorname{arccos}\left(-\dfrac{4}{5}\right)\right)$

b) $\operatorname{sen}\left(\operatorname{arcsen}\dfrac{3}{5} + \operatorname{arcsen}\dfrac{4}{5}\right)$

c) $\cos\left(\operatorname{arcsen}\dfrac{1}{2} - \operatorname{arccos}\left(-\dfrac{2}{3}\right)\right)$

d) $\operatorname{sen}\left(\dfrac{1}{2}\operatorname{arccos}\dfrac{3}{5} - 2\operatorname{arccotg}(-2)\right)$

Resp: **213**   a) $\dfrac{2\sqrt{6}}{5}$ b) $-2\sqrt{6}$ c) $\dfrac{5}{4}$ d) $-\dfrac{\sqrt{35}}{35}$

214   a) $\dfrac{1}{9}$ b) $\dfrac{-5\sqrt{11}}{18}$ c) $\dfrac{3\sqrt{10}}{10}$ d) $\sqrt{5}$ e) $\dfrac{\sqrt{10}}{4}$ f) $-\sqrt{2}$

152 Transformar em produto:
a) sen α + tg α
b) cos α + cotg α
c) 1 + sen α + cos α + tg α
d) 1 – sen α + cos α – tg α
e) 1 – tg α . cotg β
f) tg α + tg 2α – tg 3α

153 Transformar em produto:

a) $\dfrac{1}{2}$ + sen α

b) cos 2α – $\dfrac{\sqrt{3}}{2}$

c) 2 sen 50° – $\sqrt{3}$

d) sen α + $\sqrt{3}$ cos α

e) $\sqrt{3}$ sen α – cos α

154 Determine o valor de:

a) tg 20° + 4 sen 20°
b) 4 cos 20° – $\sqrt{3}$ cotg 20°
c) 2 cos 45° . sen 15°

d) cos 105° . cos 75°
e) sen $\dfrac{\pi}{24}$. sen $\dfrac{5\pi}{24}$

155 Simplifique as expressões:

a) $\dfrac{1 - \text{tg }\alpha}{1 + \text{tg }\alpha}$

b) $\dfrac{\text{sen }\alpha + \text{sen }3\alpha + \text{sen }5\alpha + \text{sen }7\alpha}{\cos \alpha + \cos 3\alpha + \cos 5\alpha + \cos 7\alpha}$

c) $\dfrac{\text{tg }\alpha . \text{tg }\alpha}{\text{tg }2\alpha - \text{tg }\alpha}$

d) $\dfrac{1}{\text{tg }2\alpha . \text{tg }\alpha + 1}$

e) $\dfrac{\cos \alpha + \cos 3\alpha}{\text{sen }\alpha + \text{sen }3\alpha}$

f) (sen α + sen 2α)² + (cos α + cos 2α)²

g) $\dfrac{\cos \alpha - \cos 3\alpha + \cos 5\alpha - \cos 7\alpha}{\text{sen }\alpha + \text{sen }3\alpha + \text{sen }5\alpha + \text{sen }7\alpha}$

156 Transformar em soma:
a) 4 cos α . cos 3α . cos 5α
b) 2 sen α . sen 2α . sen 3α
c) 8 cos (α – β) . cos (α – γ) . cos(β – γ)

Resp: **144** a) sen14° + sen 10° b) sen 54° – sen 10° c) cos 20° + cos 14° d) cos 18° + cos 8°
e) cos 10° – cos 18° f) cos 9° – cos 13° g) sen 26° + sen 16° h) cos 29° – cos 33°

i) $\dfrac{1}{2}$ (cos 17° – cos 23°) j) $\dfrac{1}{2}$ (cos 39° + cos 29°) k) $\dfrac{1}{2}$ (sen 27° + sen 13°) l) $\dfrac{1}{2}$ (sen 21° – sen 11°)

145 a) 2 sen11° . cos 9° b) 2 sen16° . cos 26° c) 2 cos 15° . cos 5° d) 2 sen 13° . sen 3°
e) 2 cos 16° . cos 7° f) – 2 sen 11° . sen 3° g) 2 sen 23° . cos 25° h) 2 sen 22° . cos 15°

146 a) cos 10° b) – $\sqrt{3}$ sen 6° c) sen 10° d) cos 10° e) – cos 20° f) 0 g) sen 25° h) $\sqrt{3}$ sen 70°

147 a) 4 sen 14° . cos 10° . cos 4° b) 4 sen 25° . cos 35° . cos 10° c) – 4 sen 12° . cos² 28°
d) 4 sen 7° . cos 20° . cos 27°

148 a) 4 cos α . sen $\left(30° + \dfrac{\alpha}{2}\right)$ sen$\left(30° - \dfrac{\alpha}{2}\right)$ b) – 4 cos α . sen² $\dfrac{\alpha}{2}$ c) $2\sqrt{2}$ sen$\dfrac{\alpha}{2}$ sen$\left(\dfrac{\alpha}{2} - 45°\right)$

149 a) 4 sen 2α cos² $\dfrac{\alpha}{2}$ b) 4 cos 3α cos $\left(30° + \dfrac{\alpha}{2}\right)$ cos$\left(30° - \dfrac{\alpha}{2}\right)$ c) 4 sen $\dfrac{\alpha+\beta}{2}$. cos$\dfrac{\alpha}{2}$. cos$\dfrac{\beta}{2}$

d) 4 cos α sen $\dfrac{3\alpha+\beta}{2}$. cos$\dfrac{\alpha+\beta}{2}$ **150** a) 2 cos $\left(45° - \dfrac{\alpha}{2}\right)$ b) 2 sen $\left(\dfrac{\alpha}{2} - 45°\right)$

c) $2\sqrt{2}$ cos α d) 2 cos α **151** a) $\dfrac{1}{2\text{sen}.2\alpha}$ b) $\dfrac{1}{\text{sen }2\alpha}$ c) $\dfrac{\cos 3\alpha}{\cos \alpha}$ d) – cotg α

$\boxed{213}$ Determine:

a) $\operatorname{sen}\left(\arccos\dfrac{1}{5}\right)$

b) $\operatorname{tg}\left(\operatorname{arc\,sec}(-5)\right)$

c) $\operatorname{cossec}\left(\arccos\left(-\dfrac{3}{5}\right)\right)$

d) $\operatorname{cotg}\left(\operatorname{arc\,sec}(-6)\right)$

$\boxed{214}$ Determine:

a) $\cos\left(2\operatorname{arc\,sen}\dfrac{2}{3}\right)$

b) $\operatorname{sen}\left(2\operatorname{arc\,sen}\left(-\dfrac{5}{6}\right)\right)$

c) $\cos\left(\dfrac{1}{2}\operatorname{arc\,sen}\left(-\dfrac{3}{5}\right)\right)$

d) $\operatorname{tg}\left(\dfrac{1}{2}\arccos\left(-\dfrac{2}{3}\right)\right)$

e) $\operatorname{sen}\left(\dfrac{1}{2}\operatorname{arc\,sec}(-4)\right)$

f) $\operatorname{cotg}\left(\dfrac{1}{2}\operatorname{arc\,sen}\left(-\dfrac{2\sqrt{2}}{3}\right)\right)$

Resp: $\boxed{211}$ a) $\dfrac{\pi}{3}$ b) $\dfrac{2\pi}{3}$ c) $\dfrac{\pi}{3}$ d) $-\dfrac{\pi}{4}$ e) $\dfrac{\pi}{3}$ f) $\dfrac{\pi}{4}$ g) $\dfrac{\pi}{4}$ h) $\dfrac{\pi}{3}$ i) $-\dfrac{\pi}{6}$

j) $\dfrac{3\pi}{4}$ k) $\dfrac{5\pi}{6}$ l) $-\dfrac{\pi}{6}$ $\boxed{212}$ a) $\dfrac{\sqrt{3}}{2}$ b) $\dfrac{1}{2}$ c) $-\sqrt{3}$ d) $\dfrac{2\sqrt{3}}{3}$

e) 2 f) -1 g) $\dfrac{\sqrt{2}}{2}$ h) $\dfrac{\sqrt{2}}{2}$ i) $-\sqrt{3}$

157 Simplifique as expressões:

a) $2\cos 10° \cdot \cos 40° - \cos 50°$
b) $\cos 20° - 2\sen 20° \cdot \sen 40°$
c) $\sen \alpha (1 + 2\cos 2\alpha)$
d) $\cos 3\alpha - 2\cos \alpha \cdot \cos 2\alpha$

e) $\sen \alpha + 2\sen\left(\dfrac{5\pi}{12} - \dfrac{\alpha}{2}\right)\cos\left(\dfrac{5\pi}{12} + \dfrac{\alpha}{2}\right)$

f) $\cos 2\alpha + 2\sen(\alpha + 30°)\sen(\alpha - 30°)$

158 Simplifique as expressões:

a) $\sen\left(\alpha + \dfrac{\pi}{3}\right)\sen\left(\alpha - \dfrac{\pi}{3}\right) - \sen^2 \alpha$

b) $\cos^2 \alpha - \cos(\alpha + 30°)\cos(\alpha - 30°)$
c) $\cos 4\alpha + 2\cos 2\alpha - 4\cos 2\alpha \cdot \cos^2 \alpha$
d) $\sen 1° + \sen 91° - 2\sen 157°(\sen 112° + \sen 158°)$
e) $\sen 55° - \sen 145° + 2\sen 185°(\sen 130° + \sen 140°)$

159 Determine o valor de:

a) $\cos 72° - \sen 54°$
b) $\cos 20° \cdot \cos 40° \cdot \cos 80°$

c) $16 \sen 20° \cdot \sen 40° \cdot \sen 60° \cdot \sen 80°$
d) $\cos \dfrac{\pi}{5} - \cos \dfrac{2\pi}{5}$

160 Demonstrar que se $\dfrac{\sen \beta}{\sen(2\alpha + \beta)} = \dfrac{n}{m}$, então $\dfrac{1 + \dfrac{\tg \beta}{\tg \alpha}}{m + n} = \dfrac{1 - \tg \alpha \cdot \tg \beta}{m - n}$

161 Mostre que se $\dfrac{\sen(x-\alpha)}{\sen(x-\beta)} = \dfrac{a}{b}$ e $\dfrac{\cos(x-\alpha)}{\cos(x-\beta)} = \dfrac{A}{B}$, com $aB + bA \neq 0$, então

$\cos(\alpha - \beta) = \dfrac{aA + bB}{aB + bA}$

Resp: **152** a) $2\tg \alpha \cdot \cos^2 \dfrac{\alpha}{2}$ b) $2\cotg \alpha \cdot \cos^2\left(45° - \dfrac{\alpha}{2}\right)$ c) $\dfrac{2\sqrt{2}\sen(45° + \alpha)\cos^2 \dfrac{\alpha}{2}}{\cos \alpha}$

d) $\dfrac{2\sqrt{2}\sen(45° - \alpha)\cos^2 \dfrac{\alpha}{2}}{\cos \alpha}$ e) $\dfrac{\sen(\beta - \alpha)}{\cos \alpha \cdot \sen \beta}$ f) $-\tg \alpha \cdot \tg 2\alpha \cdot \tg 3\alpha$

153 a) $2\sen\left(15° + \dfrac{\alpha}{2}\right)\cos\left(15° - \dfrac{\alpha}{2}\right)$ b) $2\sen(15° + \alpha)\sen(15° - \alpha)$ c) $-4\sen 5° \cdot \cos 55°$

d) $4\sen(60° + \alpha)$ e) $2\sen(\alpha - 30°)$ **154** a) $\sqrt{3}$ b) -1 c) $\dfrac{1}{2}(\sqrt{3} - 1)$ d) $\dfrac{1}{4}(\sqrt{3} - 2)$

e) $\dfrac{1}{4}(\sqrt{3} - \sqrt{2})$ **155** a) $\tg\left(\dfrac{\pi}{4} - \alpha\right)$ b) $\tg 4\alpha$ c) $\sen 2\alpha$ d) $\cos 2\alpha$ e) $\cotg 2\alpha$

f) $4\cos^2 \dfrac{\alpha}{2}$ g) $\tg \alpha$ **156** a) $\cos \alpha + \cos 3\alpha + \cos 7\alpha + \cos 9\alpha$ b) $\dfrac{1}{2}(\sen 2\alpha + \sen 4\alpha - \sen 6\alpha)$

c) $2\cos(2\alpha - 2\beta) + 2\cos(2\beta - 2\gamma) + 2\cos(2\gamma - 2\alpha) + 2$

211 Determie:

a) arc sen $\dfrac{\sqrt{3}}{2}$

b) arc cos $\left(-\dfrac{1}{2}\right)$

c) arc tg $\sqrt{3}$

d) arc sen $\left(-\dfrac{\sqrt{2}}{2}\right)$

e) arc sec 2

f) arc cos $\dfrac{\sqrt{2}}{2}$

g) arc cossec $\sqrt{2}$

h) arc cotg $\dfrac{\sqrt{3}}{3}$

i) arc cossec (–2)

j) arc sec $(-\sqrt{2})$

k) arc cotg $(-\sqrt{3})$

l) arc tg $\left(-\dfrac{\sqrt{3}}{3}\right)$

212 Determine:

a) sen $\left(\text{arc}\cos\left(-\dfrac{1}{2}\right)\right)$

b) cos $(\text{arc tg}\sqrt{3})$

c) tg (arc sec (–2))

d) sec $\left(\text{arc tg}\left(-\dfrac{\sqrt{3}}{3}\right)\right)$

e) cossec $\left(\text{arc}\cos\left(-\dfrac{\sqrt{3}}{2}\right)\right)$

f) cotg $\left(\text{arc sen}\left(-\dfrac{\sqrt{2}}{2}\right)\right)$

g) sen $\left(\text{arc sen}\left(\dfrac{\sqrt{2}}{2}\right)\right)$

h) cos (arc cossec $(-\sqrt{2})$)

i) cotg (arc cossec (–2))

Resp: **208** a) $\dfrac{\pi}{4}$ b) $\dfrac{\pi}{6}$ c) $-\dfrac{\pi}{3}$ d) $-\dfrac{\pi}{2}$ e) $-\dfrac{\pi}{6}$ f) $-\dfrac{\pi}{4}$

208   Lembre-se que: cotg $\alpha = \dfrac{1}{\text{tg}\,\alpha}$, $0 < $ arc cotg x $ < \pi$ e $-\dfrac{\pi}{2} < $ arc tg x $ < \dfrac{\pi}{2}$

210 a) $\dfrac{\pi}{6}$ b) $\dfrac{5\pi}{6}$ c) $\dfrac{\pi}{4}$ d) $\dfrac{2\pi}{3}$

162 Se $\alpha + \beta + \gamma = 180°$, mostre que:

a) $\cos \alpha + \cos \beta + \cos \gamma = 1 + 4 \operatorname{sen} \dfrac{\alpha}{2} \operatorname{sen} \dfrac{\beta}{2} \operatorname{sen} \dfrac{\gamma}{2}$

b) $\operatorname{sen} \alpha + \operatorname{sen} \beta - \operatorname{sen} \gamma = 4 \operatorname{sen} \dfrac{\alpha}{2} \operatorname{sen} \dfrac{\beta}{2} \cos \dfrac{\gamma}{2}$

c) $\cos \alpha + \cos \beta - \cos \gamma = -1 + 4 \cos \dfrac{\alpha}{2} \cos \dfrac{\beta}{2} \operatorname{sen} \dfrac{\gamma}{2}$

d) $\operatorname{tg} \alpha + \operatorname{tg} \beta + \operatorname{tg} \gamma = \operatorname{tg} \alpha \cdot \operatorname{tg} \beta \cdot \operatorname{tg} \gamma$

e) $\operatorname{cotg} \dfrac{\alpha}{2} + \operatorname{cotg} \dfrac{\beta}{2} + \operatorname{cotg} \dfrac{\gamma}{2} = \operatorname{cotg} \dfrac{\alpha}{2} \cdot \operatorname{cotg} \dfrac{\beta}{2} \cdot \operatorname{cotg} \dfrac{\gamma}{2}$

f) $\operatorname{sen}^2 \alpha + \operatorname{sen}^2 \beta + \operatorname{sen}^2 \gamma = 2 + 2 \cos \alpha \cdot \cos \beta \cdot \cos \gamma$

g) $\cos^2 \alpha + \cos^2 \beta + \cos^2 = 1 - 2 \cos \alpha \cdot \cos \beta \cdot \cos \gamma$

163 Determine o produto $P = \cos \alpha \cdot \cos 2\alpha \cdot \cos 4\alpha \ldots \cos 2^n \alpha$

164 Determine a soma $S = \operatorname{sen} \alpha + \operatorname{sen} 2\alpha + \ldots + \operatorname{sen} n\alpha$

165 Determine a soma $S = \cos \alpha + \cos 2\alpha + \ldots + \cos n\alpha$

166 Prove que $\dfrac{1}{2} \operatorname{tg} \dfrac{\alpha}{2} + \dfrac{1}{4} \operatorname{tg} \dfrac{\alpha}{4} + \ldots + \dfrac{1}{2^n} \operatorname{tg} \dfrac{\alpha}{2^n} = \dfrac{1}{2^n} \operatorname{cotg} \dfrac{\alpha}{2^n} - \operatorname{cotg} \alpha$

167 Prove que $\cos t + \cos(t+s) + \cos(t+2s) + \ldots + \cos(t+ns) = \dfrac{\cos\left(t + \dfrac{ns}{2}\right) \operatorname{sen}\left(\dfrac{n+1}{2} s\right)}{\operatorname{sen} \dfrac{s}{2}}$

168 Prove que $\operatorname{sen} t + \operatorname{sen}(t+s) + \operatorname{sen}(t+2s) + \ldots + \operatorname{sen}(t+ns) = \dfrac{\operatorname{sen}\left(t + \dfrac{ns}{2}\right) \operatorname{sen}\left(\dfrac{n+1}{2} s\right)}{\operatorname{sen} \dfrac{s}{2}}$

169 Mostre que $2 \cos \alpha \cdot \cos \beta \cdot \cos(\alpha + \beta) = \cos^2 \alpha + \cos^2 \beta - \operatorname{sen}^2(\alpha + \beta)$

170 Mostre que $\cos \alpha + \cos \beta + \cos \gamma \cdot \cos(\alpha + \beta + \gamma) = 4 \cos \dfrac{\alpha+\beta}{2} \cos \dfrac{\alpha+\gamma}{2} \cos \dfrac{\beta+\gamma}{2}$

171 Mostre que se $\alpha + \beta = \gamma$, então $\operatorname{sen} \alpha + \operatorname{sen} \beta + \operatorname{sen} \gamma = 4 \cos \dfrac{\alpha}{2} \cos \dfrac{\beta}{2} \operatorname{sen} \dfrac{\gamma}{2}$

Resp: **157** a) $\dfrac{\sqrt{3}}{2}$ b) $\dfrac{1}{2}$ c) $\operatorname{sen} 3\alpha$ d) $-\cos \alpha$ e) $\dfrac{1}{2}$ f) $\dfrac{1}{2}$

158 a) $-\dfrac{3}{4}$ b) $\dfrac{1}{4}$ c) -1 d) 0 e) 0

159 a) $-\dfrac{1}{2}$ b) $\dfrac{1}{8}$ c) 3 d) $\dfrac{1}{2}$

$\boxed{208}$ Dada a função $f(x) = \text{arc cossec } x$, determine:

a) $f(\sqrt{2}) =$

b) $f(2) =$

c) $f\left(-\dfrac{2\sqrt{3}}{3}\right)$

d) $f(-1) =$

e) $f(-2) =$

f) $f(-\sqrt{2}) =$

$\boxed{209}$ Mostre que $\quad \text{arc cotg } x = \begin{cases} \text{arc tg } x & , \ \text{se } x > 0 \\ \pi + \text{arc tg}\dfrac{1}{x} & , \text{se } x < 0 \end{cases}$

$\boxed{210}$ Dada a função $f(x) = \text{arc cotg } x$, determine:

a) $f(\sqrt{3}) =$

b) $f(-\sqrt{3}) =$

c) $f(1) =$

d) $f\left(-\dfrac{\sqrt{3}}{3}\right) =$

Resp: $\boxed{204}$ a) 0 b) $\dfrac{\pi}{4}$ c) $-\dfrac{\pi}{3}$ d) $-\dfrac{\pi}{4}$ e) $\dfrac{\pi}{6}$ f) $\dfrac{\pi}{3}$ g) $-\dfrac{\pi}{6}$

$\boxed{205}$ Lembre-se de que $\sec \alpha = \dfrac{1}{\cos \alpha}$ $\quad$ $\boxed{206}$ Lembre-se de que $\text{cossec } \alpha = \dfrac{1}{\text{sen } \alpha}$

$\boxed{207}$ a) $\dfrac{\pi}{3}$ b) $\dfrac{3\pi}{4}$ c) $\dfrac{2\pi}{3}$ d) $\dfrac{\pi}{6}$ e) $\dfrac{\pi}{4}$

104

172 Prove que $\alpha + \beta + \gamma + \delta = 2\pi$, então

a) $\text{sen } \alpha + \text{sen } \beta + \text{sen } \gamma + \text{sen } \delta = 4 \text{ sen} \dfrac{\alpha+\beta}{2} \text{ sen} \dfrac{\beta+\gamma}{2} \text{ sen} \dfrac{\gamma+\alpha}{2}$

b) $\cos^2 \alpha + \cos^2 \beta - \cos^2 \gamma - \cos^2 \delta = 2 \text{ sen } (\beta + \alpha) \text{ sen } (\alpha + \gamma) \text{ sen } (\alpha + \beta)$

173 Determine o valor de:

a) $2 \text{ sen } 40° + 2 \cos 130° - 3 \text{ sen } 160° - 3 \cos 110°$

b) $\cos 10° \cdot \cos 30° \cdot \cos 50° \cdot \cos 70°$

c) $16 \text{ sen}10° \cdot \text{sen } 30° \cdot \text{sen } 50° \cdot \text{sen } 70° \cdot \text{sen } 90°$

d) $\text{tg } 9° - \text{tg } 27° - \text{tg } 63° + \text{tg } 81°$

174 Mostre que:

a) $\text{tg } 55° \cdot \text{tg } 65° \cdot \text{tg } 75° = \text{tg } 85°$

b) $\cos \dfrac{\pi}{20} \cos \dfrac{3\pi}{20} \cos \dfrac{7\pi}{20} \cos \dfrac{9\pi}{20} = -\cos \dfrac{\pi}{15} \cos \dfrac{2\pi}{15} \cos \dfrac{4\pi}{15} \cos \dfrac{8\pi}{15}$

175 Mostre que:

a) $\text{tg}^6 20° - 33 \text{ tg}^4 20° + 27 \text{ tg}^2 20° = 3$

b) $\text{sen}^2 \dfrac{\pi}{7} \text{ sen}^2 \dfrac{2\pi}{7} \text{ sen}^2 \dfrac{3\pi}{7} = \dfrac{7}{64}$

c) $\text{tg } \dfrac{\pi}{7} \text{ tg} \dfrac{2\pi}{7} \text{ tg} \dfrac{3\pi}{7} = \sqrt{7}$

176 Determine $\text{sen}^4 \dfrac{\pi}{8} + \cos^4 \dfrac{3\pi}{8} + \text{sen}^4 \dfrac{5\pi}{8} + \cos^4 \dfrac{7\pi}{8}$

Resp: **163** Faça $P \cdot \text{sen } \alpha$ e obterá $P = \dfrac{1}{2^{n+1}} \dfrac{\text{sen} 2^{n+1} \alpha}{\text{sen} \alpha}$

164 Faça $S \cdot \text{sen } \dfrac{\alpha}{2}$ e obterá $S = \dfrac{1}{\text{sen} \dfrac{\alpha}{2}} \cdot \text{sen} \dfrac{(n+1)\alpha}{2} \cdot \text{sen} \dfrac{n\alpha}{2}$

165 Faça $S \cdot \text{sen } \dfrac{\alpha}{2}$ e obterá $S = \dfrac{1}{\text{sen} \dfrac{\alpha}{2}} \cdot \text{sen} \dfrac{n\alpha}{2} \cdot \cos \dfrac{(n+1)\alpha}{2}$

166 Prove primeiramente a identidade $\text{tg } x - \text{cotg } x = -2 \text{ cotg } 2x$ e depois de subtrair $\dfrac{1}{2^n} \text{ cotg} \dfrac{\alpha}{2^n}$ do primeiro membro da igualdade, aplique sucessivamente a identidade acima.

$\boxed{204}$ Dada a função $f(x) = \text{arc tg } x$, determine:

a) $f(0) =$

b) $f(1) =$

c) $f(-\sqrt{3}) =$

d) $f(-1) =$

e) $f\left(\dfrac{\sqrt{3}}{3}\right) =$

f) $f(\sqrt{3}) =$

g) $f\left(-\dfrac{\sqrt{3}}{3}\right) =$

$\boxed{205}$ Mostre que $\text{arc sec } x = \text{arc cos } \dfrac{1}{x}$

$\boxed{206}$ Mostre que $\text{arc cossec } x = \text{arc sen } \dfrac{1}{x}$

$\boxed{207}$ Dada a função $f(x) = \text{arc sec } x$, determine:

a) $f(2) =$

b) $f(-\sqrt{2}) =$

c) $f(-2) =$

d) $f\left(\dfrac{2\sqrt{3}}{3}\right) =$

e) $f(\sqrt{2}) =$

Resp: $\boxed{202}$ a) 0 b) $\dfrac{\pi}{2}$ c) $-\dfrac{\pi}{2}$ d) $\dfrac{\pi}{6}$ e) $\dfrac{\pi}{4}$ f) $\dfrac{\pi}{3}$ g) $-\dfrac{\pi}{6}$ h) $-\dfrac{\pi}{4}$ i) $-\dfrac{\pi}{3}$

$\boxed{203}$ a) $\dfrac{\pi}{2}$ b) 0 c) π d) $\dfrac{\pi}{3}$ e) $\dfrac{2\pi}{3}$ f) $\dfrac{\pi}{4}$ g) $\dfrac{3\pi}{4}$ h) $\dfrac{\pi}{6}$ i) $\dfrac{5\pi}{6}$

Resp: 173 a) 0   b) $\frac{3}{16}$ c) 1   d) 4

176 Transforme $\cos \frac{3\pi}{8}$ em seno e $\sen \frac{5\pi}{8}$ em cosseno e obterá, para a soma, $\frac{3}{2}$

EXERCÍCIOS

$\boxed{202}$ Dada a função $f(x) = \text{arc sen } x$, determine:

a) $f(0) =$

b) $f(1) =$

c) $f(-1) =$

d) $f\left(\dfrac{1}{2}\right) =$

e) $f\left(\dfrac{\sqrt{2}}{2}\right) =$

f) $f\left(\dfrac{\sqrt{3}}{2}\right) =$

g) $f\left(-\dfrac{1}{2}\right) =$

h) $f\left(-\dfrac{\sqrt{2}}{2}\right) =$

i) $f\left(-\dfrac{\sqrt{3}}{2}\right) =$

$\boxed{203}$ Dada a função $f(x) = \text{arc cos } x$, determine:

a) $f(0) =$

b) $f(1 =$

c) $f(-1)$

d) $f\left(\dfrac{1}{2}\right) =$

e) $f\left(-\dfrac{1}{2}\right) =$

f) $f\left(\dfrac{\sqrt{2}}{2}\right) =$

g) $f\left(-\dfrac{\sqrt{2}}{2}\right) =$

h) $f\left(\dfrac{\sqrt{3}}{2}\right) =$

i) $f\left(-\dfrac{\sqrt{3}}{2}\right) =$

III. FUNÇÕES TRIGONOMÉTRICAS

1) Introdução

Vimos no capítulo de funções circulares (Caderno de atividades volume 1) a definição de seno, cosseno, tangente, cotangente, secante e cossecante de um arco medido em graus ou radianos. Neste capítulo vamos convencionar que quando escrevermos $y = \operatorname{sen} x$ devemos entender que $y = \operatorname{sen}(x \text{ radianos})$

$$x \in \mathbb{R}, \; y = \operatorname{sen} x \iff y = \operatorname{sen}(x \text{ radianos})$$

O mesmo significado terá $\cos x$, $\operatorname{tg} x$, $\operatorname{cotg} x$, $\sec x$ e $\operatorname{cossec} x$.

1º) Sabemos que para todo x real existe

$$y = \operatorname{sen} x \quad \text{e} \quad y = \cos x$$

2º) Sabemos que para todo x real, x diferente de $k\pi$, k inteiro, existe

$$y = \operatorname{cotg} x \quad \text{e} \quad y = \operatorname{cossec} x$$

3º) Sabemos que para todo x real, x diferente de $\dfrac{\pi}{2} + k\pi$, k inteiro, existe

$$y = \operatorname{tg} x \quad \text{e} \quad y = \sec x$$

2) Função seno

1º) **Definição**: Função seno é a função f de $\mathbb{R}$ em $\mathbb{R}$ que associa a cada número real x o número $y = f(x) = \operatorname{sen} x$

2º) **Domínio e Imagem**: Se $y = f(x) = \operatorname{sen} x$, como existe $\operatorname{sen} x$ para todo x real e $-1 \leq \operatorname{sen} x \leq 1$ obtemos:

$$D(f) = \mathbb{R} \quad \text{e} \quad \operatorname{Im}(f) = [-1, 1]$$

3º) **Período**: Dizemos que uma função $f: A \to B$ é periódica se existe um número P positivo de modo que

I) $x \in A \iff (x + P) \in A$ e

II) $f(x) = f(x + P)$ para todo $x \in A$

O menor número P que satisfaz esta condição é chamado período da função f.

Da mesma forma obtemos:

$$\text{tg (arc tg x)} = x \ , \ \text{cotg (arc cotg x)} = x \ , \ \text{sec (arc sec x)} = x \ , \ \text{e} \ \text{cossec (arc cossec x)} = x.$$

Exemplo 1:Mostre que $\text{arc cos} (-x) = \pi - \text{arc cos x}$.

$$y = \text{arc cos} (-x) \Rightarrow \cos y = -x \Rightarrow -\cos(\pi - y) = -x \Rightarrow \cos(\pi - y) = x \Rightarrow$$
$$\Rightarrow \pi - y = \text{arc cos x} \Rightarrow y = \pi - \text{arc cos x} \Rightarrow \text{arc cos} (-x) = \pi - \text{arc cos x}$$

Exemplo 2: Mostre que $\text{cotg (arc tg x)} = \dfrac{1}{x}$.

$$\text{cotg (arc tg x)} = \frac{1}{\text{tg (arc tg x)}} = \frac{1}{x} \quad \text{pois} \ \text{tg (arc tg x)} = x$$

Exemplo 3: Mostre que $\text{sen (arc cos x)} = \sqrt{1 - x^2}$

$$y = \text{arc cos x} \Rightarrow \cos y = x \ \text{e} \ 0 \le y \le \pi$$
Como $\text{sen}^2 y + \cos^2 y = 1$, obtemos:

$$\text{sen}^2 y + x^2 = 1 \Rightarrow \text{sen}^2 y = 1 - x^2 \Rightarrow \text{sen } y = \pm\sqrt{1 - x^2} \ . \ \text{Mas como} \ 0 \le y \le \pi \ , \text{temos:}$$

$$\text{sen } y \ge 0 \Rightarrow \text{sen } y = \sqrt{1 - x^2}$$

Então, $y = \text{arc cos x} \Rightarrow \boxed{\text{sen (arc cos x)} = \sqrt{1 - x^2}}$

Exemplo 4: Determine $\text{sen}\left(\text{arc sen}\left(-\dfrac{1}{3}\right) + \text{arc cos}\dfrac{3}{5}\right)$

Fazendo $a = \text{arc sen}\left(-\dfrac{1}{3}\right)$ e $b = \text{arc cos}\dfrac{3}{5}$, queremos determinar
$\text{sen } (a + b) = \text{sen } a \cdot \cos b + \text{sen } b \cdot \cos a$

Note que: $\text{sen } a = -\dfrac{1}{3}$ e $-\dfrac{\pi}{2} \le a \le \dfrac{\pi}{2} \Rightarrow \cos^2 a + \dfrac{1}{9} = 1 \rightarrow \cos a = \dfrac{2\sqrt{2}}{3}$

$\cos b = \dfrac{3}{5}$ e $0 \le b \le \pi \Rightarrow \text{sen}^2 b + \dfrac{9}{25} = 1 \Rightarrow \text{sen } b = \dfrac{4}{5}$

Então: $\text{sen } (a + b) = \text{sen } a \cdot \cos b + \text{sen } b \cdot \cos a$

$$\text{sen } (a + b) = \left(-\frac{1}{3}\right)\frac{3}{5} + \frac{4}{5} \cdot \frac{2\sqrt{2}}{3} = \frac{-3}{15} + \frac{8\sqrt{2}}{15} \Rightarrow$$

$$\text{sen}\left(\text{arc sen}\left(-\frac{1}{3}\right) + \text{arc cos}\frac{3}{5}\right) = \frac{8\sqrt{2} - 3}{15}$$

Como sen x = sen (2π + x) para todo x real e 2π é o menor número real positivo que satisfaz essa relação, o **período** P da função f (x) = sen x é P = 2π

4º) **Amplitude**: A função seno é periódica e limitada (– 1 ≤ sen x ≤ 1). A metade do módulo da diferença entre o maior e menor valor de uma função periódica limitada é chamada **amplitude** desta função. A amplitude da função seno é 1.

5º) **Função Ímpar**: Sabemos que se f (–x) = – f (x) para todo x do domínio de f, a função f é chamada **função ímpar**. Como sen (– x) = – sen (x) para todo x real, então a função f (x) = sen x é **função ímpar**

6º) **Variação da função seno**: Se y = sen x, note que:

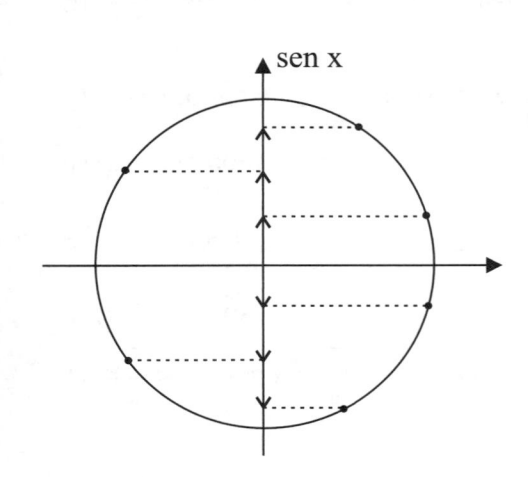

x varia de 0 a $\frac{\pi}{2}$ ⇒ y varia de 0 a 1

x varia de $\frac{\pi}{2}$ a π ⇒ y varia de 1 a 0

x varia de π a $\frac{3\pi}{2}$ ⇒ y varia de 0 a – 1

x varia de $\frac{3\pi}{2}$ a 2π ⇒ y varia de – 1 a 0

Vamos indicar essa variação do seguinte modo:

x	0 → $\frac{\pi}{2}$	$\frac{\pi}{2}$ → π	π → $\frac{3\pi}{2}$	$\frac{3\pi}{2}$ → 2π
y = sen x	0 → 1	1 0	0 – 1	– 1 0

7º) **Gráfico cartesiano de y = sen x**: Usando a variação da função seno e alguns valores dos senos dos arcos notáveis, podemos construir o gráfico de y = sen x

x	y = sen x
0	0
$\frac{\pi}{2}$	1
π	0
$\frac{3\pi}{2}$	– 1
2π	0

x	y = sen x
$\frac{\pi}{6}$	$\frac{1}{2}$
$\frac{\pi}{4}$	$\frac{\sqrt{2}}{2}$
$\frac{\pi}{3}$	$\frac{\sqrt{3}}{2}$
⋮	

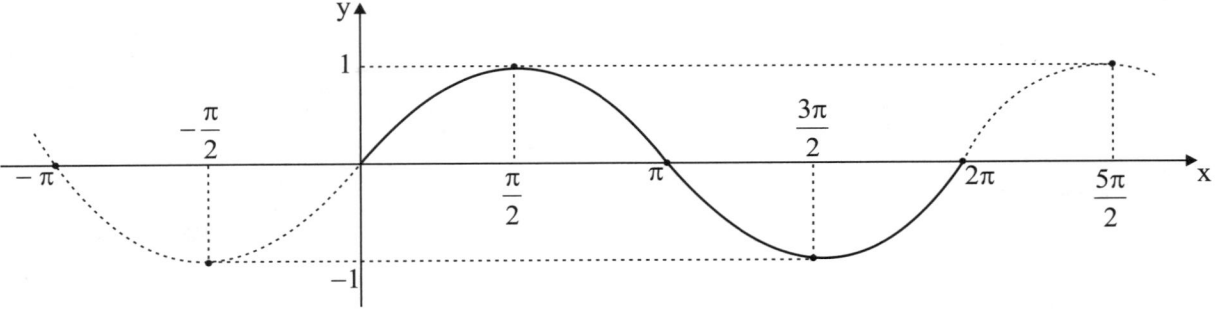

A linha cheia do gráfico representa a parte correspondente a um período (P = 2π)

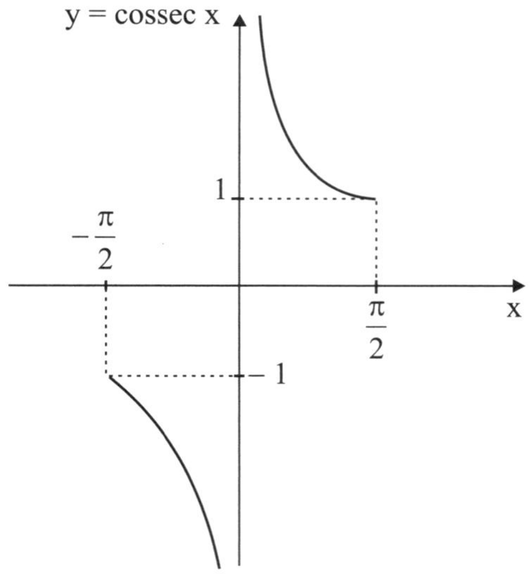

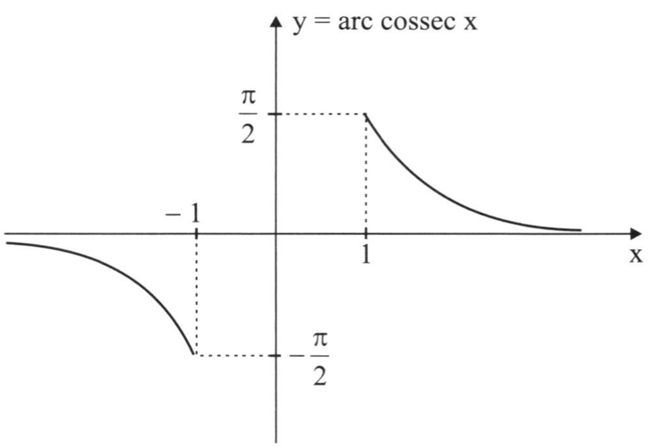

$$y = \text{arc cossec } x \quad \Leftrightarrow \quad \text{cossec } y = x \quad e \quad \left(-\frac{\pi}{2} \leq y \leq \frac{\pi}{2} , \; y \neq 0 \right)$$

Exemplos: 1º) $y = \text{arc cossec } 2 \quad \Leftrightarrow \quad \text{cossec } y = 2 \qquad e \quad 0 < y \leq \frac{\pi}{2} \Rightarrow y = \frac{\pi}{6}$

2º) $y = \text{arc cossec } (-\sqrt{2}) \Leftrightarrow \text{cossec } y = -\sqrt{2} \quad e \quad -\frac{\pi}{2} \leq y < 0 \Rightarrow y = \frac{\pi}{4}$

Resumo:

1) $-\frac{\pi}{2} \leq \text{arc sen } x \leq \frac{\pi}{2}$ e $-1 \leq x \leq 1$

2) $0 \leq \text{arc cos } x \leq \pi$ e $-1 \leq x \leq 1$

3) $-\frac{\pi}{2} < \text{arc tg } x < \frac{\pi}{2}$ e $x \in \mathbf{R}$

4) $0 < \text{arc cotg } x < \pi$ e $x \in \mathbf{R}$

5) $0 \leq \text{arc sec } x \leq \pi$, $\text{arc sec } x \neq \frac{\pi}{2}$ e $x \in (\mathrm{IR} -]{-}1,1[ )$

6) $-\frac{\pi}{2} \leq \text{arc cossec } x \leq \frac{\pi}{2}$, $\text{arc cossec } x \neq 0$ e $x \in (\mathbf{R} -]{-}1,1[ )$

Note que:

1) $y = \text{arc sen } x \quad \Rightarrow \quad \text{sen } y = x$
    $\text{sen } (\text{arc sen } x) = \text{sen } y = x \quad \Rightarrow \quad \boxed{\text{sen } (\text{arc sen } x) = x}$

2) $y = \text{arc cos } x \quad \Rightarrow \quad \cos y = x$
    $\cos (\text{arc cos } x) = \cos y = x \quad \Rightarrow \quad \boxed{\cos (\text{arc cos } x) = x}$

3) Função cosseno

1º) Definição: Função cosseno é a função f de **R** em **R** que associa a cada número real x o número y = f (x) = cos x

2º) Domínio e Imagem: f (x) = cos x ⇒ D (f) = **R** e Im (f) = [– 1 , 1]

3º) Período: Como cos x = cos (2π + x) para todo x real de 2π é o menor número real positivo que satisfaz essa relação, o **período** P da função f (x) = cos x é P = 2π

4º) Amplitude: Como – 1 ≤ cos x ≤ 1 , a **amplitude** de f (x) = cos x é 1

5º) Função Par: Sabemos que se f (– x) = f (x) para todo x do domínio de f , a função f é chamada **função par**. Como cos (– x) = cos x para todo x real, a função f (x) = cos x é **função par**

6º) Variação da função cosseno

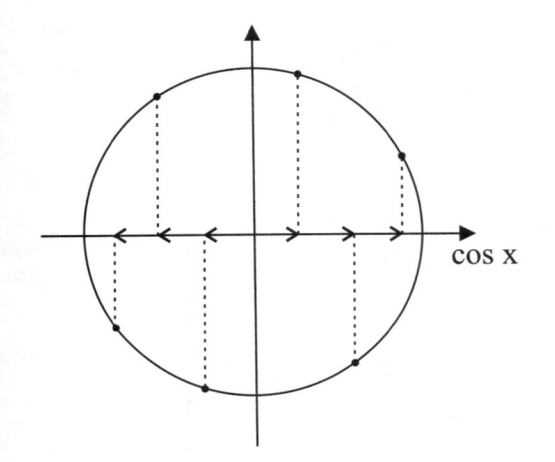

x	$0 \to \dfrac{\pi}{2}$	$\dfrac{\pi}{2} \to \pi$	$\pi \to \dfrac{3\pi}{2}$	$\dfrac{3\pi}{2} \to 2\pi$
y = cos x	1 → 0	0 → – 1	– 1 → 0	0 → – 1

7º) Gráfico cartesiano de y = cos x: Usando a variação da função cosseno e alguns valores dos cossenos dos arcos notáveis construimos o gráfico de y = cos x

x	y = cos x
0	1
$\dfrac{\pi}{2}$	0
π	– 1
$\dfrac{3\pi}{2}$	0
2π	1

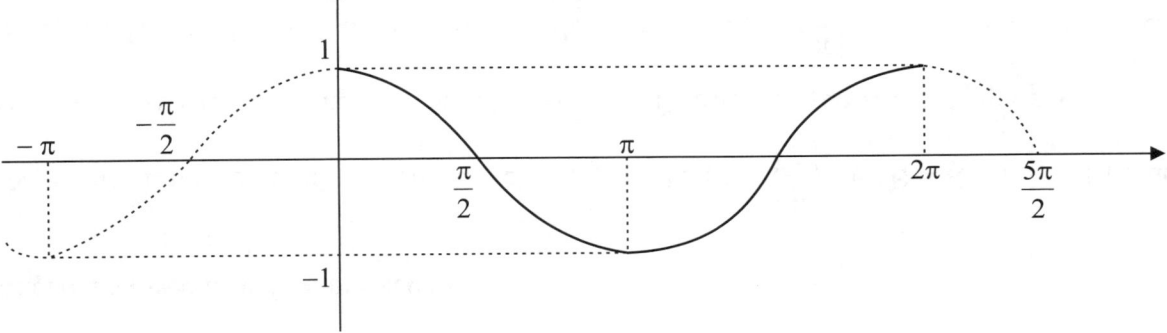

x	y = cos x
$\dfrac{\pi}{6}$	$\dfrac{\sqrt{3}}{2}$
$\dfrac{\pi}{4}$	$\dfrac{\sqrt{2}}{2}$
$\dfrac{\pi}{3}$	$\dfrac{1}{2}$
⋮	

A linha do gráfico representa a parte correspondente a um período (P = 2π)

6) Função arco-secante $(y = \text{arc sec } x)$

Note que a função **f** de **A** em **B**, com $A = [\,0\,,\pi\,] - \left\{\dfrac{\pi}{2}\right\}$ e $B = \mathbf{R} - \,]-1\,,1\,[$, definida por

$y = \sec x$ é bijetora. Então a função f admite inversa e f^{-1} é a função de **B** em **A** que associa a cada número

real x e $B = \mathbf{R} - \,]-1\,,1\,[$ o número real y de $A = [\,0\,,\pi\,] - \left\{\dfrac{\pi}{2}\right\}$ tal que $\sec y = x$. E escrevemos:

$$\boxed{y = \text{arc sec } x \quad (y \text{ é o arco cuja secante é } x)}$$

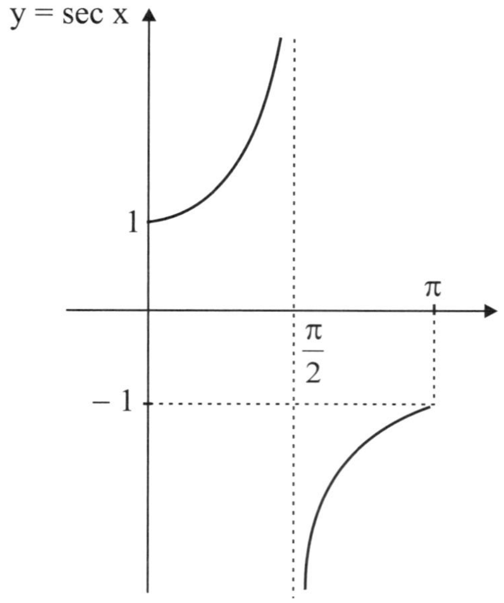

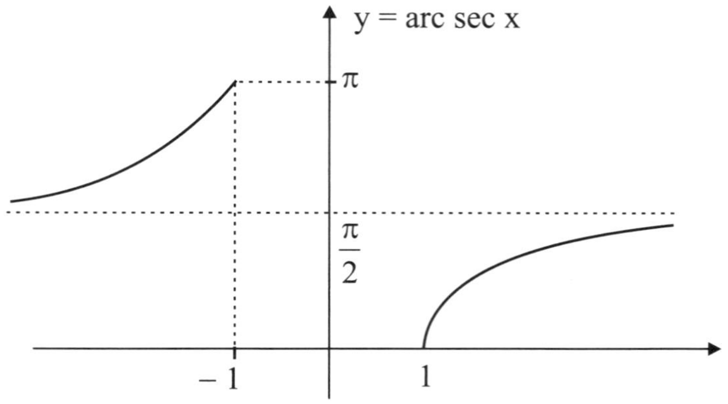

$$\boxed{y = \text{arc sec } x \iff \sec y = x \quad e \quad \left(0 \le y \le \pi,\, y \ne \dfrac{\pi}{2}\right)}$$

Exemplos: 1°) $y = \text{arc sec } \sqrt{2} \iff \sec y = \sqrt{2}$ e $0 \le y < \dfrac{\pi}{2} \Rightarrow y = \dfrac{\pi}{4}$

2°) $y = \text{arc sec } (-2) \iff \sec y = -2$ e $\dfrac{\pi}{2} < y \le \pi \Rightarrow y = \dfrac{2\pi}{3}$

7) Função arco-cossecante $(y = \text{arc cossec } x)$

Note que a função **f** de **A** em **B**, com $A = \left[-\dfrac{\pi}{2}\,,\dfrac{\pi}{2}\right] - \{\,0\,\}$ e $B = \mathbf{R} - \,]-1\,,1\,[$, definida por

$y = \text{cossec } x$ é bijetora. Então a função **f** admite inversa e $\mathbf{f^{-1}}$ é a função de B em A que associa a cada

número real x de $B = \mathbf{R} - \,]-1\,,1\,[$ o número real y de $A = \left[-\dfrac{\pi}{2}\,,\dfrac{\pi}{2}\right] - \{\,0\,\}$ tal que $\text{cossec } y = x$.

E escrevemos:

$$\boxed{y = \text{arc cossec } x \quad (y \text{ é o arco cuja cossecante é } x)}$$

4) Função tangente

1º) Definição: Função tangente é a função f de A → **R**, com A = $\left\{x \in \mathbf{R} \mid x \neq \frac{\pi}{2} + k\pi, k \in \mathbf{Z}\right\}$, que associa a cada x de A o número y = f(x) = tg x

2º) Domínio e imagem: f(x) = tg x → D(f) = $\left\{x \in \mathbf{R} \mid x \neq \frac{\pi}{2} + k\pi, k \in \mathbf{Z}\right\}$ e Im(f) = **R**

3º) Período: Como tg x = tg (π + x) para todo x do domínio e π é o menor número real positivo que satisfaz essa relação, o **período** P da função f(x) = tg x é P = π

4º) Função Ímpar: Como tg(−x) = −tg x para todo x do domínio, a função f(x) = tg x é **função ímpar**

5º) Variação da função tangente:
Lembre-se de alguns valores de tangentes de alguns arcos notáveis:

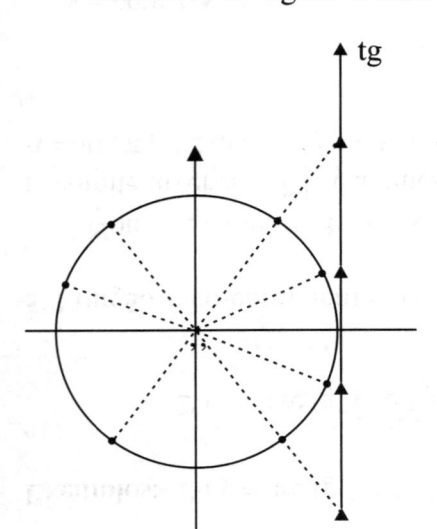

$\text{tg}\,\frac{\pi}{4} = \text{tg}\,\frac{5\pi}{4} = 1$, $\text{tg}\,\frac{3\pi}{4} = \text{tg}\,\frac{7\pi}{4} = -1$,

$\text{tg}\,\frac{\pi}{3} = \text{tg}\,\frac{4\pi}{3} = \sqrt{3}$, $\text{tg}\,\frac{2\pi}{3} = \text{tg}\,\frac{5\pi}{3} = -\sqrt{3}$.

x	$0 \to \frac{\pi}{2}$	$\frac{\pi}{2} \to \pi$	$\pi \to \frac{3\pi}{2}$	$\frac{3\pi}{2} \to 2\pi$
y = tg x	$0 \to \infty$	$-\infty \to 0$	$0 \to \infty$	$-\infty \to 0$

Note que: $\lim\limits_{x \to \frac{\pi}{2}^-} \text{tg}\, x = \infty$, $\lim\limits_{x \to \frac{\pi}{2}^+} \text{tg}\, x = -\infty$

$\lim\limits_{x \to \frac{3\pi}{2}^-} \text{tg} = \infty$, $\lim\limits_{x \to \frac{3\pi}{2}^+} \text{tg}\, x = -\infty$

6º) Gráfico cartesiano de y = tg x: Usando a variação acima construimos o gráfico de y = tg x

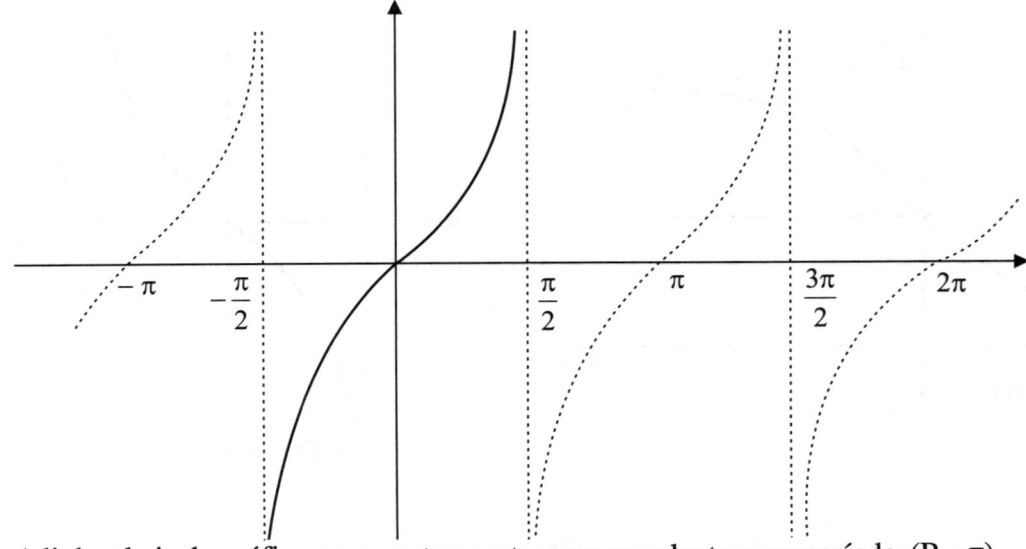

A linha cheia do gráfico representa a parte correspondente a um período (P = π)

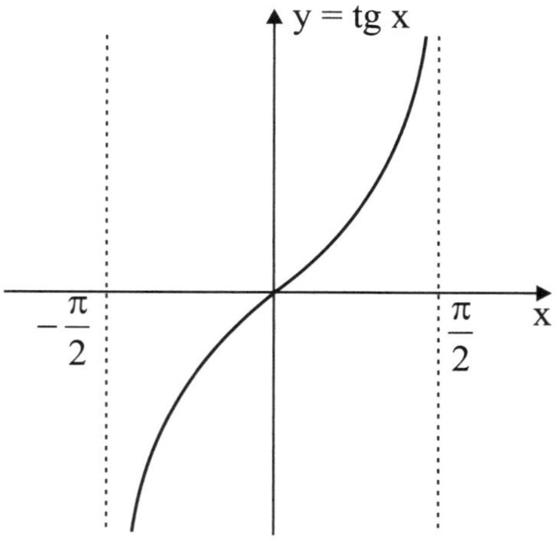

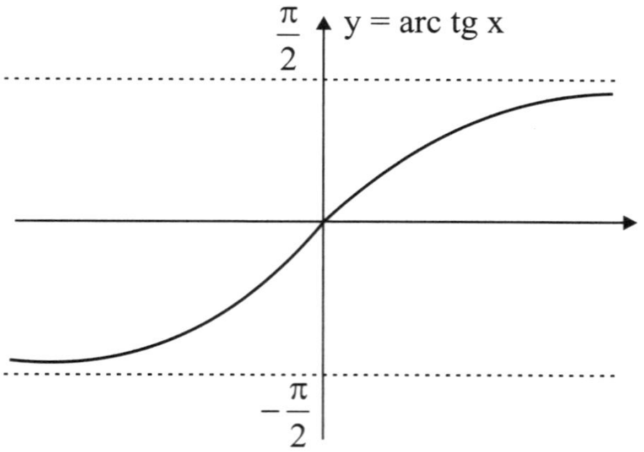

$y = tg\ x$

$-\dfrac{\pi}{2}$ $\quad$ $\dfrac{\pi}{2}$ $\quad$ x

$\dfrac{\pi}{2}$ $\quad y = arc\ tg\ x$

$-\dfrac{\pi}{2}$

$$y = arc\ tg\ x \iff tg\ y = x \quad e \quad -\frac{\pi}{2} < x < \frac{\pi}{2}$$

Exemplos: 1°) $y = arc\ tg\ 1 \iff tg\ y = 1 \quad e \quad -\dfrac{\pi}{2} < y < \dfrac{\pi}{2} \Rightarrow y = \dfrac{\pi}{4}$

2°) $y = arc\ tg\ \left(-\sqrt{3}\right) \iff tg\ y = -\sqrt{3} \quad e \quad -\dfrac{\pi}{2} < y < \dfrac{\pi}{2} \Rightarrow y = -\dfrac{\pi}{3}$

5) Função arco-cotangente (y = arc cotg x)

Note que a função **f** de **A** em **R**, com $A =]0\ ,\pi[$ definida por $y = cotg\ x$ é bijetora. Então a função **f** admite inversa e f^{-1} é a função de **R** em A que associa a cada número real x o número real y de $A =]0\ ,\pi[$ tal que $cotg\ y = x$. E escrevemos:

$y = arc\ cotg\ x \qquad$ (y é o arco cuja cotangente é x)

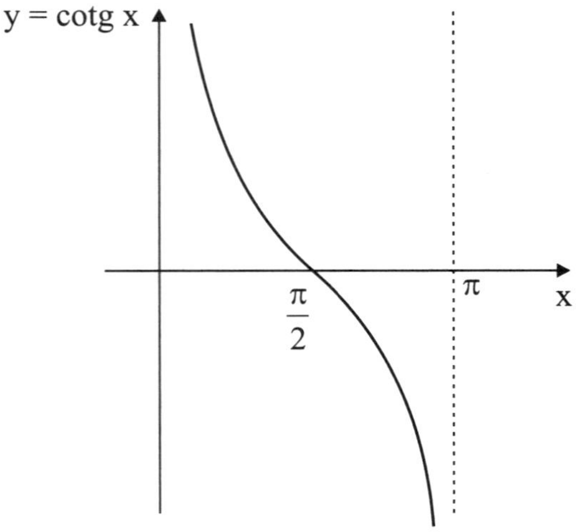

$y = cotg\ x$

$\dfrac{\pi}{2}$ $\quad \pi \quad$ x

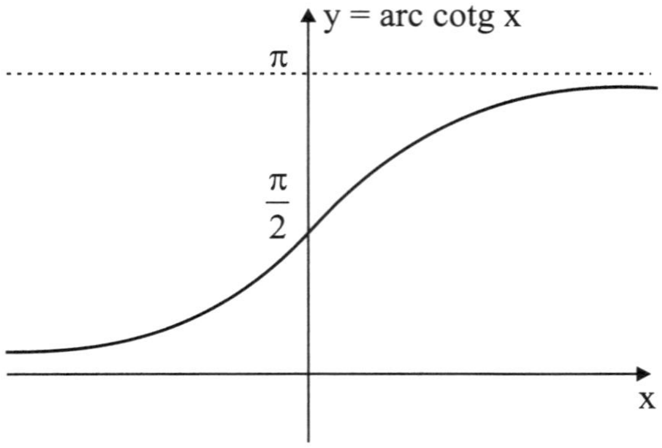

$y = arc\ cotg\ x$

π

$\dfrac{\pi}{2}$

x

$$y = arc\ cotg\ x \iff cotg\ y = x \quad e \quad 0 < y < \pi$$

Exemplos: 1°) $y = arc\ cotg\ \sqrt{3} \iff cotg\ y = \sqrt{3} \quad e \quad 0 < y < \pi \Rightarrow y = \dfrac{\pi}{6}$

2°) $y = arc\ cotg\ (-1) \iff cot\ y = -1 \quad e\ 0 < y < \pi \Rightarrow y = \dfrac{3\pi}{4}$

5) Função cotangente

1º) **Definição**: Função cotangente é a função f de A em $\mathbf{R}$, com $A = \{x \in \mathbf{R} \mid x \neq k\pi, k \in \mathbf{Z}\}$, que associa a cada x de A o número $y = f(x) = \cotg x$

2º) **Domínio e Imagem**: $f(x) = \cotg x \Rightarrow D(f) = \{x \in \mathbf{R} \mid x \neq k\pi, k \in \mathbf{Z}\}$ e $\text{Im}(f) = \mathbf{R}$

3º) **Período**: Como $\cotg x = \cotg(\pi + x)$ para todo x do domínio e π é o menor número real positivo que satisfaz essa relação, o período P da função $f(x) = \cotg x$ é $P = \pi$.

4º) **Função Ímpar**: Como $\cotg(-x) = -\cotg x$ para todo x do domíno, a função $f(x) = \cotg x$ é **função ímpar**

5º) **Variação da função cotangente**

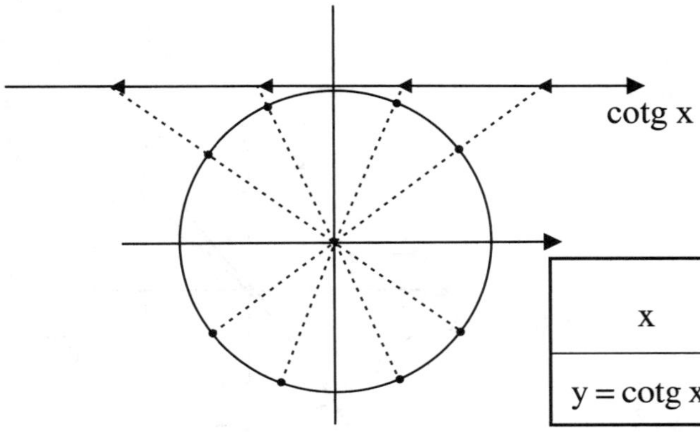

Lembre-se de alguns valores de cotangentes de alguns arcos notáveis:

$\cotg \dfrac{\pi}{4} = \cotg \dfrac{5\pi}{4} = 1$, $\cotg \dfrac{3\pi}{4} = \cotg \dfrac{7\pi}{4} = -1$

$\cotg \dfrac{\pi}{6} = \cotg \dfrac{7\pi}{6} = \sqrt{3}$, cotg

x	$0 \to \dfrac{\pi}{2}$	$\dfrac{\pi}{2} \to \pi$	$\pi \to \dfrac{3\pi}{2}$	$\dfrac{3\pi}{2} \to 2\pi$
y = cotg x	$\infty \to 0$	$0 \to -\infty$	$\infty \to 0$	$0 \to -\infty$

Note que: $\lim\limits_{x \to 0^+} \cotg x = \infty$, $\lim\limits_{x \to 0^-} \cotg x = -\infty$

$\lim\limits_{x \to \pi^+} \cotg x = \infty$, $\lim\limits_{x \to \pi^-} \cotg x = -\infty$

6º) **Gráfico cartesiano de $y = \cotg x$**: Usando a variação acima construimos o gráfico de $y = \cotg x$

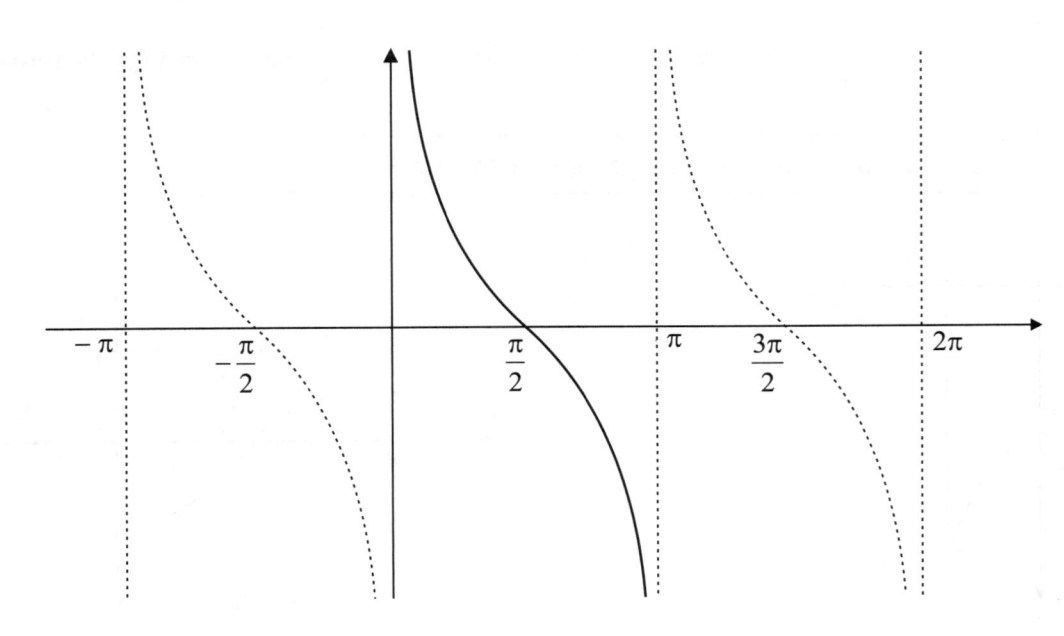

A linha cheia do gráfico representa a parte correspondente a um período $(P = \pi)$

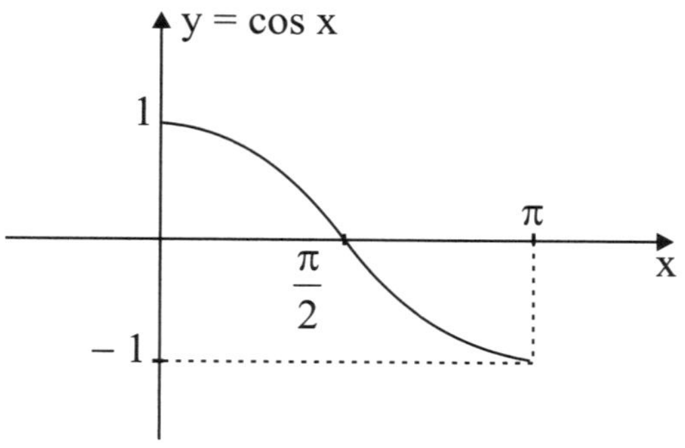

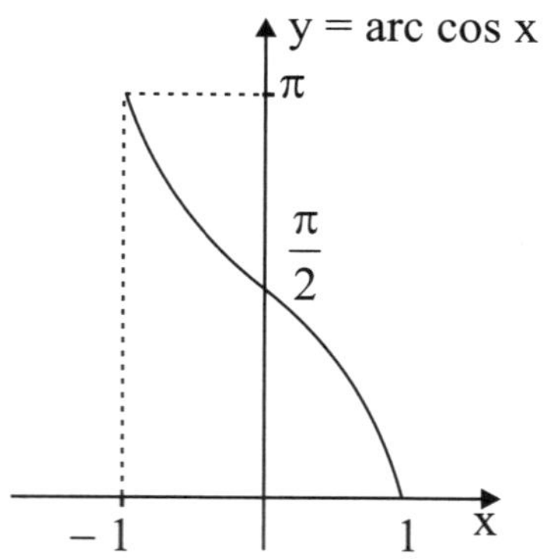

$$y = \text{arc cos } x \iff \cos y = x \quad e \quad 0 \le y \le \pi$$

Exemplos: 1°) $y = \text{arc cos } \dfrac{1}{2} \iff \cos y = \dfrac{1}{2}$ e $0 \le y \le \pi \Rightarrow y = \dfrac{\pi}{3}$

2°) $y = \text{arc cos}\left(-\dfrac{\sqrt{2}}{2}\right) \iff \cos y = -\dfrac{\sqrt{2}}{2}$ e $0 \le y \le \pi \Rightarrow y = \dfrac{3\pi}{4}$

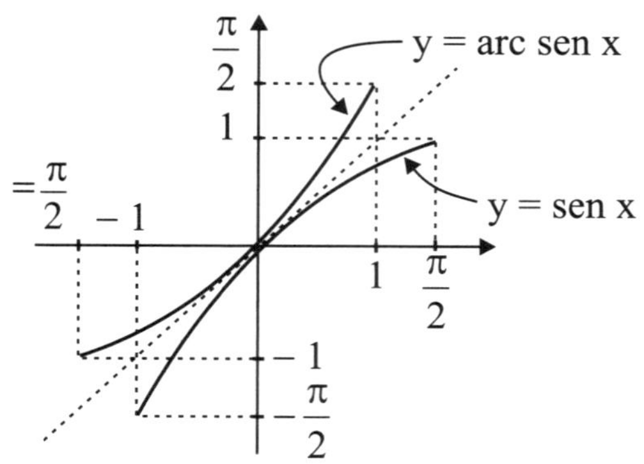

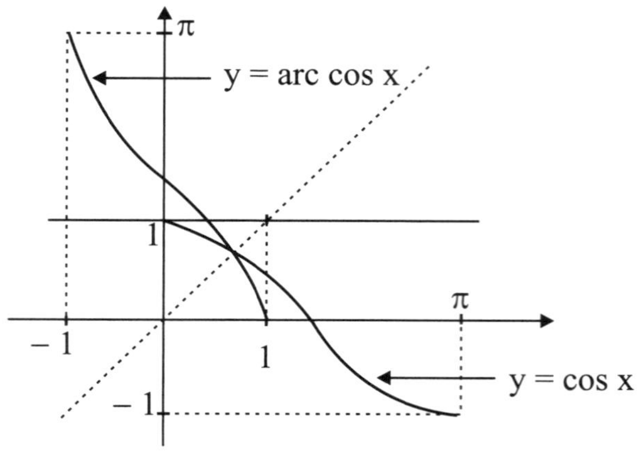

Olhe os gráficos de f e f^{-1} no mesmo plano cartesiano nos casos:

4) Função arco-tangente $\qquad$ (y = arc tgx)

Note que a função f de A em $\mathbf{R}$, com $A = \left]-\dfrac{\pi}{2}, \dfrac{\pi}{2}\right[$ definida por $y = \text{tg } x$ é bijetora. Então a função f admite inversa e $\mathbf{f^{-1}}$ é a função de **IR** em **A** que associa a cada número real x o número real y de $A = \left]-\dfrac{\pi}{2}, \dfrac{\pi}{2}\right[$ tal que $\text{tg } y = x$. E escrevemos:

$$y = \text{arc tg } x \qquad (y \text{ é o arco cuja tangente é } x)$$

6) Função secante

1º) Definição: Função secante é a função f de A em **R**, com $A = \left\{ x \in \mathbf{R} \mid x \neq \frac{\pi}{2} + k\pi, k \in Z \right\}$, que associa a cada x de A o número $y = f(x) = \sec x$

2º) Domínio e Imagem: $f(x) = \sec x \Rightarrow D(f) = \left\{ x \in \mathbf{R} \mid x \neq \frac{\pi}{2} + k\pi, k \in Z \right\}$ e

$$\operatorname{Im}(f) = \{ y \in \mathbf{R} \mid y \leq -1 \ \text{v} \ y \geq 1 \} = R -]-1, 1[$$

3º) Período: Como $\sec x = \sec(2\pi + x)$ para todo x do domínio e 2π é o menor número real positivo que satisfaz essa relação, o período P da função $f(x) = \sec x$ é $P = 2\pi$

4º) Função Par: Como $\sec(-x) = \sec x$ para todo x do domínio, a função $f(x) = \sec x$ é **função par**

5º) Variação da função secante
Lembre-se de alguns valores de secantes de arcos notáveis:

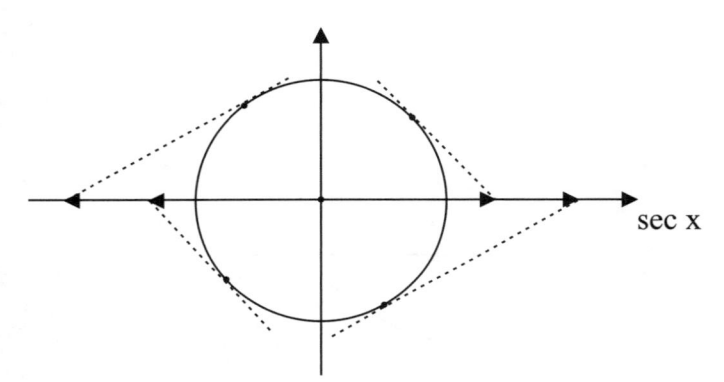

$\sec \frac{\pi}{4} = \sec \frac{7\pi}{4} = \sqrt{2}$, $\sec \frac{3\pi}{4} = \sec \frac{5\pi}{4} = -\sqrt{2}$

$\sec \frac{\pi}{3} = \sec \frac{5\pi}{3} = 2$, $\sec \frac{2\pi}{3} = \sec \frac{4\pi}{3} = -2$

Note que:

$$\lim_{x \to \frac{\pi}{2}^-} \sec x = \infty \ , \quad \lim_{x \to \frac{\pi}{2}^+} \sec = -\infty$$

x	$0 \to \frac{\pi}{2}$	$\frac{\pi}{2} \to \pi$	$\pi \to \frac{3\pi}{2}$	$\frac{3\pi}{2} \to 2\pi$
$y = \operatorname{cotg} x$	$1 \to \infty$	$-\infty \to -1$	$-1 \to -\infty$	$\infty \to 1$

6º) Gráfico cartesiano de y = sec x: Usando a variação acima construimos o gráfico de $y = \sec x$

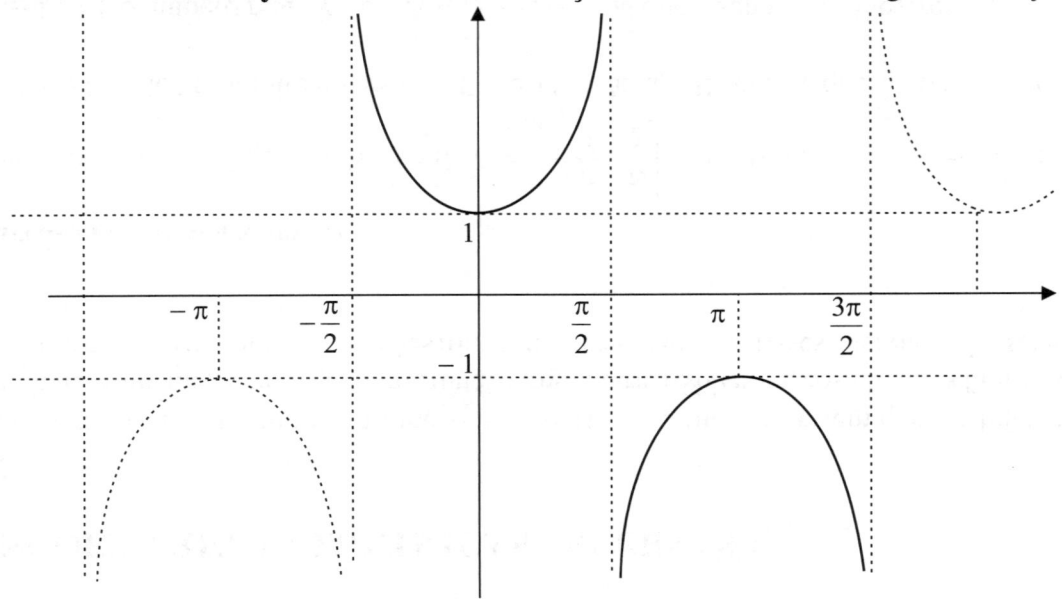

A linha cheia do grádico representa a parte correspondente a um período $(P = 2\pi)$

75

IV FUNÇÕES TRIGONOMÉTRICAS INVERSAS

1) Introdução

Para que uma função **f** admita a função inversa (f^{-1}) , a função **f** tem que ser bijetora (injetora e sobrejetora simultaneamente). Como nenhuma função trigométrica é bijetora, costumamos limitar, conveniente-mente o domínio e o contra domínio das funções trigonométricas, para que nesses intervalos elas sejam biunívocas e admitam inversas.

2) Função arco-seno   (y = arc sen x)

Note que a função **f** de A em B , com $A = \left[-\dfrac{\pi}{2}, \dfrac{\pi}{2} \right]$ e $B = [-1, 1]$, definida por $y = \text{sen } x$ é bijetora. Então a função f admite inversa e f^{-1} é a função de B em A que associa a cada número real

x de $B = [-1, 1]$ o número real y de $A = \left[-\dfrac{\pi}{2}, \dfrac{\pi}{2} \right]$ tal que   sen y = x . E escrevemos:

> y = arc sen x   (y é o arco cujo seno é x)

> $y = \text{arc sen } x \iff \text{sen } y = x$ e $-\dfrac{\pi}{2} \leq y \leq \dfrac{\pi}{2}$

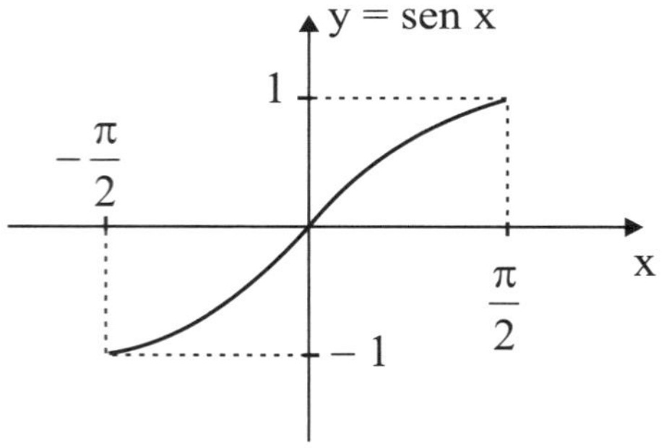

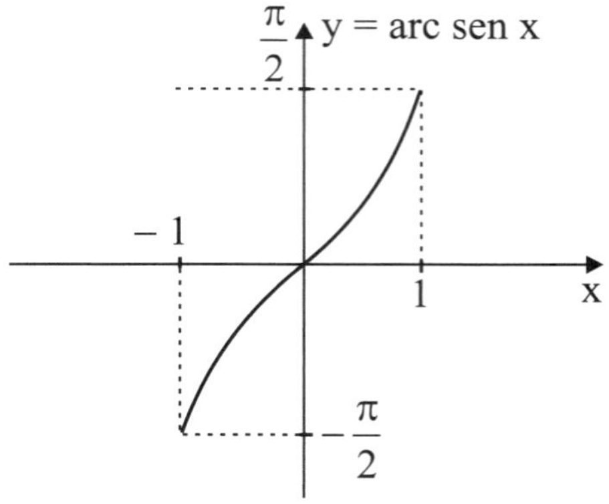

Exemplos: 1°) $y = \text{arc sen } \dfrac{1}{2} \iff \text{sen } y = \dfrac{1}{2}$ e $-\dfrac{\pi}{2} \leq y \ \dfrac{\pi}{2} \Rightarrow y = \dfrac{\pi}{6}$

2°) $y = \text{arc sen } \left(-\dfrac{\sqrt{3}}{2} \right) \iff \text{sen } y = -\dfrac{\sqrt{3}}{2}$ e $-\dfrac{\pi}{2} \leq y \leq \dfrac{\pi}{2} \Rightarrow y = -\dfrac{\pi}{3}$

3) Função arco-cosseno   (y = arc cos x)

Note que a função **f** de A em B , com $A = [0, \pi]$ e $B = [-1, 1]$ definida por $y = \cos x$ é bijetora. Então a função **f** admite inversa e f^{-1} é a função de B em A que associa a cada número real x de $B = [-1, 1]$ o número real y de $A = [0, \pi]$ tal que cos y = x . E escrevemos:

> y = arc cos x   (y é o arco cujo cosseno é x)

7) Função cossecante

1º) Definição: Função cossecante é a função f de A em **R**, com A = $\{x \in \mathbf{R} \mid x \neq k\pi, k \in \mathbf{Z}\}$, que associa a cada x de A o número y = f(x) = cossec x.

2º) Domínio e Imagem: f(x) = cossec x $\Rightarrow$ D(f) = $\{x \in \mathbf{R} \mid x \neq k\pi, k \in \mathbf{Z}\}$ e

$$\text{Im}(f) = \{y \in \mathbf{R} \mid y \leq -1 \text{ v } y \geq 1\} = \mathbf{R} -]-1, 1[$$

3º) Período: Como cossec x = cossec (2π + x) para todo x do domínio e 2π é o menor real positivo que satisfaz essa relação, o período P da função f(x) = cossex x é P = 2π

4º) Função Ímpar: Como cossec (– x) = – cossec x para todo x do domínio, a função f(x) = cossec x é **função ímpar**

5º) Variação da função cossecante:

Lembre-se de alguns valores de cossecantes de arcos notáveis:

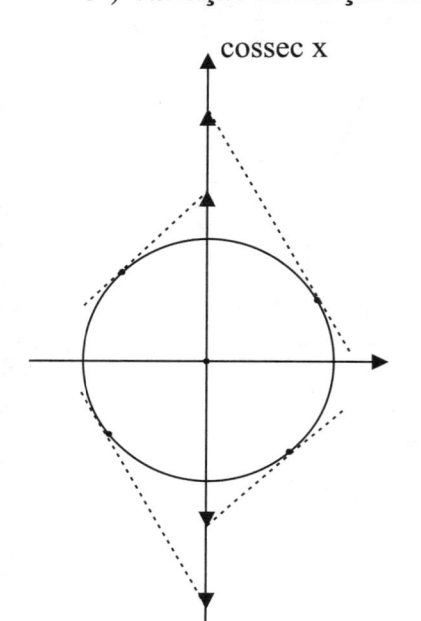

$$\text{cossec } \frac{\pi}{4} = \text{cossec } \frac{3\pi}{4} = \sqrt{2} \text{ , cossec } \frac{5\pi}{4} = \text{cossec } \frac{7\pi}{4} = -\sqrt{2}$$

$$\text{cossec } \frac{\pi}{6} = \text{cossec } \frac{5\pi}{6} = 2 \text{ , cossec } \frac{7\pi}{6} = \text{cossec } \frac{11\pi}{6} = -2$$

Note que:

$$\lim_{x \to 0^+} \text{cossec } x = \infty \quad , \quad \lim_{x \to 0^-} \text{cossec } x = -\infty$$

x	$0 \to \frac{\pi}{2}$	$\frac{\pi}{2} \to \pi$	$\pi \to \frac{3\pi}{2}$	$\frac{3\pi}{2} \to 2\pi$
y = cotg x	$\infty \to 1$	$1 \to \infty$	$-\infty \to -1$	$-1 \to -\infty$

6º) Gráfico cartesiano de y = cossec x: Usando a variação acima, temos:

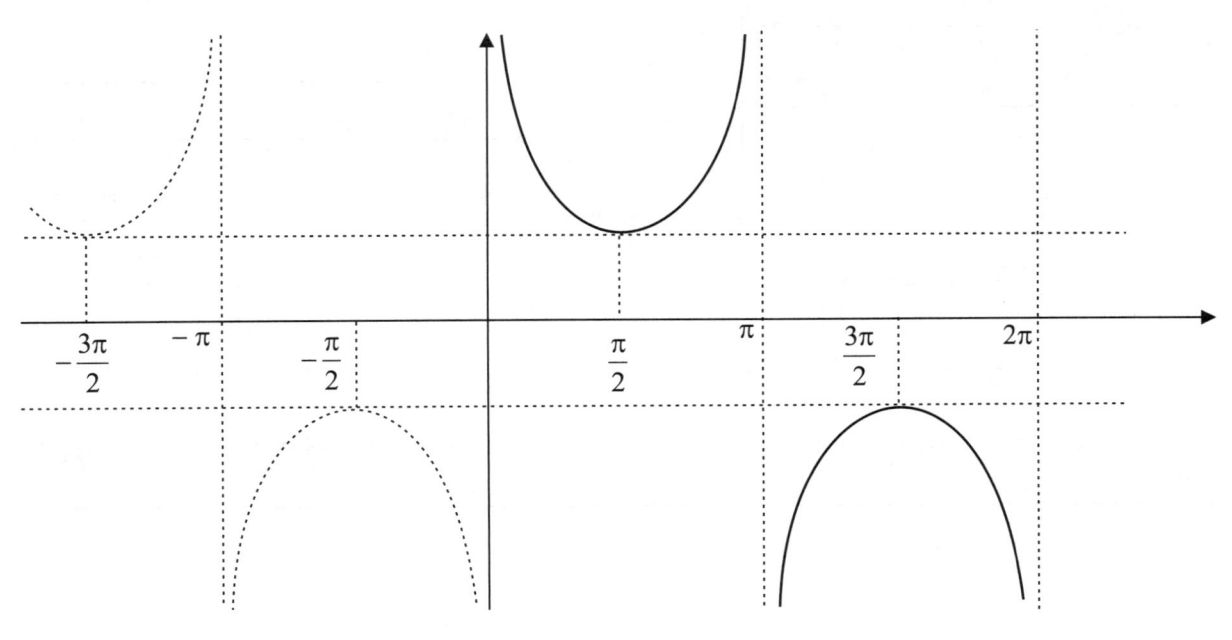

A linha cheia do gráfico representa a parte correspondente a um período (P = 2π)

Resp: 200   a) $y = \cos 2x \cdot \cos x + \sen 2x \cdot \sen x$

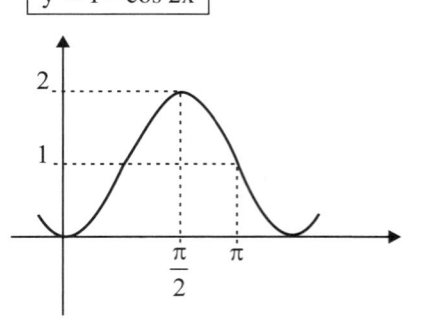

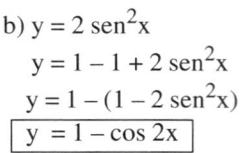

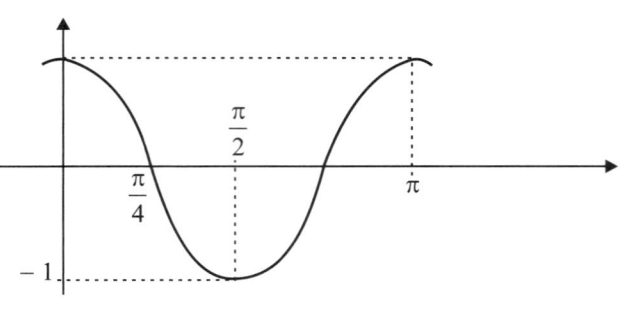

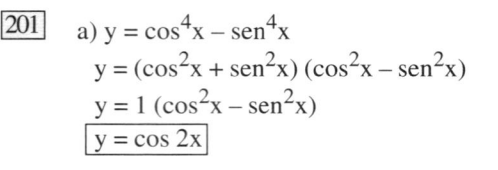

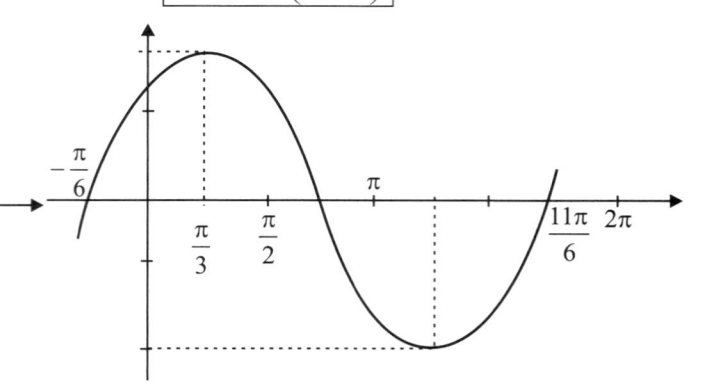

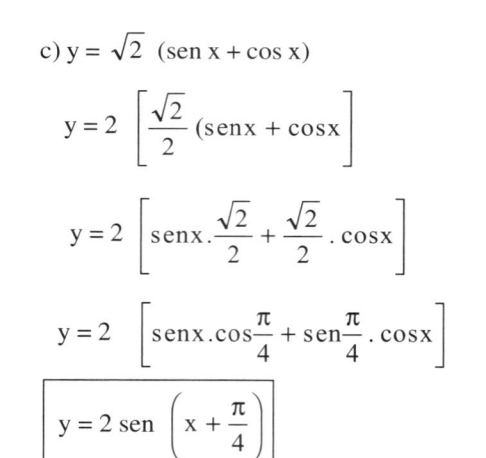

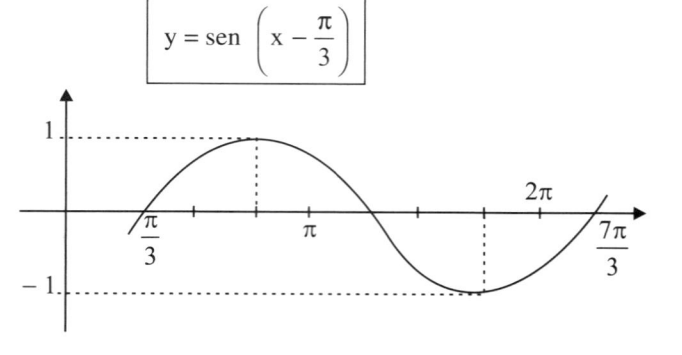

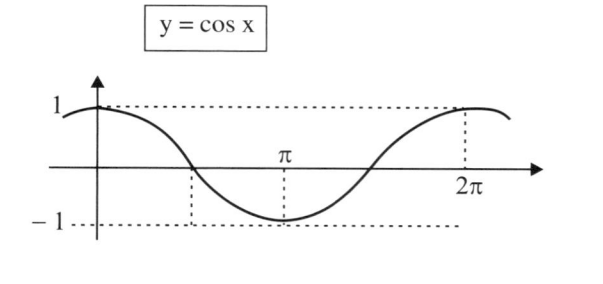

$y = \cos(2x - x)$

$\boxed{y = \cos x}$

b) $y = \dfrac{1}{2} \cdot \sen x - \dfrac{\sqrt{3}}{2} \cos x$

$y = \sen x \cos \dfrac{\pi}{3} - \sen \dfrac{\pi}{3} \cos x$

$\boxed{y = \sen\left(x - \dfrac{\pi}{3}\right)}$

c) $y = \sqrt{2}\ (\sen x + \cos x)$

$y = 2\left[\dfrac{\sqrt{2}}{2}\ (\sen x + \cos x\right]$

$y = 2\left[\sen x \cdot \dfrac{\sqrt{2}}{2} + \dfrac{\sqrt{2}}{2} \cdot \cos x\right]$

$y = 2\left[\sen x \cdot \cos\dfrac{\pi}{4} + \sen\dfrac{\pi}{4} \cdot \cos x\right]$

$\boxed{y = 2\,\sen\left(x + \dfrac{\pi}{4}\right)}$

d) $y = \sqrt{3}\ \sen x + \cos x$

$y = 2\left[\dfrac{\sqrt{3}}{2}\ \sen x + \dfrac{1}{2} \cdot \cos\right]$

$y = 2\left[\sen x \cdot \cos\dfrac{\pi}{6} + \sen\dfrac{\pi}{6} \cdot \cos x\right]$

$\boxed{y = 2\,\sen\left(x + \dfrac{\pi}{6}\right)}$

201   a) $y = \cos^4 x - \sen^4 x$
$y = (\cos^2 x + \sen^2 x)(\cos^2 x - \sen^2 x)$
$y = 1\,(\cos^2 x - \sen^2 x)$
$\boxed{y = \cos 2x}$

b) $y = 2\,\sen^2 x$
$y = 1 - 1 + 2\,\sen^2 x$
$y = 1 - (1 - 2\,\sen^2 x)$
$\boxed{y = 1 - \cos 2x}$

95

8) Período da função y = a sen (bx + c)

Sabemos que 2π é o período da função seno. Então
sen α = sen $(\alpha + 2\pi)$ para todo α
Fazendo $\alpha = bx + c$, obtemos:

sen $(bx + c)$ = sen $[(bx + c) + 2\pi]$
Sendo P o período da função y = a sen (bx + c) obtemos:
a sen $(bx + c)$ = a sen $[b(x + P) + c]$ $\Rightarrow$ sen $(bx + c)$ = sen $[(bx + c) + bP]$

Então: $bP = 2\pi \Rightarrow P = \dfrac{2\pi}{b}$

Da mesma forma obtemos o período das funções y = a cos (bx + c) etc.

Exemplos: 1º) $f(x) = 3$ sen $(4x + \pi)$ tem período $P = \dfrac{2\pi}{4} = \dfrac{\pi}{2}$

2º) $f(x) = 2 \cos \left(\dfrac{x}{4} + \dfrac{\pi}{2} \right)$ tem período $P = \dfrac{2\pi}{\frac{1}{4}} = 8\pi$

3º) $f(x) = 5$ tg $\left(3x + \dfrac{\pi}{4} \right)$ tem período $P = \dfrac{\pi}{3}$

9) Gráficos de y = f (x) e y = f (x + c)

Considere as funções $y = f(x)$ e $g(x) = f(x + c)$
Note que $(x, f(x)) \in f$ e $(x, g(x)) \in g$.
Como $g(x) = f(x + c)$, obtemos que:

$g(x - c) = f[(x - c) + c] = f(x) = \Rightarrow (x - c, f(x)) \in g$. Então:
$(x - c, f(x)) \in g \Leftrightarrow (x, f(x)) \in f$

Isto significa que as abscissas $(x - c)$ da função **g** e x da função **f** têm a mesma imagem f(x). Então, se c > 0 o gráfico de g(x) = f(x + c) é obtido transladando o gráfico de **f** uma distância **c** para a esquerda. E, consequentemente, obtemos o gráfico de f(x - c), como c > 0, transladando o gráfico de f uma distância **c** para a direita.

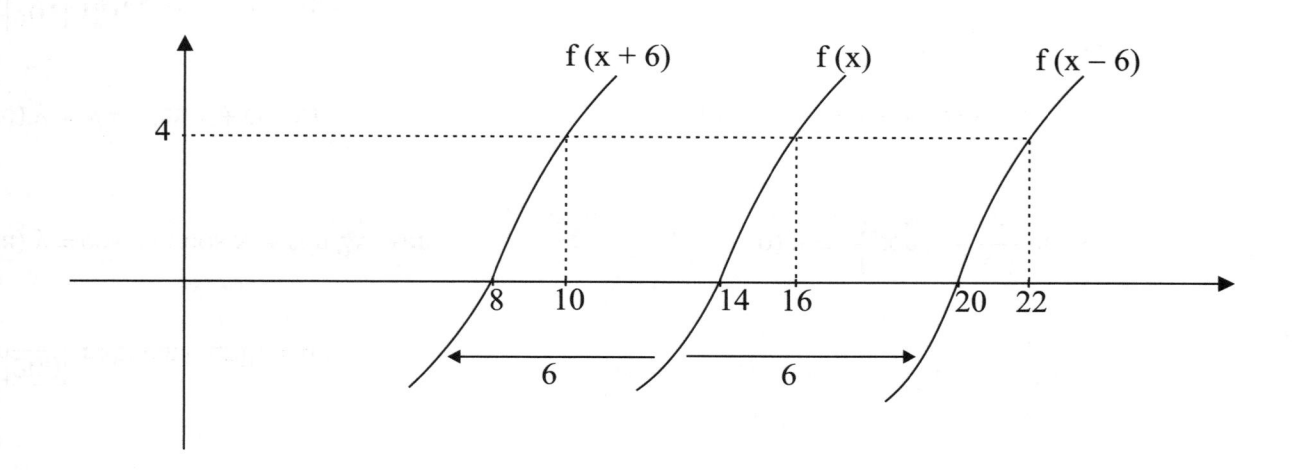

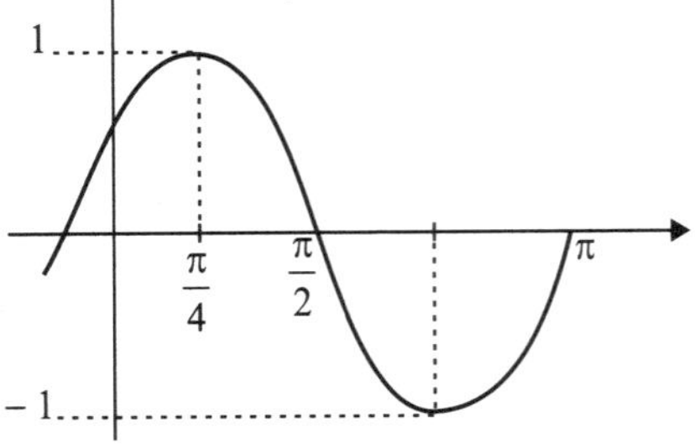

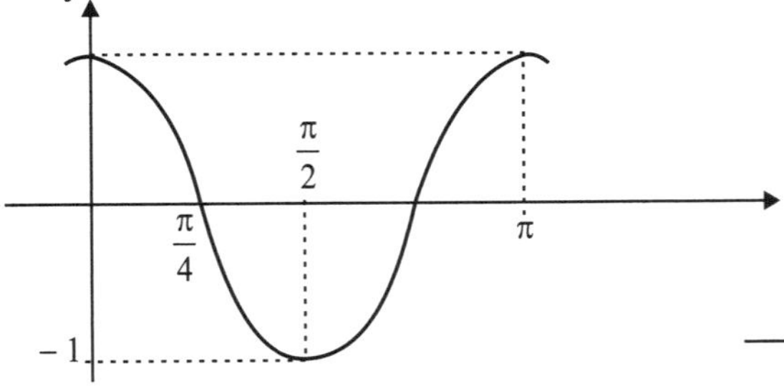

200 Esboçar o gráfico de:

a) $y = \cos 2x \cdot \cos x + \text{sen } 2x \cdot \text{sen } x$

b) $y = \dfrac{1}{2}\text{sen } x - \dfrac{\sqrt{3}}{2}\cos x$

c) $y = \sqrt{2}\ (\text{sen } x + \cos x)$

d) $y = \sqrt{3}\ \text{sen } x + \cos x$

201 Esboçar o gráfico de:

a) $y = \cos^4 x - \text{sen}^4 x$

b) $y = 2\ \text{sen}^2 x$

Resp: 198

a)

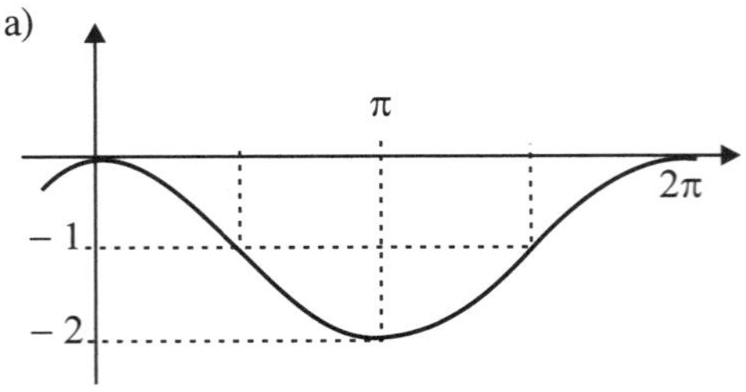

b)

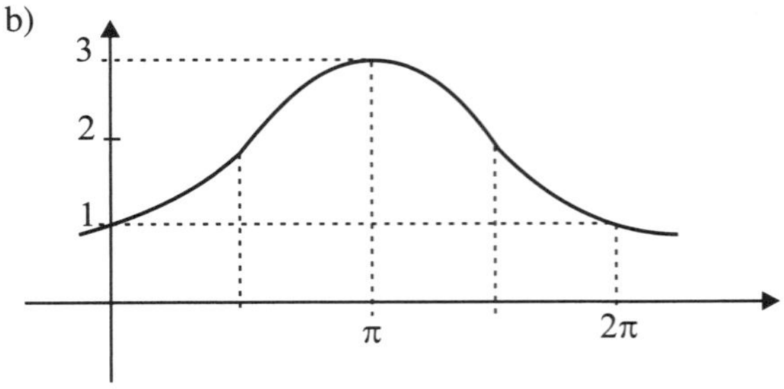

c)

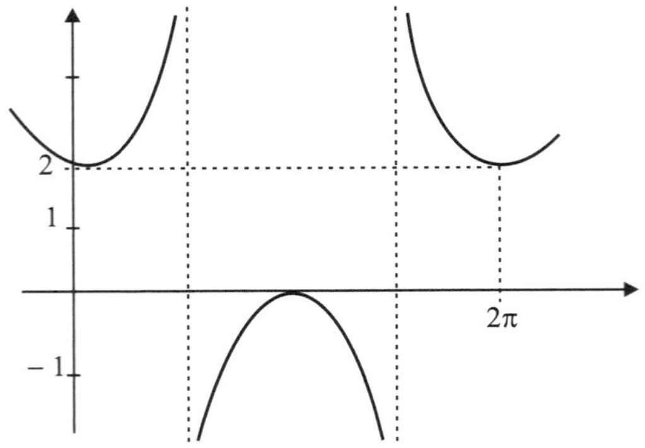

d)

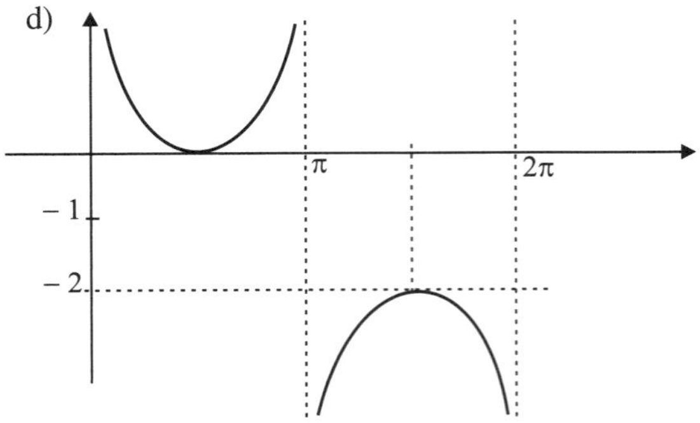

e)

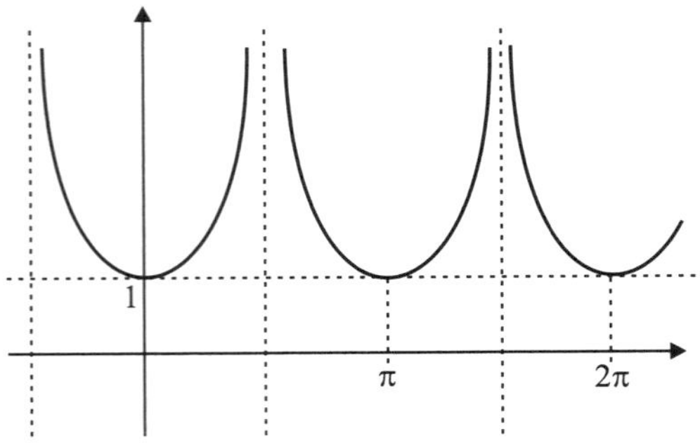

f)

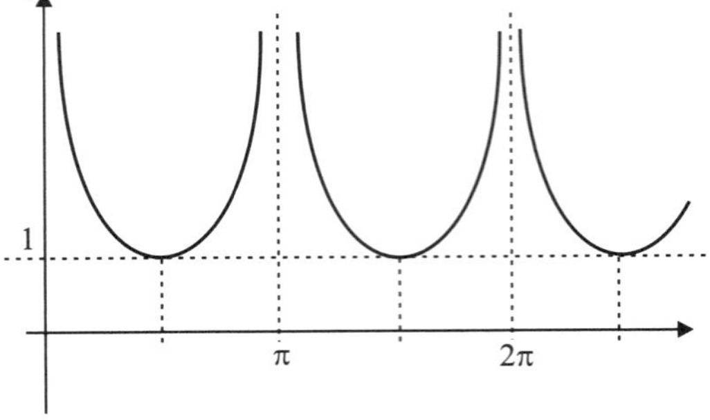

199 a) $y = 2\ \text{sen } x \cdot \cos x$ b) $y = \cos^2 x - \text{sen}^2 x$ c) $y = 2 - 2\ \text{sen}^2 x$

$y = \text{sen } 2x$ $y = \cos 2x$ $y = 1 + 1 - 2\ \text{sen}^2 x$

$y = 1 + \cos 2x$

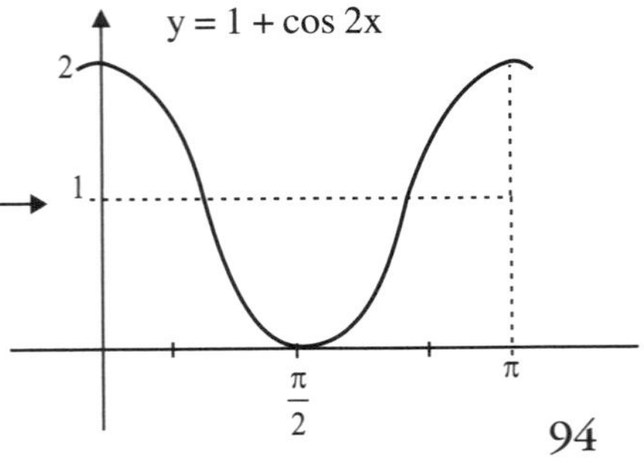

Então, para fazermos o gráfico da função $y = \text{sen}\left(x + \dfrac{\pi}{2}\right)$, por exemplo, basta deslocarmos a senóide (gráfico de $y = \text{sen } x$) $\dfrac{\pi}{2}$ para a esquerda. Observe:

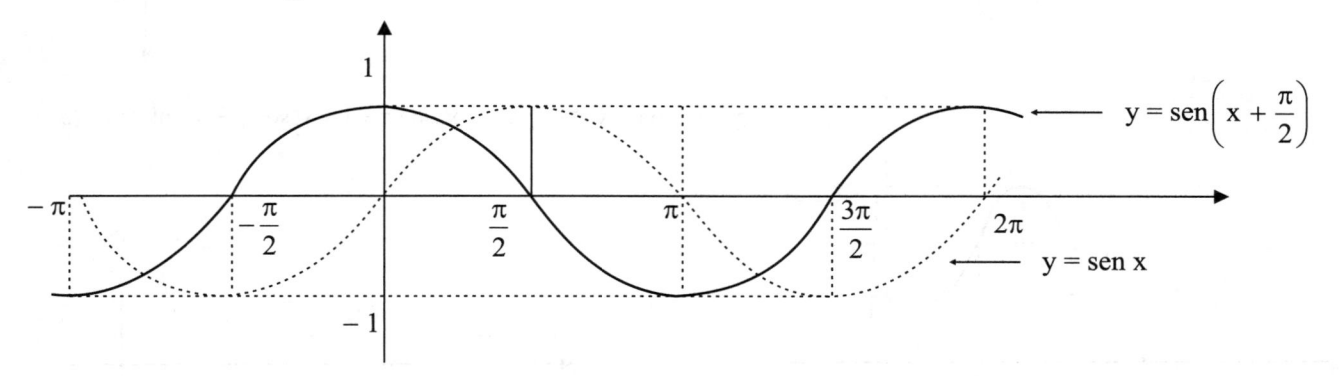

Note que $f(x) = \text{sen}\left(x + \dfrac{\pi}{2}\right) \Rightarrow f(0) = \text{sen } \dfrac{\pi}{2} = 1$, $f\left(\dfrac{\pi}{2}\right) = \text{sen}\left(\dfrac{\pi}{2} + \dfrac{\pi}{2}\right) = \text{sen } \pi = 0$ etc.

Como $\text{sen}\left(\dfrac{\pi}{2} + x\right) = \text{sen}\left(\dfrac{\pi}{2} - x\right) = \cos x$, note que os gráficos de $y = \text{sen}\left(\dfrac{\pi}{2} + x\right)$ e $y = \cos x$ são coincidentes.

Observação: Antes dos exemplos e exercícios é bom destacarmos que as funções tg x, cotg x, sec x e cossec x podem ser definidas a partir das funções sen x e cos x, isto é:

$$\text{tg } x = \dfrac{\text{sen } x}{\cos x}, \quad \text{cotg } x = \dfrac{\cos x}{\text{sen } x}, \quad \sec = \dfrac{1}{\cos x} \quad \text{e} \quad \text{cossec } x = \dfrac{1}{\text{sen } x}$$

Exemplo 1: Dar o período, o domínio, o conjunto imagem e esboçar o gráfico da função $y = \cos\left(x - \dfrac{\pi}{4}\right)$

1°) O período da função $y = a \cos(bx + c)$ é $\dfrac{2\pi}{b}$. Então: $P = \dfrac{2\pi}{1} = 2\pi$

2°) **Esboço do gráfico**

1° Modo: (Transladando $\dfrac{\pi}{4}$ para a direita)

Para esboçar o gráfico de $y = \cos\left(x - \dfrac{\pi}{4}\right)$, basta esboçarmos o gráfico de $f(x) = \cos x$ e fazermos uma translação de $\dfrac{\pi}{4}$ deste gráfico para a direita.

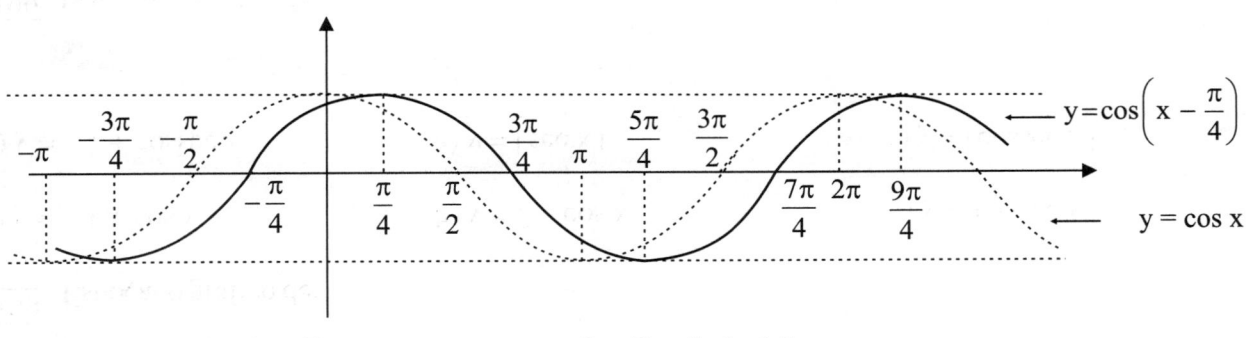

Note que: $D(f) = \mathbb{R}$ e $\text{Im}(f) = [-1, 1]$

$\boxed{198}$ Esboçar o gráfico de:

a) $y = -1 + \cos x$

b) $y = 2 - \cos x$

c) $y = 1 + \sec x$

d) $y = -1 + \cosec x$

e) $y = |\sec x|$

f) $y = |\cosec x|$

$\boxed{199}$ Esboçar o gráfico de:

a) $y = 2 \sen x \cdot \cos x$

b) $y = \cos^2 x - \sen^2 x$

c) $y = 2 - 2 \sen^2 x$

Resp: $\boxed{197}$

a)

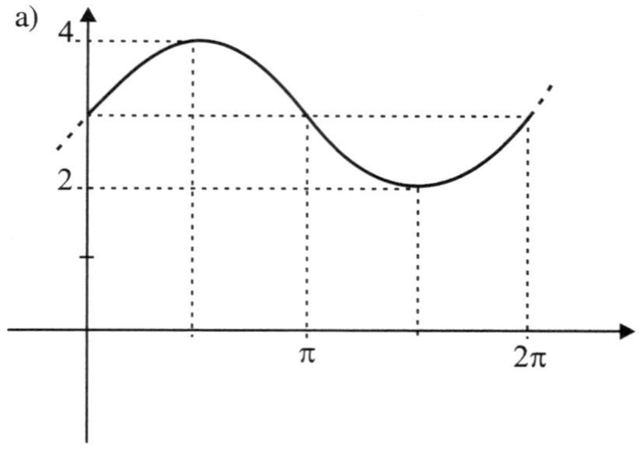

b)

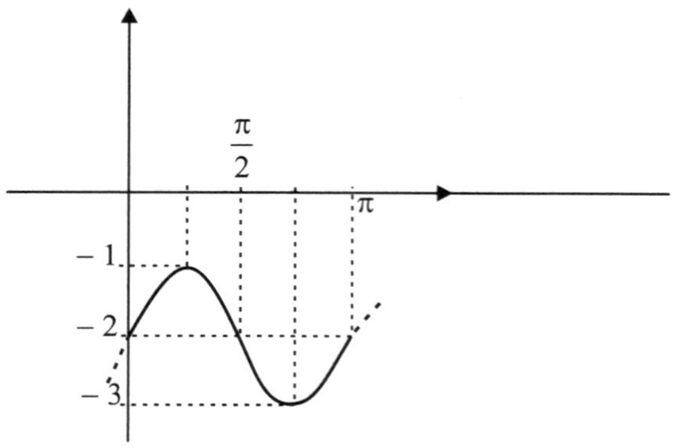

c) Note que $y = 2\cos^2 x + 1 = 2\cos^2 x - 1 + 2 \implies y = \cos 2x + 2$

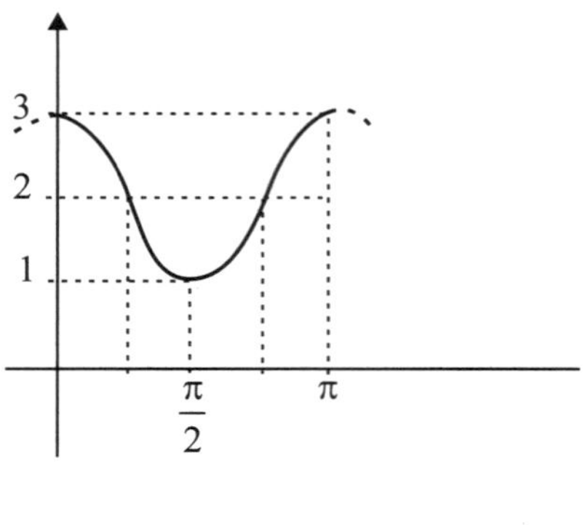

93

2º Modo: (Achando pontos de $y = \cos\left(x - \dfrac{\pi}{4}\right)$

$x - \dfrac{\pi}{4}$	x	$y=\cos\left(x - \dfrac{\pi}{4}\right)$
0	$\dfrac{\pi}{4}$	1
$\dfrac{\pi}{2}$	$\dfrac{3\pi}{4}$	0
π	$\dfrac{5\pi}{4}$	-1
$\dfrac{3\pi}{2}$	$\dfrac{7\pi}{4}$	0
2π	$\dfrac{9\pi}{4}$	1

Em primeiro lugar completamos a 1ª coluna, em segundo lugar a 3ª coluna e em terceiro lugar a 2ª coluna. Obtendo desta forma os pontos $\left(\dfrac{\pi}{4}, 1\right)$, $\left(\dfrac{3\pi}{4}, 0\right)$, $\left(\dfrac{5\pi}{4}, -1\right)$, $\left(\dfrac{7\pi}{4}, 0\right)$ e $\left(\dfrac{9\pi}{4}, 1\right)$ que são suficientes para esboçar o gráfico de um período completo da função.

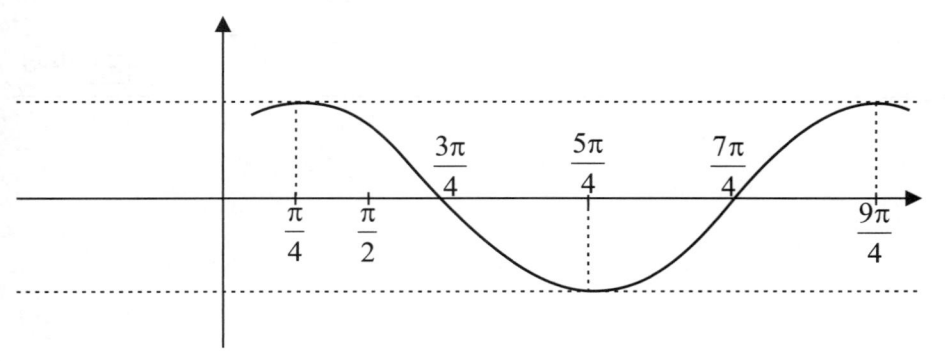

Note que $\dfrac{9\pi}{4} - \dfrac{\pi}{4} = \dfrac{8\pi}{4} = 2\pi$, que é o período dessa função

Exemplo 2: Dar o período, o domínio, o conjunto - imagem e esboçar o gráfico da função $y = 3\,\text{sen}\,\dfrac{x}{2}$.

1º) O período da função $y = a\,\text{sen}\,(bx + c)$ é $P = \dfrac{2\pi}{b} = \dfrac{2\pi}{\frac{1}{2}} = 4\pi$

2º) **Esboço do gráfico**

Vamos achar pontos suficientes para fazer o gráfico de um período.

$\dfrac{x}{2}$	$\text{sen}\,\dfrac{x}{2}$	x	$y=3\,\text{sen}\,\dfrac{x}{2}$
0	0	0	0
$\dfrac{\pi}{2}$	1	π	3
π	0	2π	0
$\dfrac{3\pi}{2}$	-1	3π	-3
2π	0	4π	0

Em primeiro lugar completamos a 1ª coluna, em segundo a 2ª coluna e depois a 3ª e a 4ª. Obtemos os pontos $(0, 0)$, $(\pi, 3)$, $(2\pi, 0)$, $(3\pi, -3)$ e $(4\pi, 0)$ que são suficientes para a construção do gráfico da função.

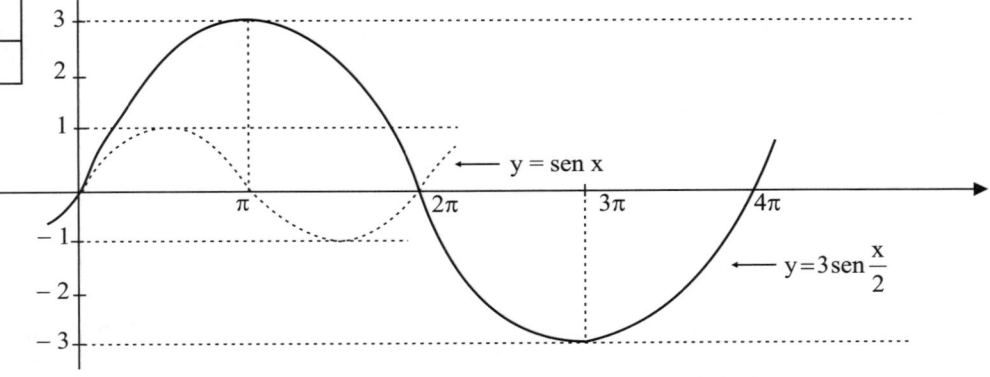

Note que $D(f) = \mathbf{R}$ e $\text{Im}(f) = [-3, 3]$. A amplitude dessa função é 3

197 Esboçar o gráfico das seguintes funções:

a) $y = 3 + \text{sen } x$

b) $y = -2 + \text{sen } 2x$

c) $y = 2 \cos^2 x + 1$

Resp: 196

a)

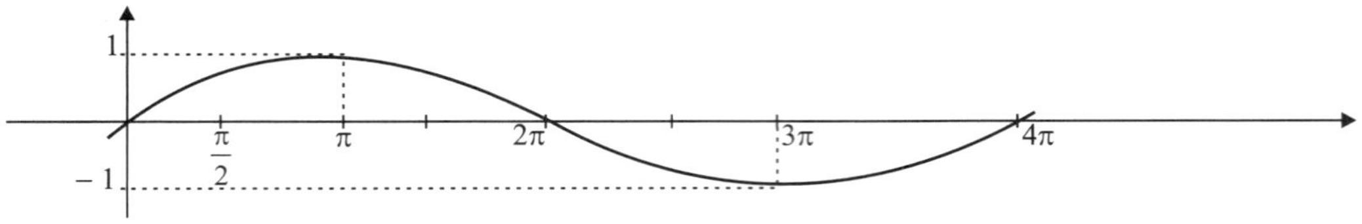

b)

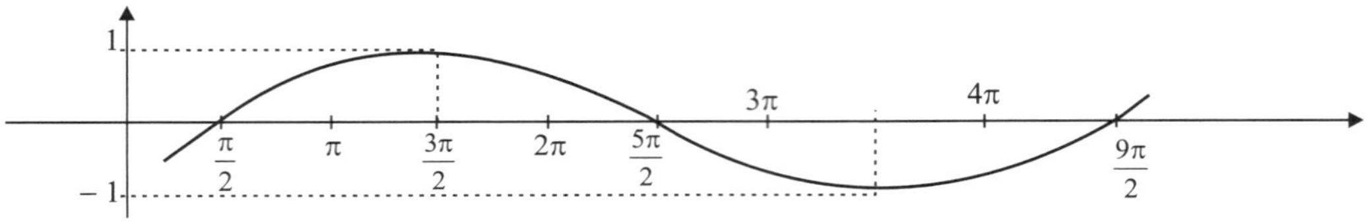

c)

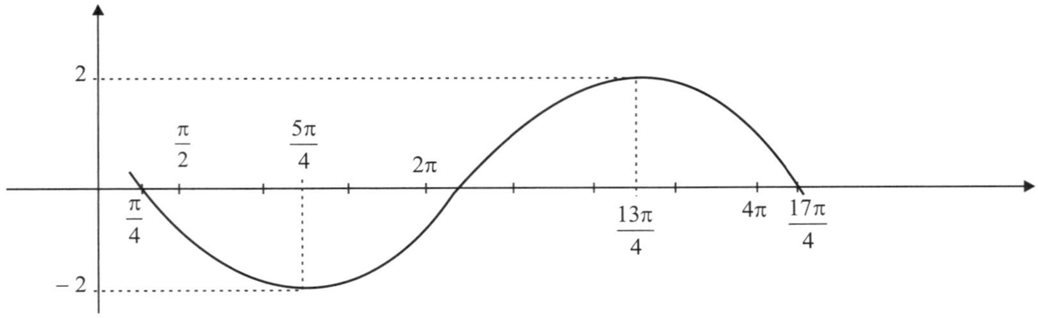

EXERCÍCIOS

177 Determine o período P das seguintes funções:

a) $y = \text{sen } x$

b) $y = \cos x$

c) $y = \text{tg } x$

d) $y = \text{cotg } x$

e) $y = \sec x$

f) $y = \text{cossec } x$

g) $y = \text{sen } 4x$

h) $y = \cos \dfrac{x}{5}$

i) $y = \text{sen } \dfrac{2}{3}x$

j) $y = 3 \text{ tg} \left(x - \dfrac{3\pi}{2}\right)$

k) $y = 2 \text{ cotg } 3x$

l) $y = 7 \text{ tg } \dfrac{x}{3}$

m) $y = -2 \text{ tg } (3x)$

n) $y = 2 \sec 3x$

o) $y = \dfrac{1}{2} \text{ cossec } \dfrac{x}{3}$

178 Determine o conjunto-imagem das seguintes funções:

a) $y = \text{sen } x$

b) $y = \cos x$

c) $y = \text{tg } x$

d) $y = \text{cotg } x$

e) $y = \sec x$

f) $y = \text{cossec } x$

g) $y = 20 \text{ tg } x$

h) $y = \dfrac{1}{2} \text{ cotg } 7x$

i) $y = 2 \text{ sen } x$

j) $y = -7 \cos x$

k) $y = 5 \sec x$

l) $y = -3 \text{ cossec } x$

m) $y = \dfrac{1}{2} \text{ sen } 7x$

n) $y = \dfrac{3}{2} \sec x$

o) $y = \dfrac{1}{2} \text{ cossec } x$

196 Esboçar o gráfico das funções:

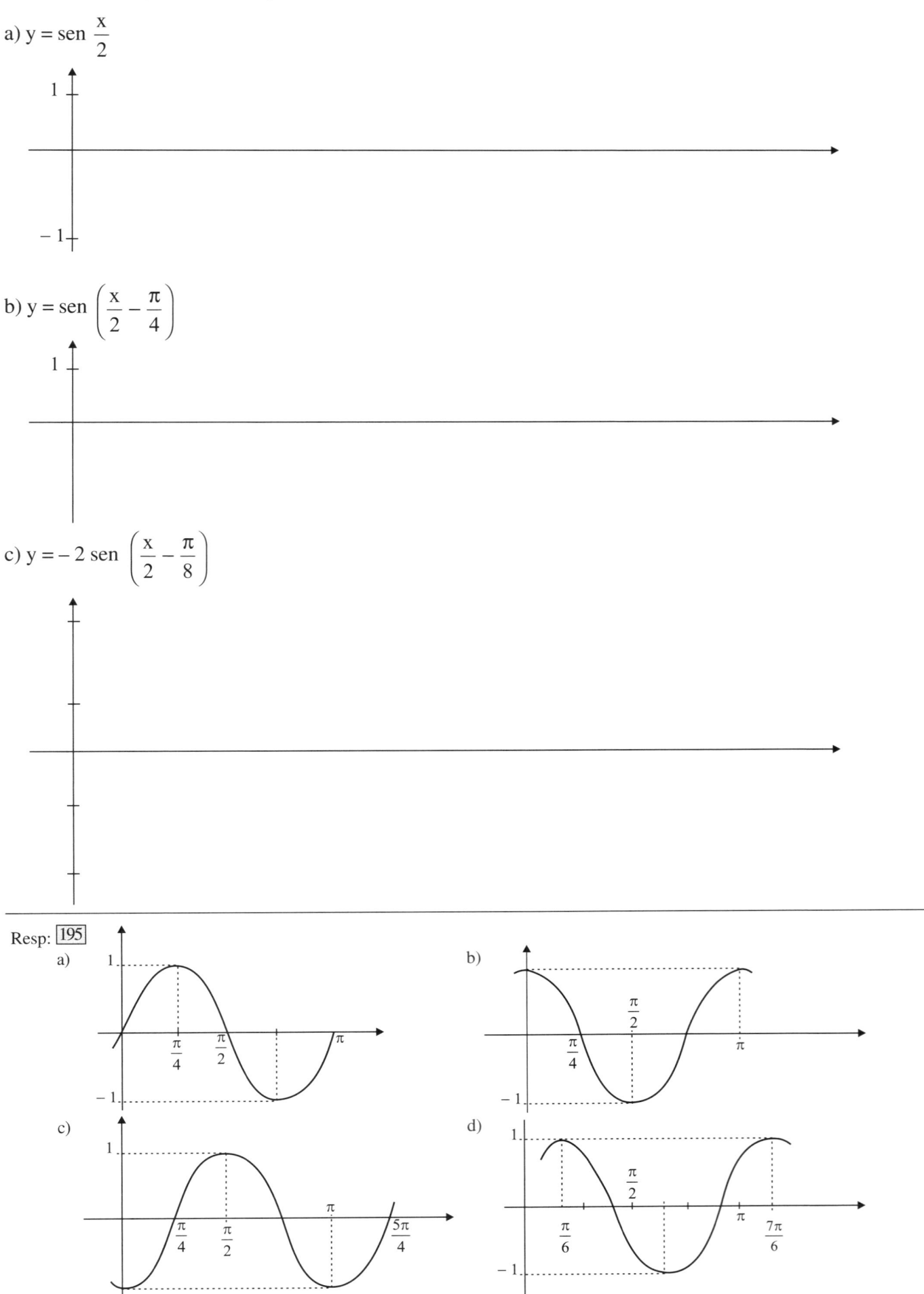

a) $y = \text{sen } \dfrac{x}{2}$

b) $y = \text{sen } \left(\dfrac{x}{2} - \dfrac{\pi}{4} \right)$

c) $y = -2 \text{ sen } \left(\dfrac{x}{2} - \dfrac{\pi}{8} \right)$

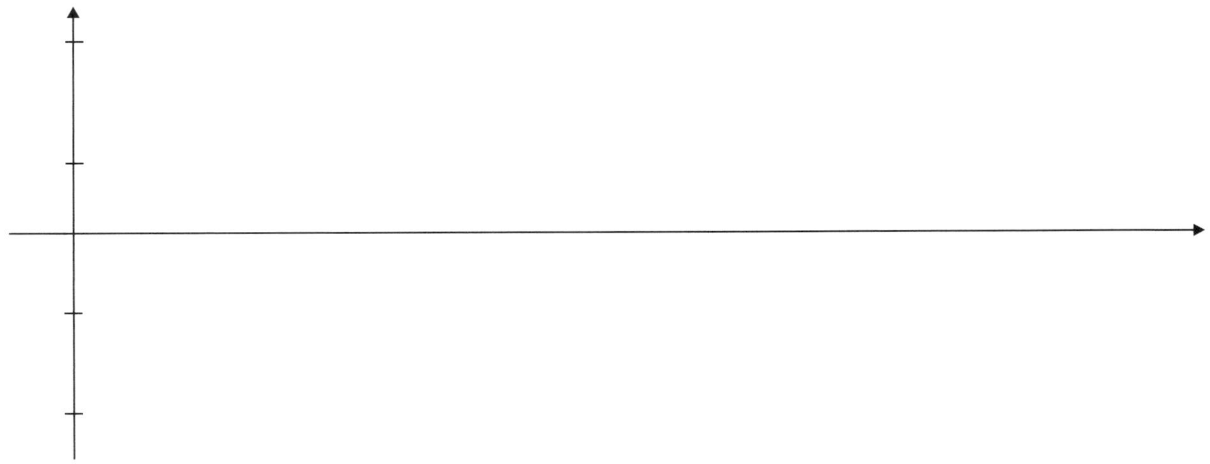

Resp: 195

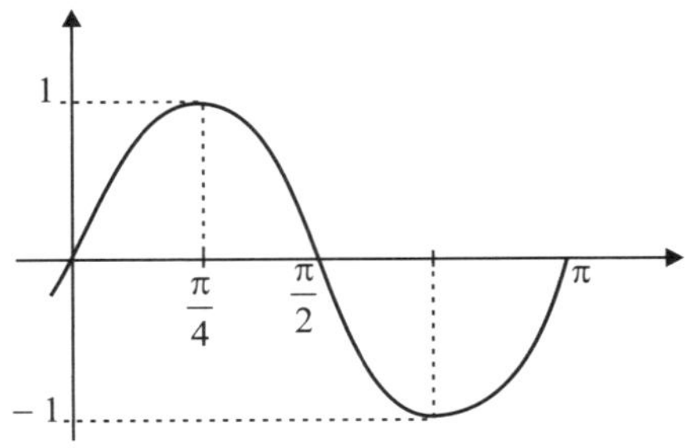

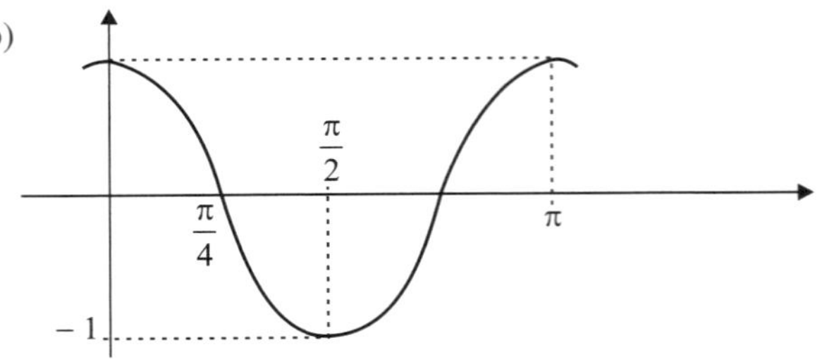

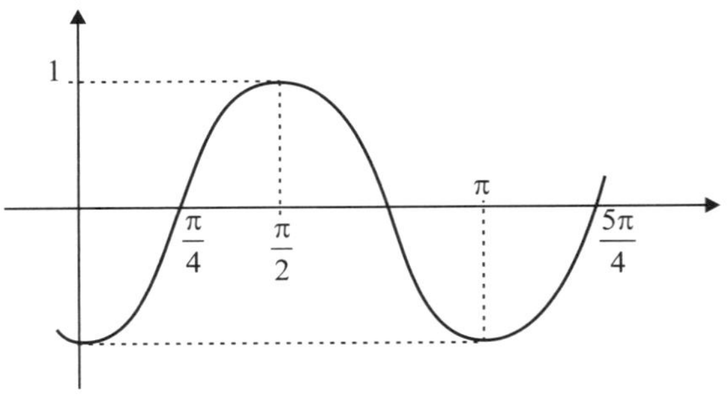

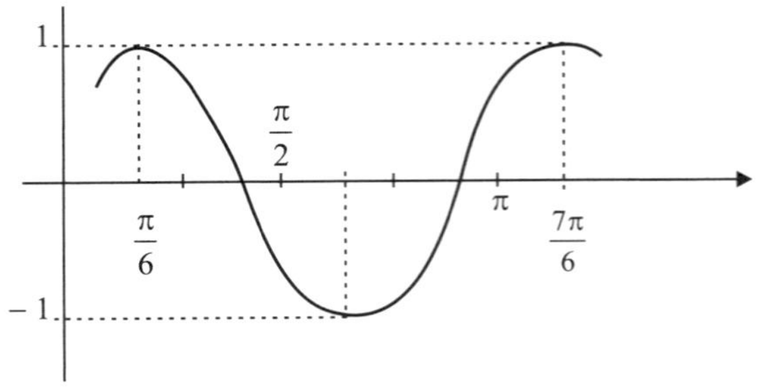

179 Determine o domínio das seguintes funções:

a) $y = \text{sen } x$

b) $y = \cos x$

c) $y = \text{tg } x$

d) $y = \text{cotg } x$

e) $y = \sec x$

f) $y = \text{cossec } x$

g) $y = \text{sen } 2x$

h) $y = \text{tg } 2x$

i) $y = 2 \text{ cotg } \dfrac{x}{3}$

j) $y = \dfrac{1}{3} \sec 3x$

k) $y = \dfrac{1}{3} \text{cossec} \dfrac{x}{2}$

l) $y = \text{tg}\left(2x - \dfrac{\pi}{4}\right)$

180 Determine o conjunto - imagem das seguintes funções:

a) $y = \text{sen } x + 1$

b) $y = -3 + \cos x$

c) $y = \text{tg } x + 13$

d) $y = \text{cotg } x - \pi$

e) $y = 2 \text{ sen } x + 5$

f) $y = \sec x + 2$

g) $y = |\text{sen } x|$

h) $y = |\cos 2x| - 7$

Resp: **177** a) 2π b) 2π c) π d) π e) 2π f) 2π g) $\dfrac{\pi}{2}$ h) 10π

i) 3π j) π k) $\dfrac{\pi}{3}$ l) 3π m) $\dfrac{\pi}{3}$ n) $\dfrac{2}{3}\pi$ o) 6π

178 a) $[-1, 1]$ b) $[-1, 1]$ c) $\mathbb{R}$ d) $\mathbb{R}$ e) $]-\infty, -1] \cup [1, \infty[$ f) $]-\infty, -1] \cup [1, \infty[$

g) $\mathbb{R}$ h) $\mathbb{R}$ i) $[-2, 2]$ j) $[-7, 7]$ k) $]-\infty, -5] \cup [5, \infty[$ l) $(-\infty, -3] \cup [3, \infty)$

m) $\left[-\dfrac{1}{2}, \dfrac{1}{2}\right]$ n) $\left[-\dfrac{3}{2}, \dfrac{3}{2}\right]$ o) $\left(-\infty, -\dfrac{1}{2}\right] \cup \left[\dfrac{1}{2}, \infty\right)$

195 Esboçar o gráfico das seguintes funções:

a) $f(x) = \text{sen } 2x$

b) $f(x) = \cos 2x$

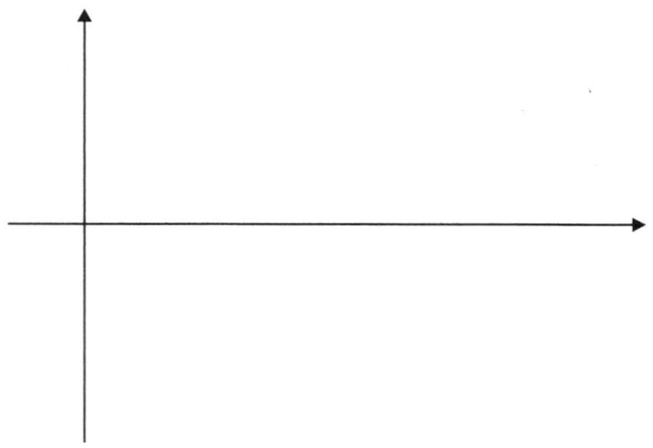

c) $f(x) = \text{sen}\left(2x - \dfrac{\pi}{2}\right)$

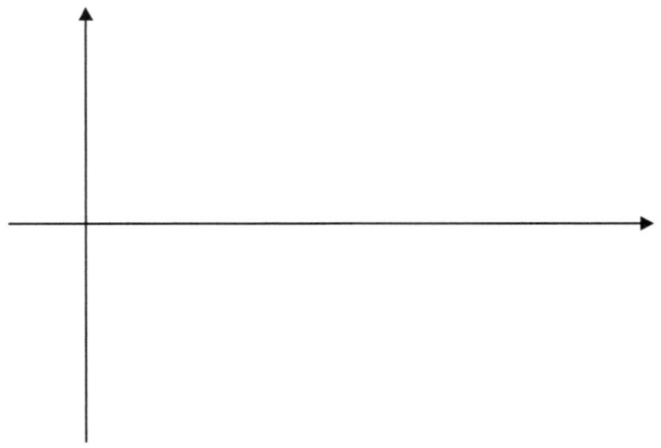

d) $f(x) = \cos\left(2x - \dfrac{\pi}{3}\right)$

Resp: 194

a)

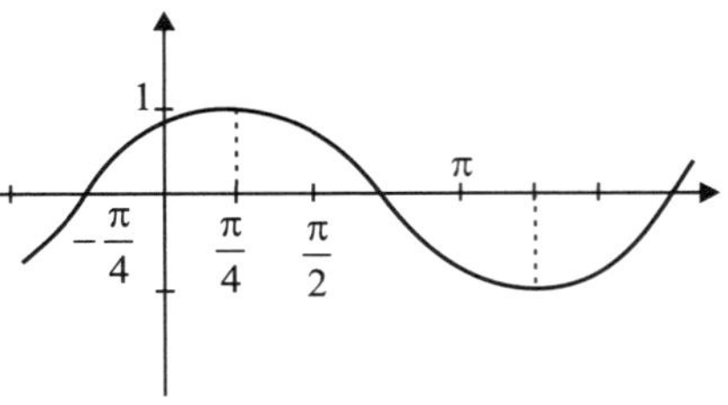

b)

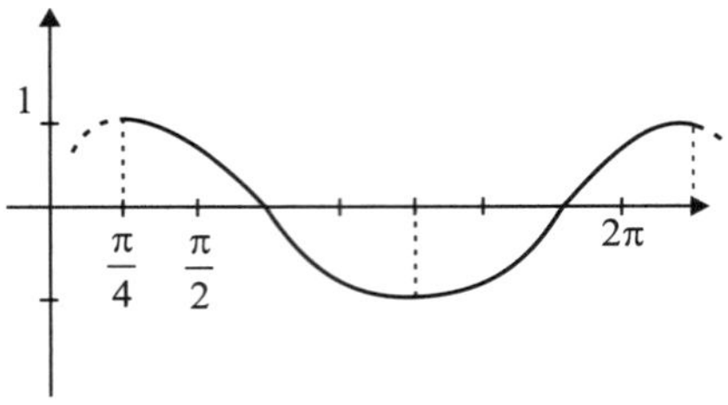

c)

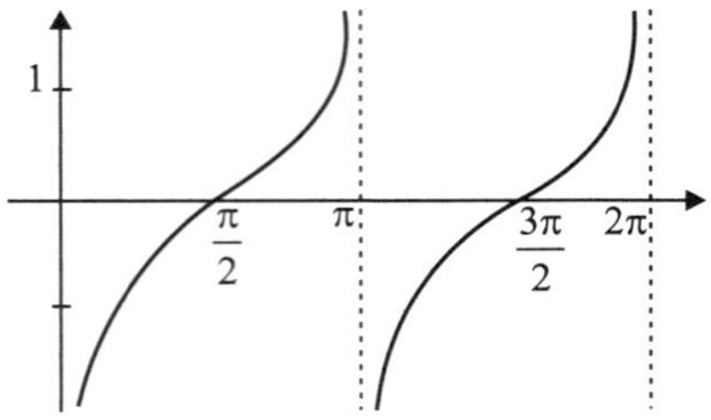

d)

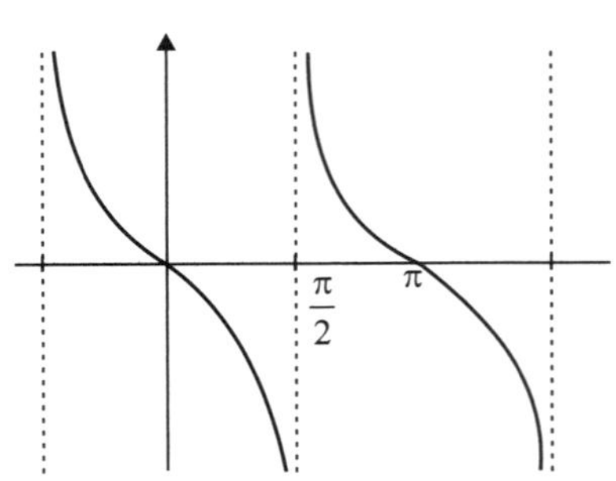

e)

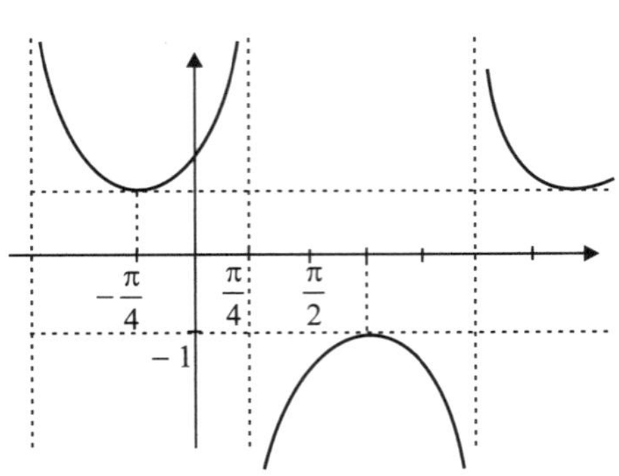

f)

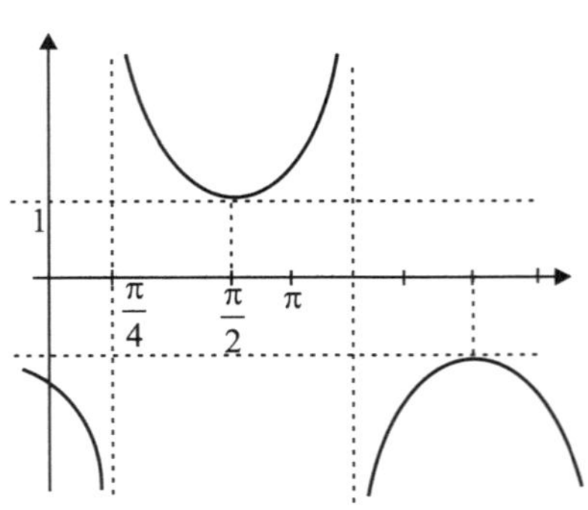

181 Determine o domínio e o conjunto - imagem das seguintes funções:

a) $y = |3 \text{ sen } 3x| - 1$

b) $y = |3 \text{ sen } 3x - 1|$

c) $y = |3 \text{ tg } x| - 2$

d) $y = |3 \text{ tg } x - 2|$

e) $y = |\sec x| - 5$

f) $y = |\sec x - 5|$

g) $y = |2 \sec x| + 7$

h) $y = |3 \text{ cossec } x + 2|$

182 Determine a amplitude das seguintes funções:

a) $y = \text{sen } x$

b) $y = 2 \text{ sen } x$

c) $y = 5 \text{ sen } x$

d) $y = \dfrac{1}{2} \text{ sen } x$

e) $y = -5 \cos x$

f) $y = -3 \cos x$

g) $y = 6 \text{ sen } 3x$

h) $-\dfrac{1}{3} \cos (7x)$

Resp: **179**   a) **R**   b) **R**   c) $\left\{ x \in \mathbf{R} \mid x \neq \dfrac{\pi}{2} + k\pi, k \in Z \right\}$ d) $\{x \in \mathbf{R} \mid x \neq k\pi, k \in Z\}$

e) $\left\{ x \in \mathbf{R} \mid x \neq \dfrac{\pi}{2} + k\pi, k \in Z \right\}$ f) $\{x \in \mathbf{R} \mid x \neq k\pi, k \in Z\}$ g) **R**

h) $\left\{ x \in \mathbf{R} \mid x \neq \dfrac{\pi}{4} + \dfrac{k\pi}{2}, k \in Z \right\}$ i) $\{x \in \mathbf{R} \mid x \neq 3k\pi, k \in Z\}$ j) $\left\{ x \in \mathbf{R} \mid x \neq \dfrac{\pi}{6} + \dfrac{k\pi}{3}, k \in Z \right\}$

k) $\{x \in \mathbf{R} \mid x \neq 2k\pi, k \in Z\}$ l) $\left\{ x \in \mathbf{R} \mid x \neq \dfrac{3\pi}{8} + \dfrac{k\pi}{2}, k \in Z \right\}$

180   a) [0, 2]   b) [–4, –2]   c) **R**   d) **R**   e) [3, 7]   f)]–∞, 1] ∪ [3, ∞[
g) [0, 1]   h) [–7, –6]

194 Esboçar , transladando o gráfico das funções fundamentais, o gráfico da função f nos casos:

a) $f(x) = \text{sen}\left(x + \dfrac{\pi}{4}\right)$

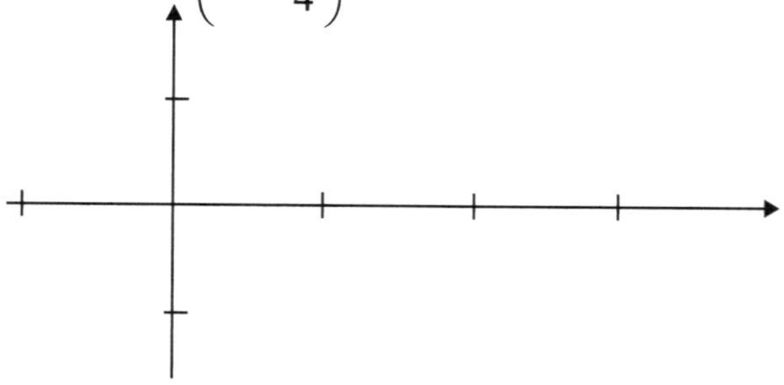

b) $f(x) = \cos\left(x - \dfrac{\pi}{4}\right)$

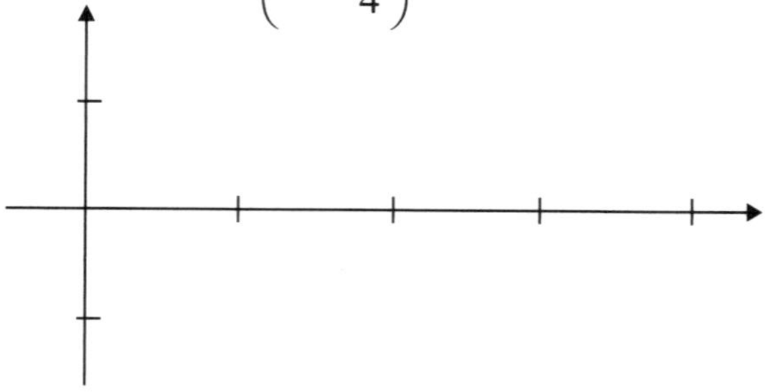

c) $f(x) = \text{tg}\left(x - \dfrac{\pi}{2}\right)$

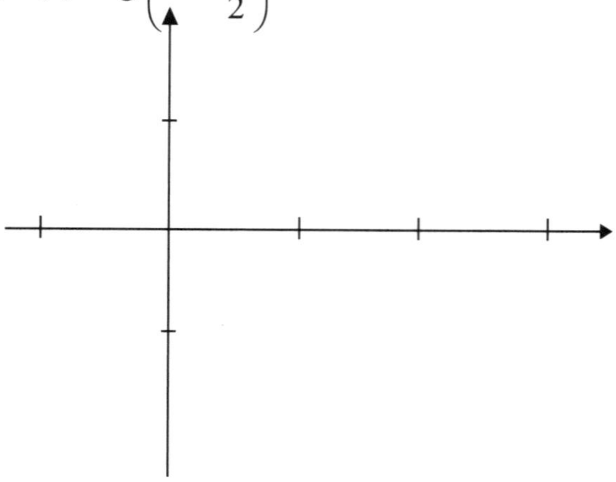

d) $f(x) = \text{cotg}\left(x + \dfrac{\pi}{2}\right)$

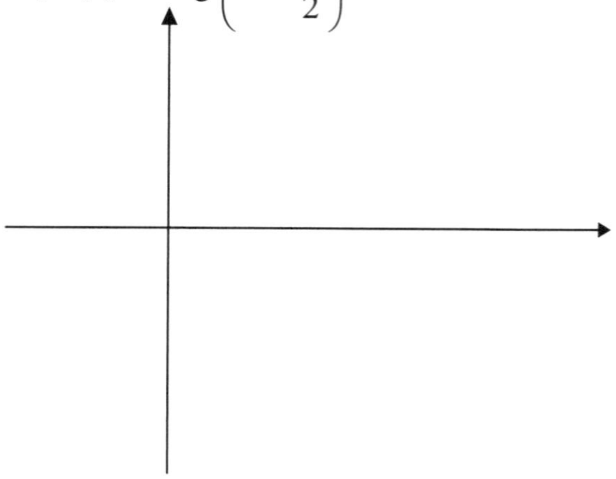

e) $f(x) = \sec\left(x + \dfrac{\pi}{4}\right)$

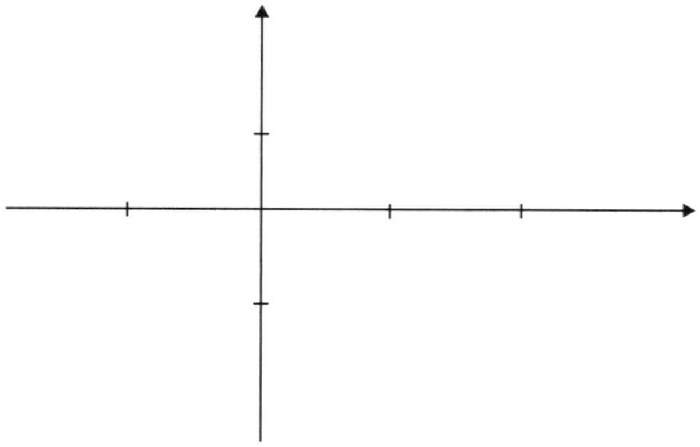

f) $f(x) = \text{cossec}\left(x - \dfrac{\pi}{4}\right)$

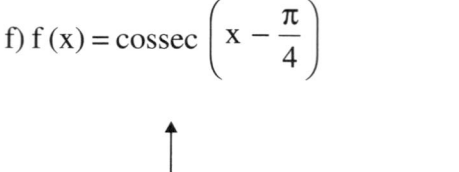

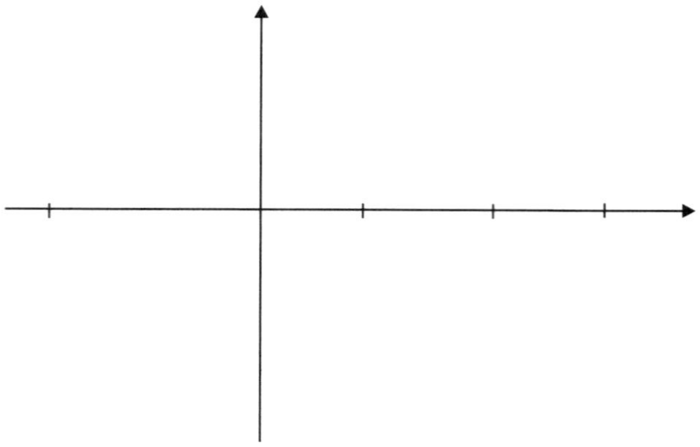

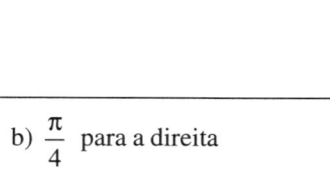

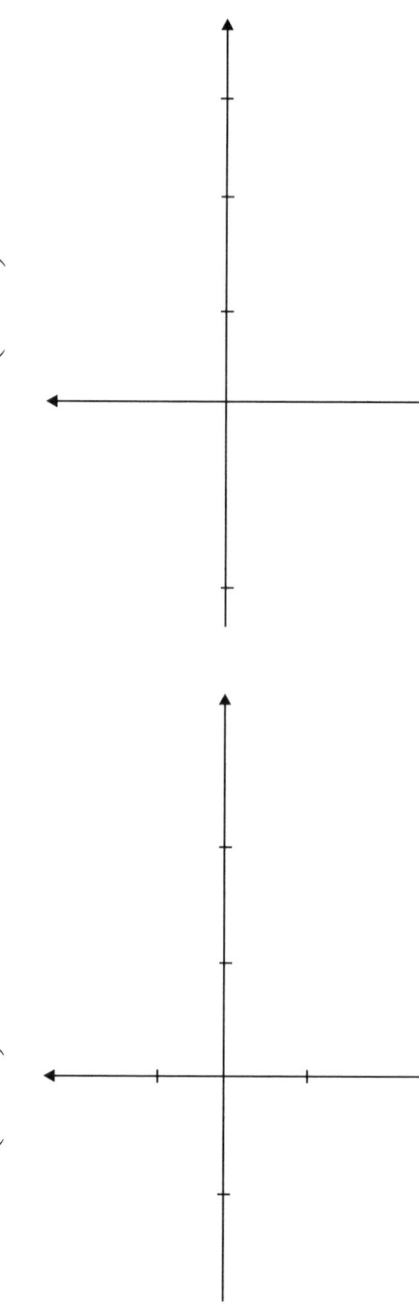

Resp: 192   P = 2

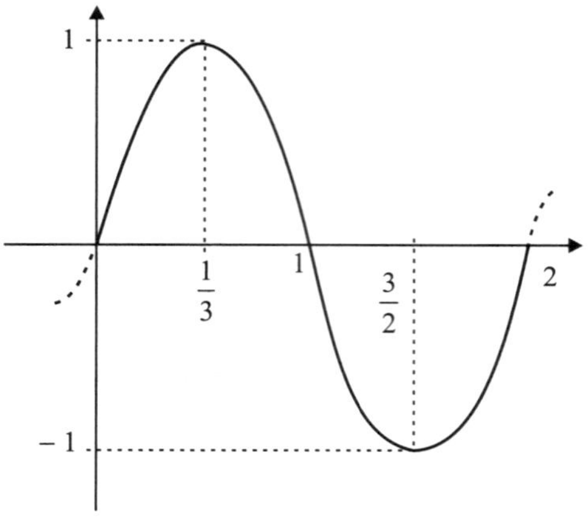

193   a) $\dfrac{\pi}{3}$ para a esquerda   b) $\dfrac{\pi}{4}$ para a direita

c) $\dfrac{\pi}{6}$ para a direita   d) $\dfrac{\pi}{6}$ para a esquerda

e) $\dfrac{\pi}{8}$ para a direita   f) $\dfrac{\pi}{6}$ para a direita

g) $\dfrac{\pi}{2}$ para a esquerda   h) π para a direita

i) 2π para a esquerda   j) $\dfrac{\pi}{2}$ para a direita

183 Determine o domínio das seguintes funções:

a) $f(x) = 2 \operatorname{tg}\left(2x + \dfrac{\pi}{3}\right)$

b) $f(x) = -3 \operatorname{cossec}\left(\dfrac{3x}{2} - \dfrac{\pi}{4}\right)$

c) $f(x) = \dfrac{1}{3} \sec\left(3x - \dfrac{2\pi}{3}\right)$

d) $f(x) = 5 \operatorname{cotg}\left(4x + \dfrac{\pi}{6}\right)$

184 Esboçar o gráfico das seguintes funções:

a) $y = \operatorname{sen} x$

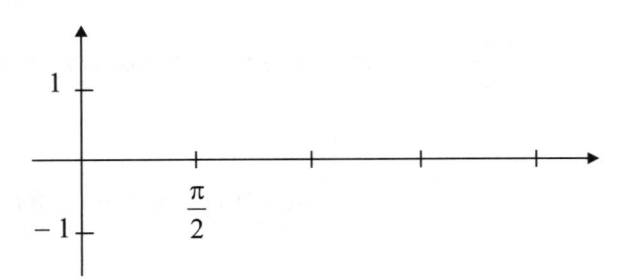

b) $y = \cos x$

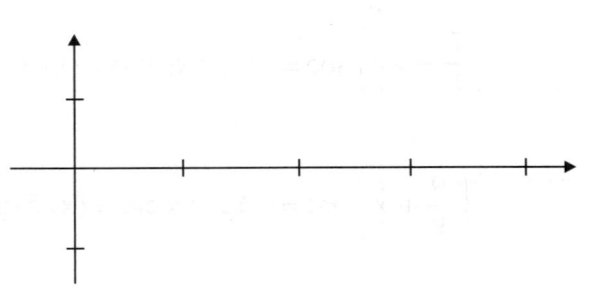

c) $y = \operatorname{tg} x$

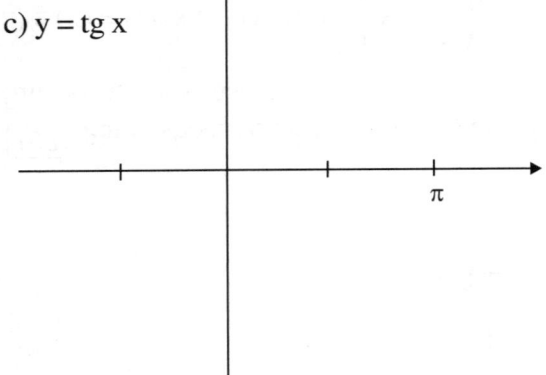

d) $y = \operatorname{cotg} x$

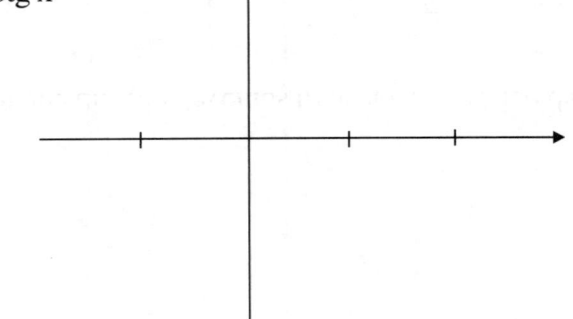

Resp: **181** a) $D = \mathbb{R}$, $\operatorname{Im} = [-1, 2]$ b) $D = \mathbb{R}$, $\operatorname{Im} = [0, 4]$ c) $D = \left\{x \in \mathbb{R} \mid x \neq \dfrac{\pi}{2} + k\pi, k \in \mathbb{Z}\right\}$, $\operatorname{Im} = [-2, \infty)$

d) $D = \left\{x \in \mathbb{R} \mid x \neq \dfrac{\pi}{2} + k\pi, k \in \mathbb{Z}\right\}$, $\operatorname{Im} = \mathbb{R}_+$ e) $D = \left\{x \in \mathbb{R} \mid x \neq \dfrac{\pi}{2} + k\pi, k \in \mathbb{Z}\right\}$, $\operatorname{Im} = [-4, \infty]$

f) $D = \left\{x \in \mathbb{R} \mid x \neq \dfrac{\pi}{2} + k\pi, k \in \mathbb{Z}\right\}$, $\operatorname{Im} = \mathbb{R}_+$ g) $D = \left\{x \in \mathbb{R} \mid x \neq \dfrac{\pi}{2} + k\pi, k \in \mathbb{Z}\right\}$, $\operatorname{Im}[9, \infty]$

h) $D = \{x \in \mathbb{R} \mid x \neq k\pi, k \in \mathbb{Z}\}$, $\operatorname{Im} = [1, +\infty]$ **182** a) 1   b) 2   c) 5

d) $\dfrac{1}{2}$ e) 5   f) 3   g) 6   h) $\dfrac{1}{3}$

192 Complete a tabela e esboce o gráfico e dê o período da função $y = \operatorname{sen} \pi x$

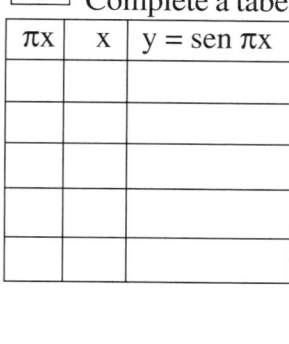

πx	x	$y = \operatorname{sen} \pi x$

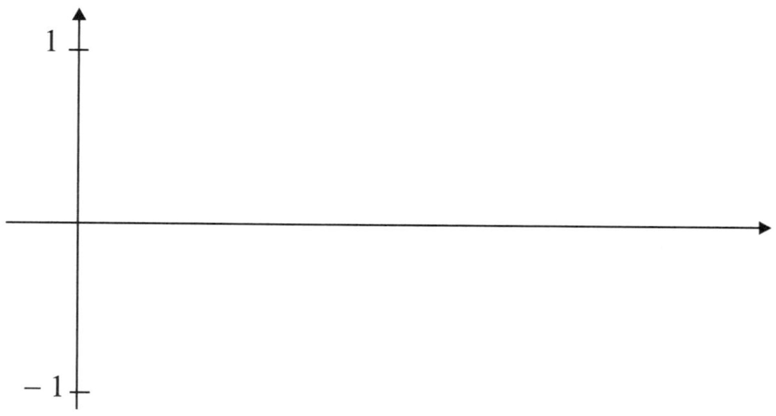

193 Para esboçar o gráfico da função f dizer quanto e em que direção devemos transladar o gráfico da função g , nos casos:

a) $g(x) = \operatorname{sen} x$, $f(x) = \operatorname{sen}\left(x + \dfrac{\pi}{3}\right)$

b) $g(x) = -3\cos x$, $f(x) = -3\cos\left(x - \dfrac{\pi}{4}\right)$

c) $g(x) = \operatorname{tg} x$, $f(x) = \operatorname{tg}\left(x - \dfrac{\pi}{6}\right)$

d) $g(x) = \sec x$, $f(x) = \sec\left(x + \dfrac{\pi}{6}\right)$

e) $g(x) = \operatorname{sen} 2x$, $f(x) = \operatorname{sen}\left(2x - \dfrac{\pi}{4}\right)$

f) $g(x) = \cos 3x$, $f(x) = \cos\left(3x - \dfrac{\pi}{2}\right)$

g) $g(x) = 3\operatorname{sen}\dfrac{x}{2}$, $f(x) = 3\operatorname{sen}\left(\dfrac{x}{2} + \dfrac{\pi}{4}\right)$

h) $g(x) = -4\operatorname{sen}\dfrac{x}{3}$, $f(x) = -4\operatorname{sen}\left(\dfrac{x}{3} - \dfrac{\pi}{3}\right)$

i) $g(x) = -2\operatorname{tg}\dfrac{x}{6}$, $f(x) = -2\operatorname{tg}\left(\dfrac{x}{6} + \dfrac{\pi}{3}\right)$

j) $g(x) = -3\operatorname{cotg}\dfrac{x}{2}$, $f(x) = -3\operatorname{cotg}\left(\dfrac{x}{2} - \dfrac{\pi}{4}\right)$

Resp: **190** $D = R$, $\operatorname{Im}[-2, 2]$, $P = 2\pi$, $A = 2$

Transladar $\dfrac{\pi}{6}$ para a direita

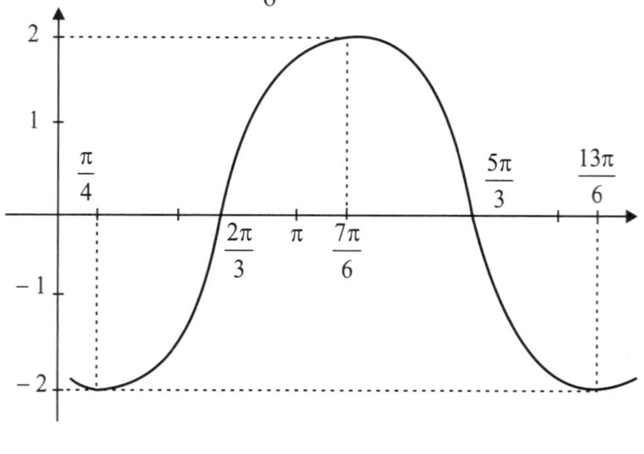

191 $P = \dfrac{2\pi}{3}$

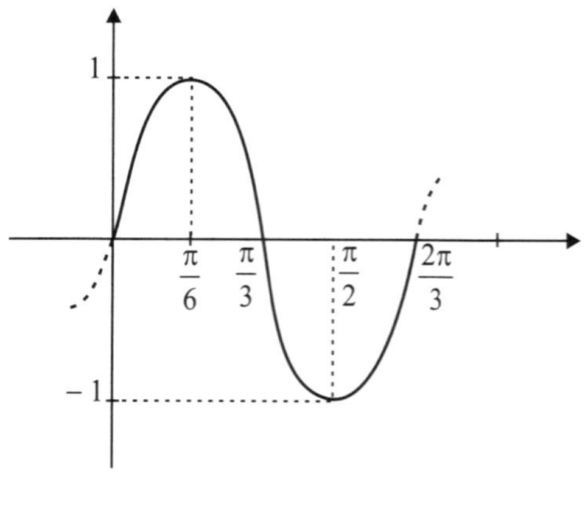

88

185 Esboçar o gráfico das seguintes funções:
a) y = sec x 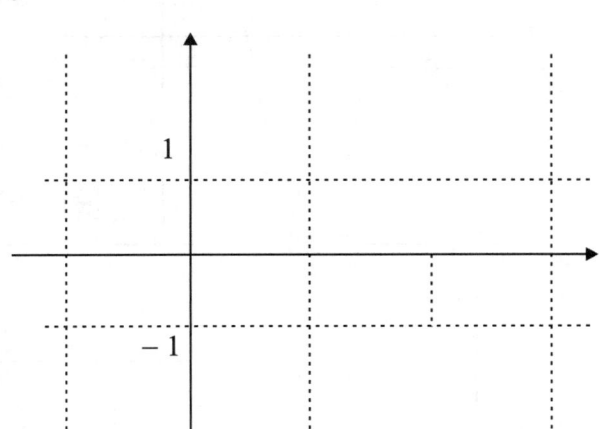
b) y = cossec x

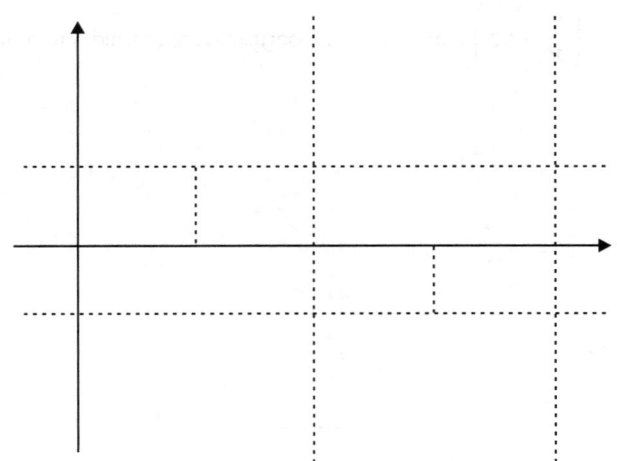

186 Esboçar o gráfico das duas funções dadas, no mesmo plano cartesiano, nos casos:
a) f(x) = sen x   e   g(x) = 3 sen x 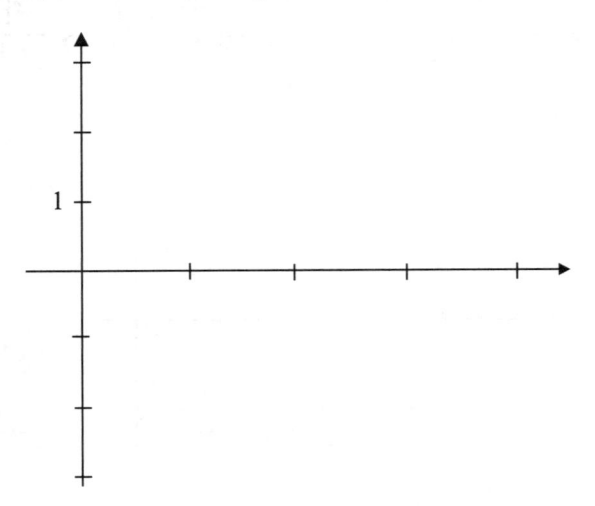
b) f(x) = cos x   e   g(x) = 2 cos x

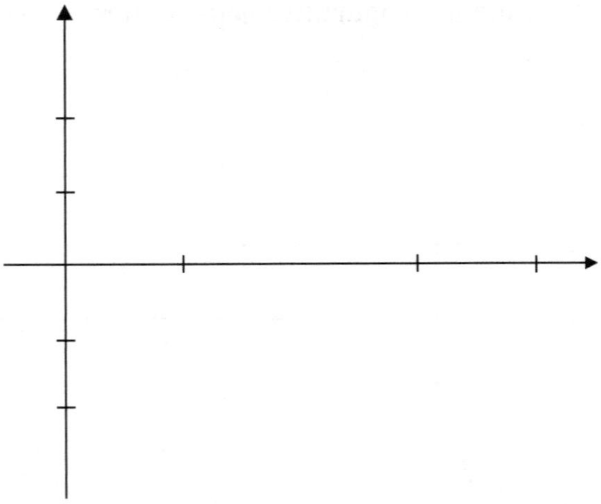

Resp: **183** a) $\left\{x \in \mathbf{R} \mid x \neq \dfrac{\pi}{12} + \dfrac{k\pi}{2}, k \in Z\right\}$

b) $\left\{x \in \mathbf{R} \mid x \neq \dfrac{\pi}{6} + \dfrac{2k\pi}{3}, k \in Z\right\}$

c) $\left\{x \in \mathbf{R} \mid x \neq \dfrac{7\pi}{18} + \dfrac{k\pi}{3}, k \in Z\right\}$

d) $\left\{x \in \mathbf{R} \mid x \neq \dfrac{-\pi}{24} + \dfrac{k\pi}{4}, k \in Z\right\}$

184
a)
b) 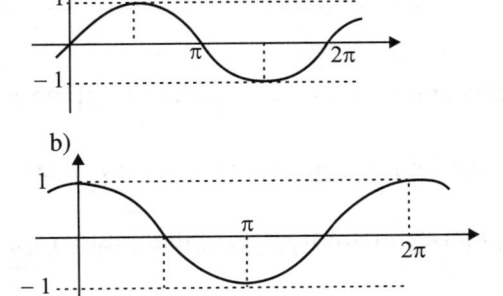
c) 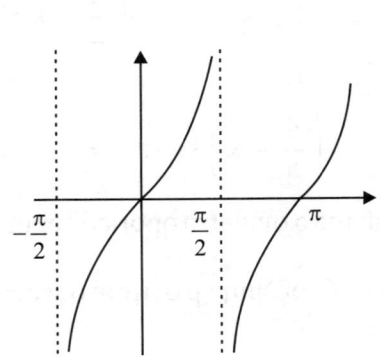
d)

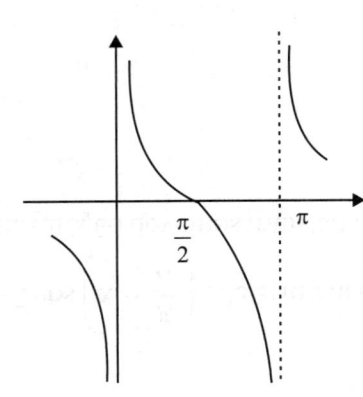

84

190 Completando primeiramente a tabela, esboçar o gráfico da função $y = -2\cos\left(x - \dfrac{\pi}{6}\right)$, determinando também o seu domínio, conjunto imagem, amplitude, período e quanto e em que direção devemos transladar o gráfico de $f(x) = -2\cos x$ para obter o gráfico de $y = -2\cos\left(x - \dfrac{\pi}{6}\right)$.

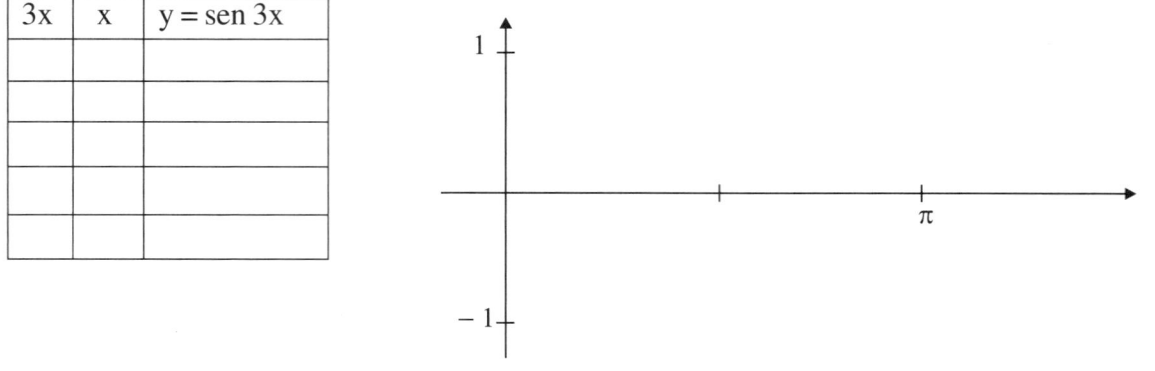

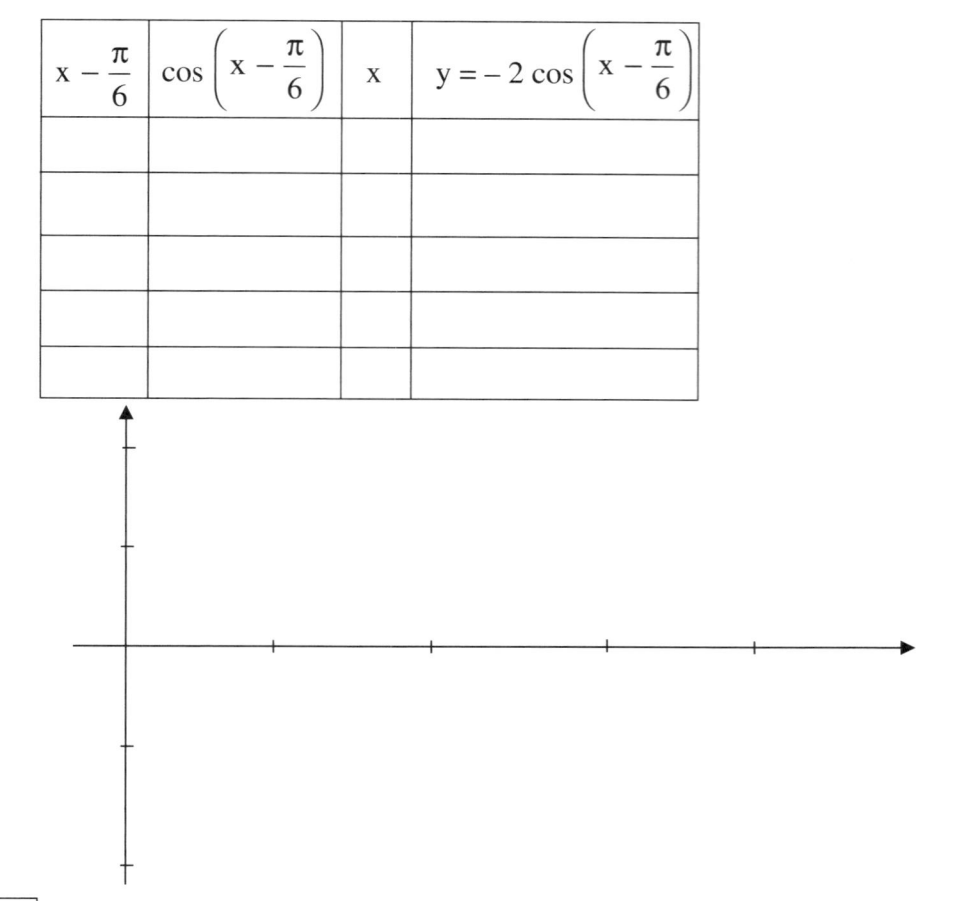

$x - \dfrac{\pi}{6}$	$\cos\left(x - \dfrac{\pi}{6}\right)$	x	$y = -2\cos\left(x - \dfrac{\pi}{6}\right)$

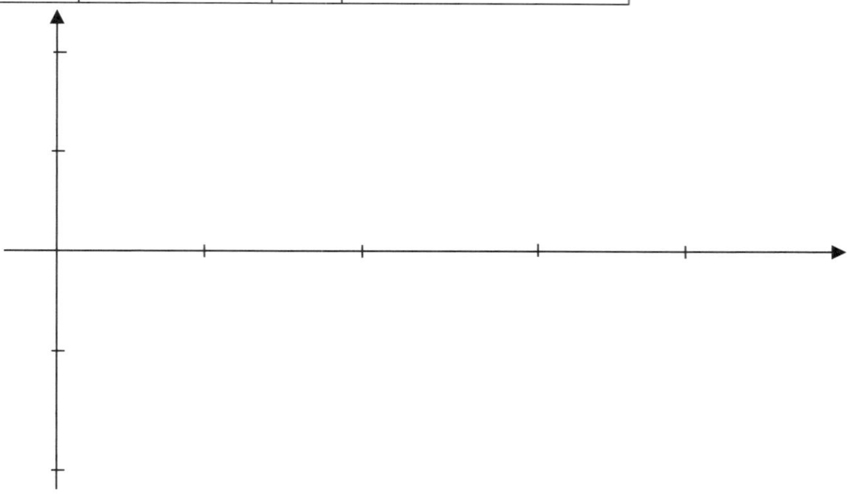

191 Completando a tabela, esboçar o gráfico da função $y = \operatorname{sen} 3x$, determinando também o seu período.

$3x$	x	$y = \operatorname{sen} 3x$

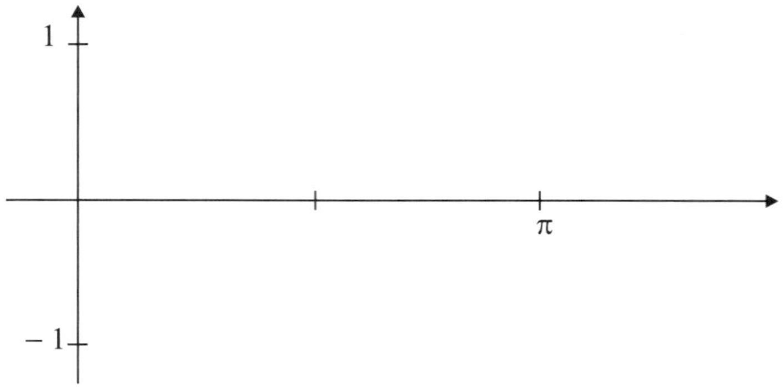

Resp: 189

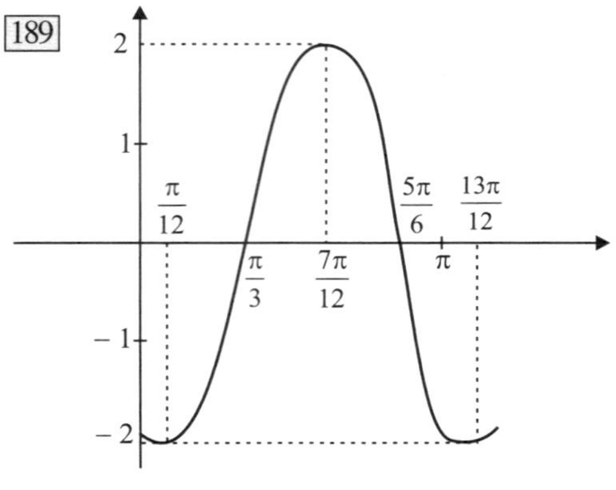

$D = R$
$Im = [-2, 2]$
Amplitude $= 2$
Período $= \pi$

Observe que para obter o gráfico de $y = -2\cos\left(2x - \dfrac{\pi}{6}\right)$

basta transladar o gráfico de $y = -2\cos 2x$ $\dfrac{\pi}{12}$ para a direita

87

187 Esboçar o gráfico das duas funções dadas, no mesmo plano cartesiano, nos casos:
a) $f(x) = \cos x$ e $g(x) = \sec x$
b) $f(x) = \operatorname{sen} x$ e $g(x) = \operatorname{cossec} x$

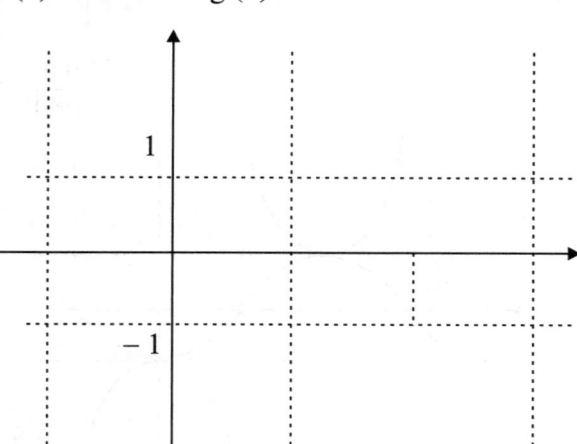

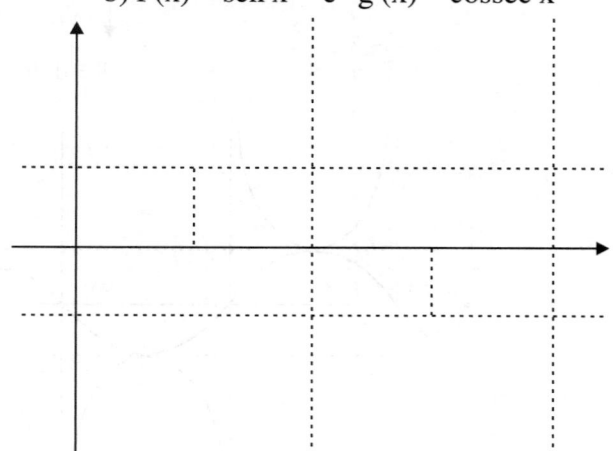

188 Esboçar o gráfico e determinar o período da função, nos casos:
a) $y = |\operatorname{sen} x|$
b) $y = |\cos x|$

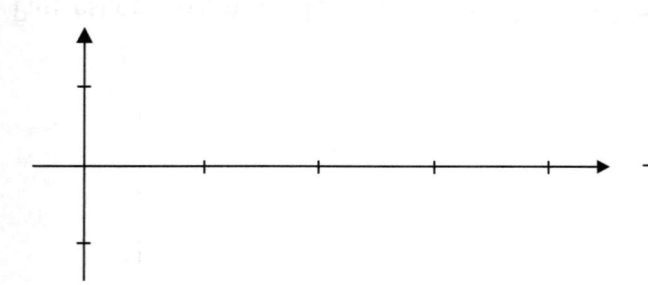

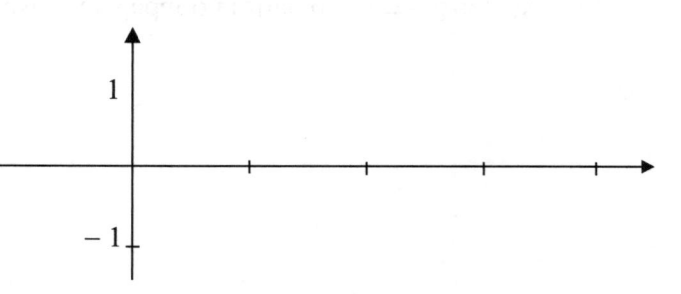

Resp: **185**

a)

b)

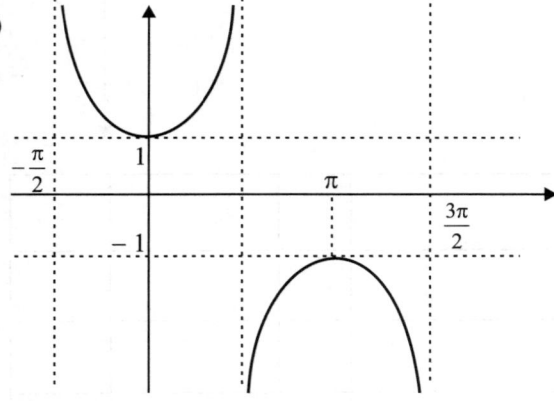

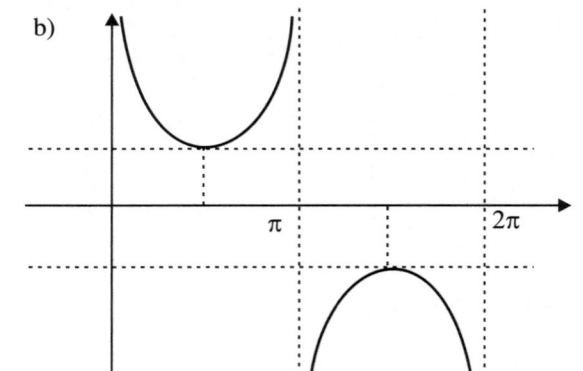

186

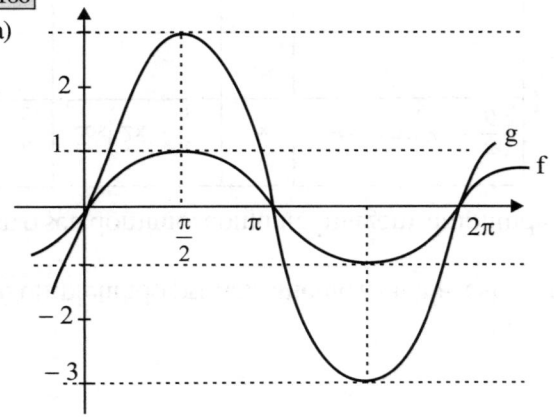

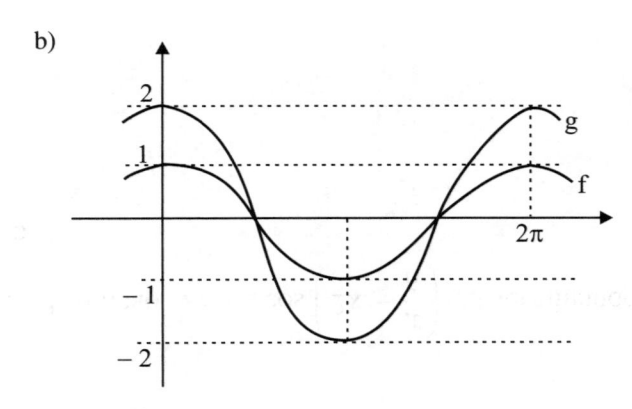

a)

b)

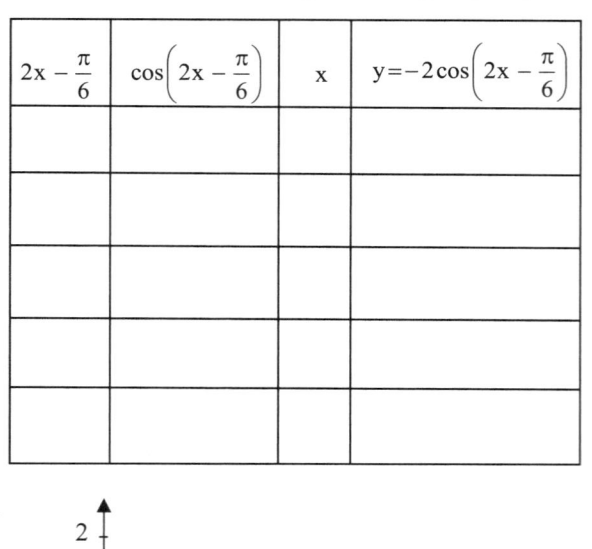

189 Completando primeiramente a tabela, esboçar o gráfico da função $y = -2\cos\left(2x - \dfrac{\pi}{6}\right)$, determinando também o seu domínio, conjunto imagem, amplitude e período.

$2x - \dfrac{\pi}{6}$	$\cos\left(2x - \dfrac{\pi}{6}\right)$	x	$y = -2\cos\left(2x - \dfrac{\pi}{6}\right)$

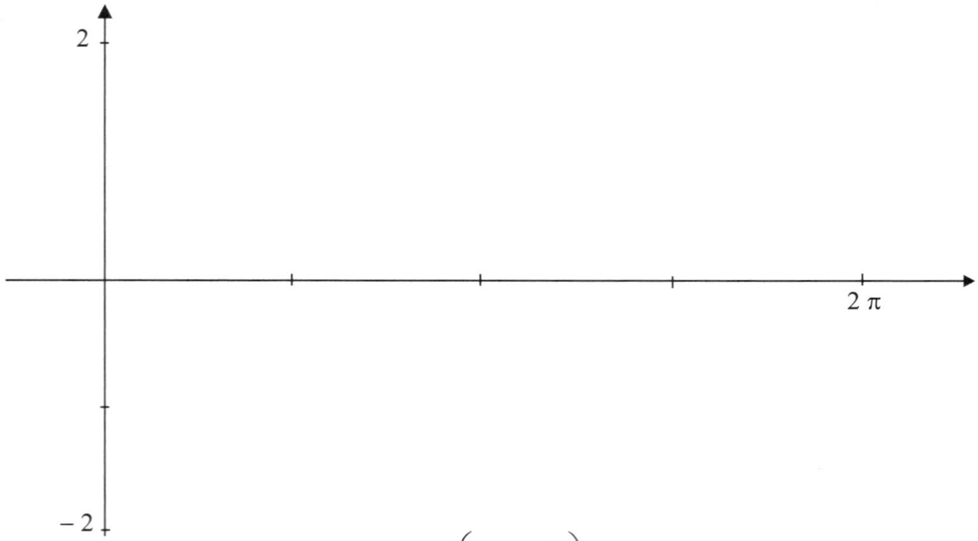

Para esboçar o gráfico de $y = -2\cos\left(2x - \dfrac{\pi}{6}\right)$ basta transladar o gráfico de $y = -2\cos 2x$

Resp: 187

a)

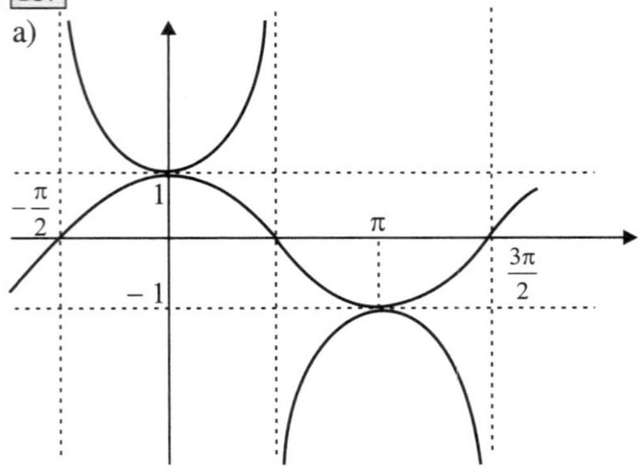

b)

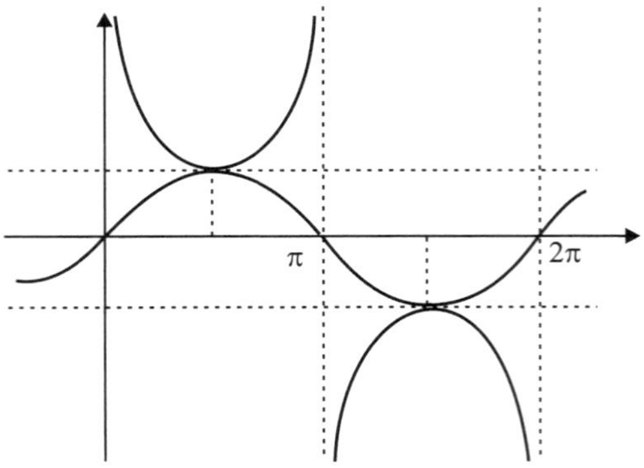

188

a) $P = \pi$

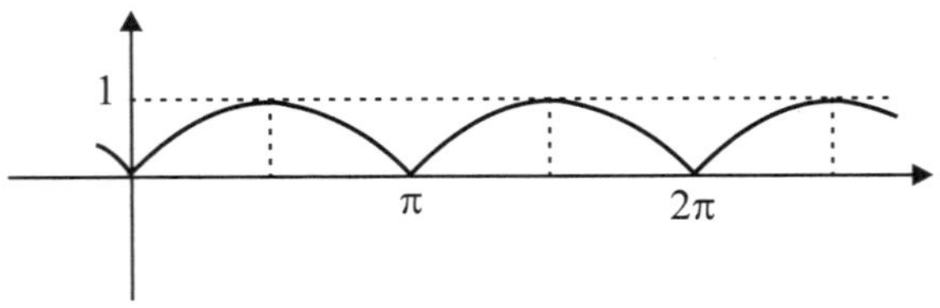

b) $P = \pi$

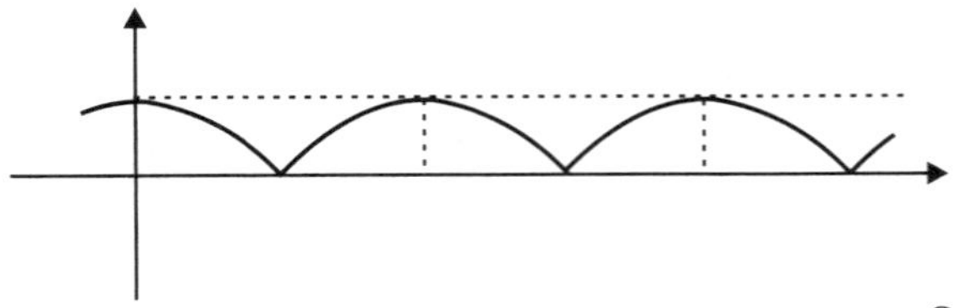

86